HENRY WHEATON

ÉLÉMENTS

DU

DROIT INTERNATIONAL

TOME I

Elibron Classics
www.elibron.com

Elibron Classics series.

ISBN 1-4212-3722-9 (paperback)
ISBN 1-4212-3721-0 (hardcover)

This Elibron Classics Replica Edition is an unabridged facsimile
of the edition published in 1864 by F.A. Brockhaus,
Leipzig.

ÉLÉMENTS

DU

DROIT INTERNATIONAL.

TOME PREMIER.

ÉLÉMENTS

DU

DROIT INTERNATIONAL

PAR

HENRY WHEATON,

ENVOYÉ EXTRAORDINAIRE ET MINISTRE PLÉNIPOTENTIAIRE DES ÉTATS-UNIS D'AMÉRIQUE PRÈS LA COUR DE PRUSSE, MEMBRE HONORAIRE DE L'ACADÉMIE ROYALE DES SCIENCES DE BERLIN, MEMBRE CORRESPONDANT DE L'ACADÉMIE DES SCIENCES MORALES ET POLITIQUES DANS L'INSTITUT DE FRANCE.

QUATRIÈME ÉDITION.

TOME PREMIER.

LEIPZIG:

F. A. BROCKHAUS.

1864.

PRÉFACE.

La première édition de cet ouvrage a paru à Londres, en 1836, en anglais, et a passé par deux autres éditions dans la même langue, publiées à Philadelphie, et revues, corrigées et considérablement augmentées par l'auteur. En écrivant cet ouvrage, il s'est proposé de réunir, dans un livre élémentaire destiné à l'usage des diplomates et des hommes d'État, l'ensemble des règles de conduite qui doivent être observées dans les relations mutuelles des nations en temps de paix et en temps de guerre. Le droit international, ou droit des gens positif, est fondé sur la morale internationale, qu'on a ordinairement appelée le droit des gens naturel. La plupart des règles dont se compose le droit international, sont tirées des exemples de ce qui, dans la pratique variable des nations civilisées, a été approuvé par le jugement impartial des publicistes et des tribunaux internationaux. Ces précédents se sont accrus en nombre et en importance durant la longue période qui s'est écoulée depuis la publication de l'ouvrage classique et justement estimé de Vattel, période abondante en discussions instructives entre les cabinets et dans les tribunaux et les assemblées législatives de diverses nations, concernant leurs relations politiques et leurs devoirs mutuels. L'auteur a puisé à ces sources les principes généraux qu'on peut regarder comme ayant reçu l'assentiment de la portion la plus éclairée du genre humain, sinon comme règles de conduite invariables, du moins comme règles qu'aucun État ne peut violer sans encourir l'opprobre général, et sans s'exposer au danger de provoquer les hostilités d'autres États indépendants dont les droits seraient lésés, ou dont la sécurité serait menacée par leur violation. L'expérience démontre que ces motifs fournissent une certaine garantie, même dans les temps les plus malheureux, pour l'observation des règles de justice internationale, s'ils n'accordent pas cette sanction parfaite que le législateur a annexée au droit interne de chaque État particulier. La connaissance du droit public externe a donc toujours été regardée comme étant de la plus grande utilité à tous ceux qui prennent part aux affaires publiques, et surtout à ceux qui sont destinés à la carrière diplomatique. — L'auteur a été encouragé, par la faveur accordée par le public aux éditions précédentes de son ouvrage, à faire publier cette nouvelle édition en langue française.

PARIS, le 15 avril 1847.

H. WHEATON.

TABLE DES MATIÈRES

DU TOME PREMIER.

PREMIÈRE PARTIE.

DÉFINITION ET SOURCES DU DROIT INTERNATIONAL. DE CEUX QUI SONT SOUMIS A CE DROIT.

CHAPITRE PREMIER.

DÉFINITION ET SOURCES DU DROIT INTERNATIONAL.

CHAPITRE II

DES NATIONS ET DES ÉTATS SOUVERAINS.

SECONDE PARTIE.

DES DROITS INTERNATIONAUX PRIMITIFS OU ABSOLUS.

CHAPITRE I.

DU DROIT DE CONSERVATION ET D'INDÉPENDANCE.

CHAPITRE II.

DROITS DE LÉGISLATION CIVILE ET CRIMINELLE.

CHAPITRE III.

DES DROITS D'ÉGALITÉ.

CHAPITRE IV.

DES DROITS DE PROPRIÉTÉ.

TROISIÈME PARTIE.

DROITS INTERNATIONAUX DES ÉTATS DANS LEURS RELATIONS PACIFIQUES.

CHAPITRE PREMIER.

DROITS D'AMBASSADE.

CHAPITRE II.

DROITS DE NÉGOCIATION ET DE TRAITÉS.

QUATRIÈME PARTIE.

DROITS INTERNATIONAUX DES ÉTATS DANS LEURS RELATIONS HOSTILES.

CHAPITRE PREMIER.

COMMENCEMENT DE GUERRE, ET SES EFFETS IMMÉDIATS.

FIN DE LA TABLE DES MATIÈRES DU TOME PREMIER.

ÉLÉMENTS

DU

DROIT INTERNATIONAL.

PREMIÈRE PARTIE.

DÉFINITION ET SOURCES DU DROIT INTERNATIONAL.
DE CEUX QUI SONT SOUMIS A CE DROIT.

CHAPITRE PREMIER.

DÉFINITION ET SOURCES DU DROIT INTERNATIONAL.

§ 1. Origine du droit international.

Il n'existe pas d'institution législative et judiciaire dont l'autorité, reconnue par toutes les nations, détermine le droit qui doit régler les relations et les rapports de ces nations entre elles. Il faut chercher l'origine de ce droit dans les principes de justice applicables à ces relations. Dans l'intérieur de chaque société civile ou État, on trouve toujours un pouvoir législatif qui constitue par déclaration expresse le droit civil de cet État, et un pouvoir judiciaire qui interprète ce droit et l'applique aux cas particuliers. Dans la grande société des nations, il n'y a pas de pouvoir législatif et par conséquent pas de lois expresses, excepté celles qui résultent des conventions des nations entre elles. Comme les nations ne reconnaissent pas de supérieur, comme elles n'ont organisé entre elles et au-dessus d'elles aucune autorité commune destinée à constituer par déclaration expresse le droit international, et comme enfin elles n'ont établi aucune sorte de magistrature amphictyonique pour interpréter et appliquer ce droit, il est impossible qu'il existe un code de droit international commenté par des interprétations judiciaires.

Il faut donc se demander quels sont les principes de justice qu'on doit appliquer pour régler les relations mutuelles des nations, c'est-à-dire qu'il faut chercher de quelle autorité le droit international peut dériver.

Dès que la question est ainsi posée, chaque publiciste cherche à la résoudre à sa manière; de là ces différences fondamentales que nous remarquons dans leurs écrits.

§. 2. Définition du droit naturel selon Grotius.

On peut considérer Grotius et les publicistes de son école comme les fondateurs de la science du droit des gens moderne. En traitant de cette matière, ces écrivains se sont proposé d'abord de montrer quelles sont les règles de justice qui, indépendamment des lois positives d'institution humaine, sont obligatoires pour tous ceux qui vivent dans un état social, ou, comme on le dit ordinairement, dans l'état de nature, et en second lieu d'appliquer ces règles, sous le nom de droit naturel, aux relations des différentes sociétés entre elles.

Pour remplir le premier de ces buts, Grotius commence son ouvrage sur les lois de la guerre et de la paix *(de Jure belli ac pacis)*, par une réfutation de la doctrine des anciens sophistes, qui niaient qu'entre le bien et le mal il y eût une distinction réelle, et celle de quelques théologiens modernes, qui ont prétendu que ces distinctions dépendaient de la volonté arbitraire de Dieu, de même que dans un autre sens certains publicistes, tels que Hobbes, les ont attribuées à l'institution positive du législateur civil. Selon Grotius, au contraire, la conscience elle-même impose des lois, puisqu'elle autorise certaines actions tandis qu'elle en condamne d'autres, selon que ces actions sont conformes ou opposées à la nature de l'homme considéré comme un être moral ou social. «Le droit naturel,» dit-il, «est la voix de la droite raison, qui nous fait connaître qu'il y a dans certaines actions une obligation morale, et dans d'autres une répulsion morale, selon la convenance ou la répugnance qu'elles ont avec la nature raisonnable ou sociable de l'homme, et que par conséquent ces actions sont ordonnées ou prohibées par Dieu, l'auteur de la nature. Les actions à l'égard desquelles la raison nous fournit de tels principes, sont obligatoires ou immorales par elles-mêmes, et sont donc nécessairement ordonnées ou prohibées par Dieu[1].»

§. 3. Identité du droit naturel et de la loi de Dieu ou loi divine.

Dans ce passage, il est évident que Grotius entend par droit naturel, les règles de justice qui doivent diriger les actions des hommes, considérés comme des êtres moraux et responsables. Il serait plus juste d'appeler ce droit, loi de Dieu ou loi divine, puisque c'est Dieu qui la prescrit à l'homme, et qu'elle lui est révélée par la raison ou par les Saintes-Écritures.

Droit naturel appliqué aux relations des états indépendants.

Comme les sociétés indépendantes des hommes se considèrent comme parfaitement égales entre elles, on peut les regarder comme se trouvant, de même que les individus, dans l'état de nature. Grotius et ses disciples ont tiré de là la conclusion que les sociétés indépendantes doivent dans leurs relations entre elles être régies par cet ensemble de règles auquel ils ont donné le nom de droit

[1] Jus naturale est dictatum rectæ rationis, indicans actui alicui, ex ejus convenientia aut disconvenientia cum ipsa natura rationali, inesse moralem turpitudinem, aut necessitatem moralem, ac consequenter ab auctore naturæ, Deo, talem auctum aut vetari aut præcipi. Actus de quibus tale extat dictatum, debiti sunt aut illiciti per se, atque ideo a Deo necessario præcepti aut vetiti intelligentur. (Grotius, *de Jure belli ac pacis*, lib. I, chap. i, § 10, nº 1 et 2.)

naturel. Ceci a donné lieu à une branche nouvelle et distincte de leur science, qu'ils ont appelée Droit des gens, *Jus gentium*.

§ 4. Distinction entre le droit des gens et le droit naturel selon Grotius.

Selon Grotius, le droit des gens diffère du droit naturel en ce que celui-ci n'a pas la même origine que l'autre et qu'ils ne sont pas également obligatoires, puisque le droit des gens n'est obligatoire qu'en vertu du consentement général des nations, tandis que le droit naturel l'est toujours. Dans l'introduction de son ouvrage il dit: «Je me suis servi en faveur de ce droit des témoignages des philosophes, des historiens, des poëtes et même des orateurs, non qu'il faille s'y fier aveuglément, car ils s'accommodent souvent aux préjugés de leur secte, à la nature de leur sujet et à l'intérêt de leur cause; mais c'est que quand plusieurs esprits, en divers temps et en divers lieux, sont d'accord dans les sentiments, cela doit être rapporté à une cause générale; or dans les questions dont il s'agit ici, cette cause ne peut être que l'une ou l'autre de ces deux, ou une juste conséquence tirée des principes de la justice naturelle, ou un consentement universel. La première nous découvre le droit naturel, la seconde le droit des gens. Pour distinguer ces deux branches d'une même science, il faut considérer non les termes dont les auteurs se servent pour les désigner (car ils confondent souvent le droit naturel avec le droit des gens), mais la nature du sujet dont il est question. Car si une maxime dont on ne peut déduire des principes certains se trouve néanmoins observée partout, on a lieu d'en inférer qu'elle doit son origine «à l'institution positive.» Il avait dit plus haut: «Comme les lois de chaque État se rapportent à son avantage particulier, le consentement de tous les États, ou du moins du plus grand nombre, a pu produire entre eux certaines lois communes, et il paraît qu'effectivement on a établi de telles lois qui tendraient à l'utilité, non de chaque corps en particulier, mais du vaste assemblage de tous ces corps.

C'est ce que l'on appelle le droit des gens lorsqu'on le distingue du droit naturel[1].»

Tous les raisonnements de Grotius reposent donc sur la distinction qu'il fait entre le droit des gens naturel et le droit des gens positif ou volontaire. Il fait dériver le premier élément du droit des gens de la supposition d'une société où les hommes vivent ensemble dans ce que l'on a appelé l'état de nature: cette société naturelle n'a d'autre supérieur que Dieu, d'autre droit que la loi divine gravée dans le cœur de l'homme et annoncée par la voix de la conscience. Les nations vivant entre elles dans un pareil état d'indépendance mutuelle, doivent nécessairement être régies par cette même loi. Pour démontrer l'exactitude de sa définition un peu obscure du droit naturel, il a fait preuve d'une vaste érudition; lui-même nous apprend toutes les sources où il a puisé. Il a ensuite basé le droit des gens positif ou volontaire sur le consentement de toutes les nations, ou de la plupart d'entre elles, à observer certaines règles de conduite dans leurs relations réciproques. Il s'est attaché à démontrer l'existence de ces règles, en invoquant les mêmes autorités que pour sa définition du droit naturel. Nous voyons donc sur quelles

[1] Usus sum etiam ad juris hujus probationem testimoniis philosophorum, historicorum, poëtarum, postremo et oratorum: non quod illis indiscrete credendum sit; solent enim sectæ, argumento, causæ servire: sed quod ubi multi diversis temporibus ac locis idem pro certe affirmant, id ad causam universalem referri debeat: quæ in nostris quæstionibus alia esse non potest quam aut recta illatio ex naturæ principiis procedens, aut communis aliquis consensus. Illa jus naturæ indicat, hic jus gentium: quorum discrimen non quidem ex ipsis testimoniis (passim enim scriptores voces *juris naturæ* et *gentium* permiscent), sed ex materiæ qualitate intelligendum est. Quod enim ex certis principiis certa argumentatione deduci non potest, et tamen ubique observatum apparet, sequitur ut ex voluntate libera ortum habeat........ Sed sicut cujusque civitatis jura utilitatem suæ civitatis respiciunt, ita inter civitates aut omnes aut plerasque ex consensu jura quædam nasci potuerun ; et nata apparent, quæ utilitatem respicerent non cœtuum singulorum sed magnæ illius universitatis. Et hoc jus est quod gentium dicitur, quoties id nomen a jure naturali distinguimus. (GROTIUS, *de Jure belli ac pacis*, proleg.)

fictions ou hypothèses Grotius a fondé tout le droit des gens. Mais il est évident que son prétendu état de nature n'a jamais existé; quant au consentement général des nations, dont il parle, cela peut tout au plus être considéré comme un consentement tacite, tel que le *jus non scriptum quod concensus facit* des jurisconsultes romains. Ce consentement ne peut être démontré que par la disposition plus ou moins constante des nations à observer entre elles les règles de justice internationale reconnues par les publicistes. Grotius aurait sans doute mieux fait de chercher l'origine du droit naturel des gens dans le principe du bonheur général, vaguement indiqué par Leibnitz[1], plus clairement énoncé par Cumberland[2], et reconnu par la plupart des écrivains modernes comme la base de toute morale internationale[3]. Mais du temps où Grotius écrivait, ce principe, qui a si fortement contribué à dissiper les erreurs introduites par ce publiciste et ses disciples dans la science du droit international, était fort peu répandu. Pour connaître les principes et les règles de la morale internationale, qu'il faut distinguer du droit international, il ne suffit pas d'appliquer aux nations les maximes qui règlent la conduite morale des individus; on doit rechercher par quels moyens les nations peuvent, dans leurs rapports mutuels, contribuer de la manière la plus efficace au bonheur général des hommes. On est guidé dans cette recherche par l'observation et par la méditation: l'une sert à faire connaître les faits; l'autre nous indique la connexion

[1] Et jus quidem merum sive strictum nascitur ex principio servandæ pacis; æquitas sive caritas ad majus aliquid contendit, ut dum quisque alteri prodest quantum potest, felicitatem suam augeat in aliena; et ut verbo dicam, jus strictum miseriam vitat, jus superius ad felicitatem tendit, sed qualis in hanc mortalitatem cadit. (LEIBNITZ, *de Usu actorum publicorum*, §. 13.)

[2] Lex naturæ est propositio naturaliter cognita, actiones indicans effectrices communis boni. (CUMBERLAND, *de Legibus naturæ*, cap. V, §. 1.)

[3] BENTHAM, *Principles of international law*, part. XVIII, p. 537.

qu'il y a entre ces faits considérés comme causes et comme effets, et nous montre les règles de conduite qu'il faut suivre dans des circonstances semblables [1].

§. 5. Identité du droit naturel et du droit des gens selon Hobbes et Puffendorf.

Ni Hobbes ni Puffendorf ne partagent les opinions de Grotius sur l'origine et sur la force obligatoire du droit des gens positif. Dans son ouvrage *de Cive*, le premier partage le droit naturel entre le droit naturel des hommes et le droit naturel des États, ordinairement appelé le droit des gens. «Les préceptes de tous les deux,» dit-il, «sont les mêmes; mais comme les États une fois établis prennent les qualités personnelles des individus, ce droit, que nous appelons naturel quand il est appliqué aux individus, s'appelle droit des gens quand il est appliqué à des êtres entiers ou à des nations ou peuples entiers [2].»

Puffendorf, après avoir cité cette opinion, déclare qu'il y souscrit pleinement, et dit qu'il ne reconnaît pas d'autre espèce de droit des gens volontaire ou positif qui ait la force de loi proprement dite, et qui soit imposé aux nations comme émanant d'un supérieur [3].»

Après avoir ainsi nié l'existence d'un droit des gens positif, fondé sur le consentement des nations et distinct du droit des gens naturel, Puffendorf modifie cette opinion, en admettant que l'usage des nations civilisées a introduit certaines règles pour adoucir les pratiques de la guerre; que ces règles sont fondées sur un consentement tacite et général, et qu'elles cessent d'être obligatoires du moment

[1] Senior, *Edinburgh Review* n° CLVI, p. 310—321; et Wheaton, *Histoire des Progrès du droit des gens*, t. I, introduction, p. 60.

[2] Præcepta utriusque eadem sunt: sed quia civitates semel institutæ induunt proprietates hominum personales, lex quam, loquentes de hominum singulorum officio, naturalem dicimus, applicata totis civitatibus, nationibus sive gentibus, vocatur jus gentium. (Hobbes, *de Cive*, cap. XIV, §. 4.)

[3] Cui sententiæ et nos plane subscribimus. Nec præterea aliud jus gentium, voluntarium seu positivum dari arbitramus, quod quidem legis propriæ dictæ vim habeat, quæ gentes tamquam a superiore profecta stringat. (Puffendorf, *de Jure naturæ et gentium* lib. II, cap. III, §. 23.)

où un État engagé dans une *guerre juste*, déclare qu'il ne veut pas s'y soumettre. Il est incontestable qu'une nation belligérante qui veut ainsi se soustraire à l'obligation du droit des gens concernant la manière usitée de faire la guerre, peut le faire, mais elle s'expose ainsi à ce que les autres nations usent du droit de représailles envers elle, et elle se met en hostilité générale avec les peuples civilisés. Un célèbre magistrat et publiciste anglais a fort bien observé »qu'une grande partie du droit des gens est basée sur l'usage et les pratiques des nations. Ce droit a commencé par des principes généraux empruntés au droit naturel; mais il ne marche avec ces principes que jusqu'à un certain point, et s'il s'arrête à ce point, nous ne pouvons pas prétendre aller plus loin, et dire que la seule théorie générale pourra nous soutenir dans un progrès ultérieur. Ainsi, par exemple, d'après les principes généraux, il est permis de détruire son ennemi, et les seuls principes généraux ne font pas beaucoup de distinction sur la manière dont on remplit ce but de la guerre; mais le droit conventionnel du genre humain, témoigné par l'usage général, établit une distinction et permet certains moyens de destruction, tandis qu'il en défend d'autres, et un État belligérant est tenu de se renfermer dans les moyens que l'usage général du genre humain a employés, et de renoncer à ceux que ce même usage n'a pas sanctionnés dans les pratiques de la guerre, quoiqu'ils aient pu l'être par ses principes et ses objets [1].»

On peut faire la même observation à l'égard de ce que dit Puffendorf sur les priviléges des ambassadeurs, priviléges que Grotius prétend du droit volontaire des gens, tandis que Puffendorf les regarde comme dépendant ou du droit naturel qui donne aux ministres publics un caractère sacré et inviolable, ou du consentement tacite constaté par l'usage des nations, leur attribuant certains

[1] Sir W. Scott (Lord Stowell), *Robinson's Admiralty Reports*, vol. I, p. 140.

priviléges qui peuvent être refusés suivant la volonté de l'État ou du souverain auprès duquel ils sont accrédités. Cette distinction entre les priviléges des ambassadeurs qui dépendent du droit naturel et ceux qui dépendent des mœurs et usages, est entièrement sans fondement, puisque dans les deux cas ces priviléges peuvent être méconnus par un État qui veut encourir les risques de rétorsion ou d'hostilité, les seules peines par lesquelles les devoirs du droit international puissent être maintenus. «Le droit des gens,» dit Bynkershoek, «n'est qu'une présomption fondée sur l'usage, et une présomption de cette nature cesse du moment que la volonté de la partie intéressée est exprimée en contradiction avec elle. Je prétends que la règle est générale concernant tous les priviléges des ambassadeurs, et qu'il n'y en a pas dont ils puissent prétendre jouir contre la déclaration formelle du souverain, parce qu'un dissentiment exprès exclut la supposition d'un consentement tacite, et qu'il n'y a de droit des gens qu'entre ceux qui s'y soumettent volontairement par une convention tacite [1].»

Il n'en est pourtant pas moins vrai que le droit des gens fondé sur l'usage général des nations, regarde un ambassadeur, dûment reçu dans un autre État, comme étant exempt de la juridiction du lieu, par le consentement du souverain de cet État, consentement qui ne peut être retiré sans encourir le risque de rétorsion ou d'hostilités de la part du souverain qu'il représente. On peut affirmer la même chose de tous les usages qui forment le droit entre les nations. Tous ces usages peuvent être rejetés

[1] Jus gentium nihil est nisi præsumptio secundum consuetudinem, nec quicquam valet præsumptio ubi expressa est voluntas de quo agitur.. ... Ego generaliter verum dixerim de omni privilegio legatorum id nempe non prodesse, si contraria accessit contestatio, quia voluntas expressa tacitam excludit, nec ullum, ut dixi, jus gentium est nisi inter volentes ex pacto tacito. (BYNKERSHOEK, *de Foro legatorum*, cap. XIX.)

par ceux qui veulent se déclarer dispensés d'observer ce droit, et qui veulent s'exposer au risque de rétorsion de la part de la nation lésée par son infraction, ou bien à l'hostilité du genre humain [1].

§. 6. Droit des gens fondé sur la raison et l'usage.

Bynkershoek, qui écrivait après Puffendorf et avant Wolf et Vattel, fait dériver le droit des gens de la raison et de l'usage, fondés, selon lui, sur les traités et les ordonnances. En parlant des droits de la navigation neutre en temps de guerre, il dit: «La raison m'ordonne d'agir de la même manière envers deux de mes amisqui sont ennemis l'un de l'autre, et il s'en suit que je ne dois pas préférer l'un à l'autre dans ce qui regarde la guerre. L'usage est indiqué par une coutume constante et en quelque sorte perpétuelle que les souverains ont suivie en faisant des traités et des ordonnances au sujet de la matière en question, parce qu'ils ont souvent fait de pareils réglements par des traités pour être mis à exécution en temps de guerre et par des lois promulguées après le commencement des hostilités. J'ai dit par une *coutume pour ainsi dire perpétuelle,* parce qu'un traité et même deux traités, s'écartant de l'usage général, ne changent pas le droit des gens [2].»

En traitant de la question du juge compétent des ambassadeurs, il dit: «Les anciens jurisconsultes disent que le droit des gens est ce qui s'observe, conformément aux lumières de la raison, entre les nations, sinon toutes, du moins parmi la plupart et les plus civilisées. On peut, à mon avis, sans craindre de se tromper, suivre cette définition, qui établit deux fondements du droit dont il s'agit,

[1] Wheaton, *Histoire du droit des gens,* t. I, p. 134 et suiv.

[2] Jus gentium commune in hanc rem aliunde non licet discere quam ex ratione et usu. Ratio jubet ut duobus, invicem hostibus, sed mihi amicis, æque amicus sim, et inde efficitur, ne in causa belli, alterum alteri præferam. Usus intelligitur ex perpetua quodammodo paciscendi edicendique consuetudine. . . . . Dixi *ex perpetua quodammodo cousuetudine*, quia unum forte alterumve pactum, quod consuetudine recedit, jus gentium non mutat. (Bynkershoek, *Qæstiones juris publici,* lib. I. cap. x.)

savoir, la raison et l'usage. Mais de quelque manière qu'on définisse le droit des gens, et quelques disputes qu'il y ait là-dessus, il faut toujours en revenir à dire que ce que la raison dicte aux peuples, et ce que les peuples observent entre eux, par suite d'une comparaison qu'ils ont faite entre les choses qui sont souvent arrivées, est l'unique droit de ceux qui n'ont pas d'autre loi à suivre. Si tous les hommes sont hommes, c'est-à-dire si tous les hommes font usage de leur raison, elle ne peut que leur conseiller et leur commander certaines choses qu'ils doivent observer comme par un consentement mutuel, et qui étant établies par l'usage, imposent aux peuples une obligation réciproque, sans quoi on ne saurait concevoir ni guerre, ni paix, ni alliance, ni ambassades, ni commerce[1].» Et plus loin, en traitant la même question, il ajoute: «On ne peut guère tirer de lumières ici du droit civil ni du droit canon: tout dépend de la raison et de l'usage des peuples. J'ai allégué ce que l'on peut dire pour et contre en suivant la raison; il faut voir maintenant quel parti on doit prendre là-dessus. Ce que l'usage aura approuvé l'emportera sans contredit, puisque c'est de là que se forme le droit des gens[2].» Enfin dans un autre passage du même ouvrage, il dit: «il est néanmoins très-vrai, comme le disent les

[1] Non erraverit qui, veteres juris auctores secutus, id esse dixerit, quod ratione præeunte inter gentes servatur, si non inter omnes, inter plerasque certe et moratiores. Duo igitur ejus quasi fulcra sunt, ratio et usus.... Quicquid autem et quam varie, et quam anxie de jure gentium disputetur, eo semper causa recidit, ut quod ratio dictavit gentibus quodque illæ rerum sæpe factarum collatione inter se observant, unicum jus fit eorum, qui alio jure non reguntur. Si omnes homines homines sint, id est ratione utantur, haud fieri potest aliter, quin ratio iis quædam suadeat et imperet, quæ mutuo quasi consensu servanda sunt, et quæ deinde in usum conversa gentes inter se obligat, et sine quo jure nec bellum, nec pax, nec fædera, nec legationes, nec commercia intelliguntur. (BYNKERSHOEK, *de Foro legatorum*, cap. III.)

[2] Jus romanum et pontificum vix suppetias ferunt, ratio et mores gentium rem totam absolvunt. Rationes pro utraque sententia expedivi; quæ prævaleant, nunc quæstiones est; illæ autem prævalebunt, quas usus probavit, nam inde jus gentium est. (BYNKERSHOEK, *de Foro legatorum*, cap. VII.)

États-Généraux dans un mémoire publié par eux en 1651, que, selon le droit des gens, un ambassadeur, quoique coupable, ne peut être arrêté: car l'équité veut qu'on observe cela, si l'on n'a pas déclaré d'avance qu'on ne prétendait pas s'y soumettre. Le droit des gens n'est qu'une présomption fondée sur la coutume; et toute présomption n'a aucune force du moment qu'il paraît une volonté contraire de celui dont il s'agit. Feu M. Huber dit que les ambassadeurs ne peuvent point acquérir ou conserver leurs droits par prescription: mais il restreint cela au privilége que voudrait avoir un ambassadeur étranger, malgré le prince chez qui il réside, de fournir dans son hôtel un asile aux sujets mêmes de l'État. Pour moi je tiens la règle générale pour tous les priviléges des ambassadeurs, et je crois qu'il n'y en a aucun dont ils puissent prétendre la jouissance, si on a déclaré qu'on ne voulait pas le leur accorder, parce qu'une volonté expresse exclut toute volonté tacite qui y répugne, et le droit des gens, comme je l'ai déjà dit, n'a lieu qu'entre ceux qui s'y soumettent par une convention tacite [1].»

§ 7. Système de Wolf.

Les publicistes de l'école de Puffendorf avaient regardé le droit des gens comme une branche de la science de la morale. Ils l'avaient considéré comme le droit naturel des individus appliqué aux règles de conduite des sociétés indépendantes d'hommes appelées des États. A Wolf appartient, suivant Vattel, le mérite d'avoir le premier séparé

[1] Verissimum tamen est, quod Hollandiæ ordines aiunt in eo libello quem anno 1651 ediderunt, legatum etiam si deliquerit, ex jure gentium detineri non posse, id enim ut servemus æquitas exigit, si non centraria obnunciatione tollatur. Jus gentium nihil est nisi præsumptio secundum consuetudinem, nec quicquam valet præsumptio, ubi expressa est voluntas ejus de quo agitur. Præsumptione legatos jus suum quærere vel tueri non posse existimat HUBERUS *de Jure civitatis* lib. III, sect. IV, cap. II, n° 32, sed id restringit ad subditos principis, qui invito principe jure asyli uti velint apud legatos. Ego generaliter verum dixerim de omni privilegio legatorum, id nempe non prodesse, si contraria accesserit contestatio, quia voluntas expressa tacitam excludit, nec ullum, ut dixi, jus gentium est nisi inter volentes ex pacto tacito. (BYNKERSHOEK, *de Jure legatorum*, cap. XIX.)

le droit des gens de cette partie de la jurisprudence naturelle qui enseigne les droits de l'individu. Dans la préface de son grand ouvrage il dit «que comme telle est la condition de l'humanité, que le strict droit naturel ne peut pas toujours être appliqué au gouvernement d'une société séparée, mais qu'il devient nécessaire d'avoir recours aux lois d'institution positive, plus ou moins différentes du droit naturel, de même dans la grande société des nations, il devient nécessaire d'établir une loi d'institution positive plus ou moins différente du droit naturel. Comme le bien-être des nations demande ce changement, elles ne sont pas moins liées par la loi qui en découle qu'elles ne le sont par la loi naturelle elle-même, et la nouvelle loi introduite de cette manière doit être considérée comme le droit commun de toutes les nations. Cette loi, nous avons jugé convenable de l'appeler avec Grotius, quoique dans un sens plus restreint, le droit des gens volontaire [1].»

Wolf dit ensuite que le droit des gens volontaire tire sa force obligatoire du consentement présumé des nations; le droit conventionnel de leur consentement exprès, et le droit coutumier de leur consentement tacite [2].

Il fonde le consentement présumé des nations à se soumettre au droit des gens volontaire sur la fiction d'une

[1] Quemadmodum ea est hominum conditio, ut in civitate rigori juris naturæ per omnia ex asse satisfieri non possit, ac propterea legibus positivis opus sit, quæ neque in totum a naturali juri recedunt, nec per omnia ei serviunt; ita similiter gentium ea est conditio, ut rigori juris gentium naturali per omnia ex asse satisfieri nequeat, atque ideo jus istud in se immutabile tantisper immutandum sit, ut neque in totum a naturali recedat, nec per omnia ei serviat. Quoniam vero hanc ipsam immutationem ipsa gentium communis salus exigit, ideo quod inde prodit jus, non minus gentes inter se admittere tenentur, quam ad juris naturalis observantiam naturaliter obligantur, et non minus istud quam hoc salva juris consonantia pro jure omnium gentium communi habendum. Hoc ipsum autem jus cum Grotio, quamvis significatu prorsus eodem, sed paulo strictiori, *jus gentium voluntarium* appellare libuit. (Wolfius, *Jus gentium*, Préf. §. 3.)

[2] Prolegomena, § 25.

grande république des nations, établie par la nature elle-même et de laquelle toutes les nations de l'univers sont membres. Comme chaque société des hommes est gouvernée par ses propres lois adoptées par son libre consentement, de même la société générale des nations est gouvernée par ses propres lois reconnues par le libre consentement de toutes les nations qui en font partie. Il tire ces lois d'une modification du droit naturel, les adaptant à la nature particulière de l'union sociale, qui, selon lui, fait un devoir à toutes les nations de se soumettre aux règles d'après lesquelles cette union est gouvernée, de même que les individus sont obligés de se soumettre aux lois de la société séparée dont ils sont membres. Mais Wolf ne justifie pas par des preuves sa définition d'une telle union en république universelle des nations, et ne démontre pas non plus comment et quand tous les hommes sont devenus membres de cette union et citoyens de cette république.

§. 8. Différences d'opinion de Grotius et de Wolf sur l'origine du droit des gens volontaire.

A l'égard de l'origine du droit des gens volontaire, Wolf diffère de Grotius sur deux points:

1° Grotius a considéré ce droit comme étant d'institution positive, et a fait reposer sa force obligatoire sur le consentement général des nations manifesté par leurs usages. Wolf, au contraire, le regarde comme une loi que la nature a imposée aux hommes, comme une conséquence nécessaire de leur union sociale, loi à laquelle aucune nation ne peut refuser son assentiment.

2° Grotius confond le droit des gens volontaire avec le droit des gens coutumier. Wolf, au contraire, prétend qu'ils doivent être distingués, en ce que le droit des gens volontaire est obligatoire pour toutes les nations, tandis que le droit des gens coutumier n'oblige que celles entre lesquelles il a été établi par l'usage et le consentement tacite.

§. 9. Système de Vattel.

C'est dans l'ouvrage de Wolf que Vattel a puisé les matériaux de son traité du droit des gens. Cependant il est en dissentiment avec ce publiciste sur la manière dont on doit établir les bases du droit des gens volontaire. Comme nous l'avons déjà vu, Wolf fait dériver l'obligation de ce droit de la fiction d'une grande république établie par la nature elle-même, et de laquelle toutes les nations du monde sont membres. Suivant lui, le droit des gens volontaire est pour ainsi dire le droit civil de cette grande république. Cette idée ne satisfait point Vattel. «Je ne trouve,» dit-il, «la fiction d'une pareille république ni bien juste, ni assez solide pour en déduire les règles d'un droit des gens universel et nécessairement admis entre les États souverains. Je ne reconnais d'autre société naturelle entre les nations que celle-là même que la nature a établie entre tous les hommes. Il est de l'essence de toute société que chaque membre cède une partie de ses droits au corps de la société, et qu'il y ait une autorité capable de commander à tous les membres, de leur donner des lois, de contraindre ceux qui refuseraient d'obéir. On ne peut rien concevoir ni rien supposer de semblable entre les nations. Chaque État souverain se prétend et est effectivement indépendant de tous les autres. Ils doivent tous, suivant M. Wolf lui-même, être considérés comme autant de particuliers libres, qui vivent ensemble dans l'état de nature, et ne reconnaissent d'autres lois que celle de la nature même ou de son auteur[1].»

Suivant Vattel, le droit des gens n'est autre chose, dans son origine, que le droit naturel appliqué aux nations. Ayant posé cet axiome, il le restreint de la même manière et presque dans les mêmes termes que Wolf, en disant «que le droit qui règle la conduite des individus doit nécessairement être modifié dans son application aux sociétés collectives des hommes, appelées des nations ou des États. Un État est un sujet fort différent d'un individu; de là aussi des obligations et des droits très-différents pour les deux.

[1] VATTEL *Droit des gens,* préface.

La même règle appliquée à deux sujets différents ne pouvant pas opérer des décisions analogues, il y a donc des cas dans lesquels la loi naturelle ne décide point entre les États comme elle déciderait entre des particuliers. C'est l'art d'en faire une application accommodée aux sujets et fondée sur la droite raison, qui fait du droit des gens une science particulière.»

Cette application du droit naturel aux nations forme ce que Wolf et Vattel appellent le *droit des gens nécessaire.* Il est nécessaire parce que les nations sont absolument obligées de l'observer. Les préceptes de la loi naturelle ne sont pas moins obligatoires pour les États que pour les particuliers, puisque les États sont composés d'hommes, et que cette loi oblige tous les hommes, quels que soient leurs rapports entre eux. C'est ce même droit que Grotius et ses disciples appellent le *droit des gens interne,* parce que c'est par la voie de la conscience même qu'il agit sur les hommes. D'autres le nomment *droit des gens naturel.*

Le droit des gens nécessaire est immuable, puisqu'il n'est autre chose que l'application que l'on fait du droit naturel aux États, lequel est lui-même immuable, comme étant fondé sur la nature des choses et en particulier sur la nature de l'homme.

Ce droit étant immuable et l'obligation qu'il impose nécessaire et indispensable, les nations ne peuvent y apporter aucun changement par leurs conventions, ni s'en dispenser elles-mêmes ou entre elles [1].

Vattel est allé au-devant d'une des objections qu'on pouvait faire à son système, que les nations ne peuvent pas changer le droit des gens nécessaire par des conventions entre elles. Cette objection consiste à dire que la liberté et l'indépendance d'une nation ne permettraient pas aux autres nations de déterminer si sa conduite est ou

[1] VATTEL, *Droit des gens,* prélim., §. 6 à 9.

n'est pas conforme au droit des gens nécessaire. Il répond à cette objection en disant que des traités peuvent être invalides lorsqu'ils sont faits en contravention du droit des gens nécessaire ou de la loi interne, et qu'en même temps, suivant la loi externe, ils peuvent être valides. En effet puisque les États sont libres et indépendants entre eux, ils sont obligés de souffrir de la part de l'un d'eux tout acte qui, quoique illégitime d'après la loi interne, ne blesse en rien leurs droits parfaits [1].

De cette distinction de Vattel vient ce que Wolf avait appelé le droit des gens volontaire, *jus gentium voluntarium*, terme auquel le premier donne son assentiment, quoiqu'il soit d'un autre avis que Wolf quant à la manière d'en établir l'obligation. Cependant il est d'accord avec ce publiciste au sujet du droit des gens volontaire, qu'il regarde aussi comme une loi positive, déduite du consentement présumé ou tacite des nations de se considérer les unes les autres comme étant parfaitement libres, indépendantes et égales, chacune étant l'arbitre de ses propres actions, et n'ayant de compte à rendre à aucun autre supérieur que le gouverneur suprême de l'univers.

Outre ce droit des gens volontaire, ces publicistes parlent de deux autres sortes de droit des gens. Ce sont:

1° Le *droit des gens conventionnel*, qui prend son origine dans des conventions entre des États. Comme les parties contractantes sont les seules liées par de telles conventions, il est évident que le droit des gens conventionnel n'est pas un droit universel, mais un droit particulier.

2° Le *droit des gens coutumier*, qui prend son origine dans les usages établis entre des nations particulières. Ce droit n'est pas universel, il est obligatoire seulement pour les États qui ont adopté ces usages.

Ce sont ces trois espèces de droit international, *volon-*

[1] VATTEL, *Droit des gens*, prélim., § 9.

taire, conventionnel et coutumier, qui, selon Vattel, forment l'ensemble du droit international positif. Ils prennent tous trois leur origine dans la volonté des nations, ou, pour emprunter les paroles de Wolf, le droit volontaire résulte de leur consentement présumé; le droit conventionnel, de leur consentement exprès, et le droit coutumier, de leur consentement tacite [1].

Il est peut-être inutile de faire remarquer la confusion qu'il y a dans l'énumération que fait Vattel des diverses sortes de droit international; confusion qu'il aurait pu éviter en réservant l'expression de droit des gens *volontaire* pour le *genius*, qu'il aurait ensuite partagé en droit international *conventionnel* et *coutumier*, le premier étant établi par des traités et le second par l'usage, le premier par le consentement exprès, le second par le consentement tacite des nations entre elles.

§ 10. Système de Heffter. Suivant M. *Heffter*, le droit des gens (*jus gentium*), dans son sens le plus ancien et le plus large, tel qu'il a été établi par la jurisprudence romaine, est un droit fondé sur l'usage général et le consentement tacite des nations; ce droit ne règle pas seulement les rapports des nations entre elles, mais aussi ceux des individus en ce qui concerne leurs droits et leurs devoirs respectifs, qui ont partout le même caractère et le même effet, et dont l'origine et la forme spéciale ne dérivent point des institutions positives d'un État particulier. Selon M. Heffter, ce droit renferme deux parties distinctes:

1° Les droits de l'humanité en général, et les relations que les États souverains reconnaissent parmi les individus qui ne sont pas soumis à leur autorité.

2° Les relations directes qui existent entre les nations, les États et les souverains eux-mêmes.

Dans le monde moderne, cette dernière partie a exclu-

[1] Vattel, préliminaires, — Wheaton, *Histoire du droit des gens*, t. I, p. 238 et suiv.

sivement reçu le nom de *droit des gens*. Il serait mieux de l'appeler *droit public externe*, par opposition au droit public interne de chaque État. La première partie du droit international a été confondue avec le droit civil de chaque nation particulière, sans prendre pour cela son essence et son caractère originel. Cette partie de la science détermine seulement certains droits de l'humanité en général et les relations privées qui sont regardées comme étant sous la tutelle des nations; elle a été traitée sous la dénomination de droit international privé.

Le publiciste que nous citons n'admet pas le terme de *droit international*, nouvellement introduit, et assez généralement adopté par les écrivains les plus récents. Suivant lui, ce terme n'exprime pas assez l'idée du *jus gentium* des jurisconsultes romains. Il considère le droit des gens comme un droit général de l'humanité qu'aucun peuple ne peut refuser de reconnaître, et dont la protection peut être réclamée par tous les hommes et par tous les États. Il cherche la base de ce droit dans ce principe incontestable, que partout où il y a une société, il doit aussi y avoir un droit obligatoire pour tous ses membres. Il doit y avoir également dans la grande société des nations un droit analogue.

Le droit en général est la liberté extérieure de la personne morale. Ce droit peut être garanti par la protection d'une autorité supérieure, ou bien il puise sa force en lui-même; le droit des gens est de cette dernière espèce. Une nation qui sort de son isolement pour vivre en société avec les autres nations, reconnaît, par ce fait même, un droit qui doit régler ses relations internationales. Elle ne peut méconnaître ce droit sans s'exposer à l'inimitié des autres nations, sans mettre en péril sa propre existence. L'obligation que chaque nation s'impose de se conformer à ce droit, dépend de la persuasion où elle est que les autres nations observeront envers elle le même droit. Le droit des gens est fondé sur la réciprocité; il n'a pas de législateur ni de juge suprême, puisque les États indépendants ne reconnaissent aucune autorité humaine comme leur étant supérieure. Il dépend exclusivement des sanctions morales, et de la crainte que peuvent avoir les souverains et les nations de provoquer les autres souverains et les autres nations en violant des règles généralement reconnues comme contribuant au bonheur commun des hommes [1].

Il n'y a pas de droit des gens universel.

Existe-t-il vraiment un semblable droit des gens? Non sans doute entre toutes les nations et tous les États du globe. Le droit public a toujours été, et est encore, à quelques exceptions près, limité aux peuples civilisés et chrétiens de l'Europe ou à ceux d'origine européenne. Il y a longtemps que cette distinction entre le droit des gens européen et celui des autres races d'hommes a été remarqué par les publicistes. Grotius dit que «le droit des gens a acquis sa force obligatoire par un effet de la volonté de tous les peuples, ou *du moins de plusieurs*. Je dis de plusieurs, car à la réserve du droit naturel, qui est aussi appelé droit des gens, on n'en trouve guère qui soit

[1] Heffter, *das europäische Völkerrecht*, § 2.

Le savant jésuite Suarez a indiqué, dans le passage suivant, cette obligation morale du *jus gentium*: «Ratio hujus juris est, quia humanum genus, quamvis in varios populos et regna divisum, semper habeat aliquam unitatem, non solum specificam, sed etiam quasi politicam et moralem, quam indicat naturale præceptum mutui amoris et misericordiæ, quod ad omnes extenditur, etiam extraneos et cujuscunque nationis. Quapropter, licet unaquaque civitas perfecta, respublica aut regnum, sit in se communitas perfecta et suis membris constans, nihilominus quælibet illarum etiam membrum aliquo modo hujus universi prout genus humanum spectat. Nunquam enim illæ communitates adeo sunt sibi sufficientes sigillatim, quin indigeant aliquo mutuo juvamine et societate ac communicatione, interdum ad melius esse majoremque utilitatem, interdum vero et ob moralem necessitatem. Hac ergo ratione indigent aliquo jure, quo dirigantur et recte ordinentur in hoc genere communicationis et societatis. Et quamvis magna ex parte hoc fiat per rationem naturalem, non tamen sufficienter et immediate quoad omnia: ideoque potuerunt usu earundem gentium introduci.» (Suarez, *de Legibus et Deo legislatore*, lib. II, cap. XIX, n. g.)

commun à toutes les nations. Souvent ce qui est du droit des gens dans une partie de la terre ne l'est pas dans l'autre, comme nous le montrerons dans son lieu [1]. »

Bynkershoek, dans un passage précédemment cité, dit que le droit des gens est ce qui s'observe, conformément aux lumières de la raison, entre les nations, sinon toutes, du moins parmi la plupart et les plus civilisées [2].

Leibnitz parle du droit des gens volontaire, comme étant établi par le consentement tacite des nations; « non pas, » dit-il, « qu'il soit nécessairement la loi de toutes les nations et de tous les siècles, puisque les Européens et les Indiens diffèrent souvent entre eux au sujet des notions qu'ils se sont faites du droit international, et que même parmi nous il peut être changé par le laps des temps [3]. » Et enfin, Montesquieu, dans son *Esprit des lois*, dit : « Toutes les nations ont un droit des gens, et les Iroquois mêmes, qui mangent leurs prisonniers, en ont un. Ils envoient et reçoivent des ambassadeurs, ils connaissent des droits de la guerre et de la paix; le malheur est que ce droit des gens n'est pas fondé sur de vrais principes [4]. »

Il n'y a donc pas de droit des gens universel tel qu'il est décrit par Cicéron dans son traité de la République. Nous ne pouvons cependant proscrire avec M. Heffter les nouveaux termes de *jus inter gentes*, droit entre les

[1] Latius autem patens est jus gentium, id est quod gentium omnium aut multarum voluntate vim obligandi accepit. Multarum addidi, quia vix ullum jus reperitur extra jus naturale, quod ipsum quoque gentium dici solet, omnibus gentibus commune. Imo sæpe in una parte orbis terrarum est jus gentium quod alibi non est, ut suo loco dicemus. (GROTIUS, *de Jure belli ac pacis*, lib. I, cap. I, § 14, nº 1.)

[2] BYNKERSHOEK, *de Foro legatorum*. Vid. supra.

[3] Neque vero necesse est, ut sit omnium gentium vel omnium temporum; cum in multis arbitrer aliud Indis aliud Europæis placere et apud nos ipsos seculorum de cursu *mutari*, quod vel hoc ipsum opus indicare potest. (LEIBNITZ, *Codex juris gentium diplomaticus*, præfat.)

[4] MONTESQUIEU, *Esprit des lois*, liv. I, chap. III.

gens, ou droit international; proposés successivement par Zouch [1], d'Aguesseau [2] et Bentham [3], comme exprimant d'une manière plus précise et plus logique cette branche du droit qu'on appelle ordinairement le droit des gens ou des nations, «termes si peu caractéristiques,» dit Bentham, «que si ce n'était la force de l'usage, ils pourraient être regardés plutôt comme indiquant une branche du droit interne ou civil.» Il est même permis de douter si le terme de droit des gens peut être littéralement applicable à ces règles de justice qui sont observées ou qui devraient l'être entre les sociétés indépendantes. Il ne peut y avoir de *droit* où il n'y a point de *loi*, et il n'y a pas de loi où il n'y a pas de supérieur; entre les nations il n'y a qu'une obligation morale résultant de la raison qui enseigne qu'une certaine conduite dans leurs relations mutuelles contribue le plus efficacement au bonheur général. C'est seulement dans un sens métaphorique que le droit des gens peut être appelé *loi.* Les lois proprement dites sont des commandements émanés d'un supérieur, auxquels est annexé comme sanction un mal éventuel. Telle est la loi naturelle, ou loi divine, prescrite par Dieu à tous les hommes, et telles sont les lois civiles imposées dans chaque société politique par l'autorité supérieure de l'État aux personnes qui y sont soumises. Les nations étant indépendantes les unes des autres, ne reconnaissent de supérieur que Dieu même; tous les devoirs réciproques existants entre elles résultent de conventions ou de l'usage: la *loi* dans le sens naturel de ce mot ne peut dériver ni de l'une ni de l'autre de ces deux sources du droit international.

Les rapports entre les nations étaient appelés *jus gentium* par les jurisconsultes romains, et dans toutes les lan-

[1] ZOUCH, *de Jure inter gentes.* Lond. 1850.

[2] *Œuvres* D'AGUESSEAU, t. II, p. 337.

[3] BENTHAM, *Morals and legislation.* Works, part. I. p. 149.

gues modernes de l'Europe, excepté la langue anglaise, on donne à ces rapports le nom de droit des gens ou des nations. Cependant le mot *gens*, dérivé du latin, ne signifie en français ni peuple ni nation. L'expression anglaise, *law of nations*, loi des nations, est encore moins applicable aux règles de justice internationale [1].

Des règles de conduite imposées par l'opinion ne sont appelées lois que par l'effet analogique du terme; c'est le cas de la loi internationale. Cette loi n'est pas une loi positive, puisque chaque loi positive est imposée par une autorité supérieure ou souveraine à des inférieurs ou sujets. L'ensemble des règles de conduite reconnues par les nations et les souverains dans leurs relations mutuelles leur étant imposé par des opinions généralement admises entre eux, est appelé loi par son analogie avec une loi positive. Cette loi n'a d'autre sanction que la crainte de provoquer l'hostilité des autres nations par les violations des maximes généralement reconnues par les peuples civilisés [2].

D'après l'opinion de Savigny, il peut exister entre diverses nations cette même communauté d'idées, qui a contribué à former le droit positif *(das positive Recht)* de chaque nation en particulier. Cette communauté d'idées, fondée sur une origine et une religion communes à plusieurs peuples, constitue le droit international, tel que nous le voyons parmi les États chrétiens de l'Europe, droit qui n'était pas inconnu des peuples anciens, et que nous trouvons parmi les Romains sous le nom de *jus feciale*. Le droit international peut donc être considéré comme un droit positif, mais un droit imparfait par rapport à l'incertitude de ses préceptes et parce qu'il manque de cette

Opinion de Savigny.

[1] RAYNEVAL, *Institutions du droit de la nature et des gens*, liv. I, p. 8, note 1.

[2] AUSTIN, *Province of jurisprudence*, etc., p. 147 et 148, 207 et 208.

base sur laquelle repose le droit positif de chaque nation particulière, le pouvoir politique de l'État et des magistrats capables d'exécuter les lois. Les progrès de la civilisation, fondés sur la religion chrétienne, nous ont insensiblement conduits à observer un droit analogue dans nos relations avec toutes les nations du globe, quelle que soit leur foi religieuse et sans aucune réciprocité de leur part [1].

Cette observation du savant légiste allemand se trouve confirmée par les changements qui sont récemment arrivés dans les relations entre les nations chrétiennes de l'Europe et de l'Amérique et les peuples païens et mahométans de l'Asie et de l'Afrique. Ces peuples ont dans plusieurs circonstances manifesté l'intention de renoncer à leurs usages internationaux et d'adopter ceux des nations plus civilisées. Les droits de légation ont été reconnus par la Turquie, la Perse, l'Égypte et les États barbaresques, et étendus réciproquement à ces pays par les pays chrétiens de l'Europe. L'indépendance et l'intégrité de l'empire ottoman ont été considérées depuis longtemps comme un des éléments essentiels de l'équilibre des puissances européennes, et sont devenues l'objet, entre ces puissances, de conventions qui font maintenant partie du droit public de l'Europe. On peut étendre les mêmes observations aux transactions récentes entre l'empire chinois et les nations chrétiennes de l'Europe et de l'Amérique, par lesquelles cet empire a renoncé à ses principes antisociaux et anticommerciaux, et a reconnu l'indépendance et l'égalité des autres peuples dans les relations de la paix et de la guerre.

§ 11. Définition du droit international.

On peut donc en somme dire que le droit international, tel qu'il est compris par les nations civilisées, est l'ensemble des règles de conduite que la raison déduit, comme

[1] SAVIGNY, *System des heutigen römischen Rechts*, Bd. I. Cap. II, § 6.

étant conformes à la justice, de la nature de la société qui existe parmi les nations indépendantes, en y admettant toutefois les définitions ou modifications qui peuvent être établies par l'usage et le consentement général [1].

Les sources du droit international sont les suivantes:

§ 12. Sources du droit international.

1° Les écrits des publicistes enseignant les règles de justice applicables à la société qui existe entre les nations, et les modifications de ces règles d'après l'usage et le consentement général.

Sans être disposé à exagérer l'importance de ces écrivains, ou à substituer, en aucun cas, leur autorité aux principes de la raison, on peut affirmer qu'ils sont généralement impartiaux dans leurs jugements. Ils déposent comme témoins des sentiments et des usages des nations civilisées, et le poids de leur témoignage augmente toutes les fois que leur autorité est invoquée par les hommes d'État et à chaque année qui s'écoule sans que l'usage constaté par leurs ouvrages soit détruit par l'aveu de principes contraires.

Les traités.

2° Les traités de paix, d'alliance et de commerce entre divers états.

Les traités peuvent être considérés sous plusieurs points de vue, suivant la nature des questions du droit des gens qui sont résolues par ces traités.

On peut les considérer comme répétant ou affirmant le droit des gens généralement reconnu, ou bien comme formant des exceptions à ce droit et comme des lois particulières entre les parties contractantes, ou enfin comme explicatifs des principes de ce droit sur des points dont le sens est obscur ou indéterminé. Dans ce dernier cas, les traités ont d'abord force de loi entre les parties contractantes, et ensuite ils confirment le droit international

[1] MADISON, *Examination of the British doctrine, which subjects to capture a neutral trade not open in time of peace*, p. 41. London, édit. 1806.

déjà existant, suivant que l'explication est plus ou moins précise, ou que le nombre des puissances contractantes est plus ou moins important. Enfin les traités peuvent être considérés comme formant le droit des gens volontaire ou positif. Une succession constante de traités sur une même matière peut être considérée comme exprimant l'opinion des nations sur cette matière [1].

Les ordonnances concernant les prises maritimes.

3° Les ordonnances des États souverains pour régler les prises maritimes en temps de guerre.

Les ordonnances de la marine d'un État peuvent être regardées, non-seulement comme des témoignages historiques de l'usage de cet État pour ce qui regarde les pratiques de la guerre maritime, mais comme constatant aussi l'opinion des légistes de cet État sur les règles généralement reconnues comme conformes au droit des gens universel.

L'usage des nations, qui forme le droit des nations, n'a pas encore établi un tribunal impartial pour décider sur la validité des prises maritimes. Chaque état belligérant défère le jugement de ces litiges aux tribunaux maritimes établis sous son autorité et dans son territoire, avec un ressort définitif à une cour d'appel qui se trouve sous le contrôle direct du gouvernement. La règle d'après laquelle les tribunaux constitués de cette manière sont tenus de procéder pour la décision de ces cas, n'est pas le droit civil de leur propre pays, mais le droit international et les traités qui existent entre ce pays et d'autres nations. Ils peuvent, pour rechercher le droit international, recourir à ses sources ordinaires, dans les ouvrages des publicistes, ou bien dans les ordonnances promulguées par leur souverain d'après les principes reconnus par les légistes du pays comme conformes au droit public. Mais dans l'un ou

[1] Bynkershoek, *Quæstiones juris publici*, lib. I, cap. x, le passage déjà cité.

l'autre cas, c'est toujours le droit commun à toutes les nations que l'on suit comme la seule règle dont on reconnaisse l'autorité. «Quand Louis XIV,» dit un magistrat anglais, «publia sa fameuse ordonnance sur la marine, personne ne supposa qu'il eût la prétention de donner des lois à l'Europe, parce qu'il rassembla et mit en ordre, sous la forme d'un code, les principes du droit des gens maritimes comme ils étaient entendus en France. Je dis comme ils étaient entendus et reçus en France, car quoique le droit international doive être le même dans tous les pays, comme les tribunaux qui font l'application de ce droit sont indépendants les uns des autres, il n'est pas possible qu'ils ne soient pas en désaccord sur son interprétation dans les pays divers qui reconnaissent son autorité. A cette époque au moins, il n'était point admis qu'un seul État pût établir ou changer la loi des nations, mais il a été trouvé convenable d'établir certains principes de décision, afin de donner une règle uniforme à leurs propres tribunaux, et en même temps de faire connaître cette règle aux neutres. Aussi les tribunaux français ont-ils bien compris l'esprit et le but des ordonnances de Louis XIV. Ils n'ont pas considéré ces ordonnances comme des lois positives, liant les tribunaux d'une manière absolue, mais seulement comme établissant des présomptions légales, desquelles ils tirent les conclusions sur lesquelles sont basés leurs jugements en matière de prises [1].»

Les arrêts des tribunaux internationaux.

4° Les arrêts des tribunaux internationaux, tels que les commissions mixtes et les tribunaux de prises.

Entre ces deux sources on doit attribuer un plus grand poids aux jugements des commissions mixtes constituées par deux États comme arbitres entre eux, qu'on n'en attribue aux arrêts des cours d'amirauté autorisées à juger

[1] *Conclusions de sir W. Grant au tribunal d'appel en matière de prises à Londres.* (MARSHALL, *on Insurance*, vol. I, p. 425.)

en temps de guerre la validité des prises, et dont les juges sont nommés par un seul État dont les ordonnances sont obligatoires pour eux.

Opinions écrites données confidentiellement par des légistes au gouvernement de leur pays.

5° Les opinions écrites et données confidentiellement par des légistes à leur gouvernment. Quand un État forme une réclamation auprès d'un autre État pour des lésions faites à ses propres droits, il agit souvent comme un individu agirait en pareil cas. Il consulte ses légistes officiels, et il est guidé par leur avis sur le droit applicable à l'affaire en question. Dans le cas surtout où ces consultations sont contraires au client souverain qui en a référé à l'avis de ses légistes, et où il est assez puissant pour soutenir ses réclamations par la voie des armes, on peut raisonnablement affirmer que le droit des gens a été sincèrement exposé dans l'opinion donnée. Les archives des départements des affaires étrangères de tous les pays contiennent une grande collection de documents semblables, qui, s'ils étaient publiés, formeraient une importante acquisition pour le droit des gens.

Histoire des guerres etc., relatives aux affaires internationales.

6° Enfin nous pouvons terminer cette énumération des sources du droit international par l'indication de l'histoire des guerres, des négociations, des traités de paix et d'autres transactions relatives aux affaires internationales.

CHAPITRE II.

DES NATIONS ET DES ÉTATS SOUVERAINS.

Les nations et les sociétés politiques, qu'on appelle des États, sont les personnes morales soumises au droit international. § 1. Définition de ceux qui sont soumis au droit international.

Cicéron, et après lui des publicistes modernes ont défini un État en l'appelant un corps politique ou société d'hommes, unis ensemble pour assurer leur sûreté et avantage mutuels par leurs forces combinées [1]. § 2. Définition d'un État.

Cette définition ne peut être considérée comme exacte qu'en la modifiant par les observations suivantes:

1° Il ne faut pas l'étendre aux corporations créées par un État, et qui n'existent que sous l'autorité de cet État, quel que soit d'ailleurs l'objet pour lequel les individus composant ces corps politiques se sont réunis ensemble.

C'est ainsi que cette grande association de négociants anglais, sanctionnée d'abord par la couronne et ensuite par le parlement britannique pour faire le commerce des Indes, ne saurait être assimilée à un État; car bien qu'elle exerce les pouvoirs souverains de la guerre et de la paix dans cette partie du monde sans le contrôle direct du gou-

[1] Respublica est cœtus multitudinis, juris consensu et utilitatis communione sociatus. (Cicero, *de Republica,* lib. I, § 25.)

Potestas civilis est quæ civitati præest. Est autem civitas cœtus perfectus liberorum hominum juris fruendi et communis utilitatis causa sociatus. (Grotius, *de Jure belli ac pacis,* lib. I, chap. I, § 14, n° 1.) — Vattel, préliminaires, § 1 et liv. I, chap. I, § 1. — Burlamaqui, *Droit naturel,* t. II, part. I, chap. IV.

vernement anglais, elle a cependant toujours été subordonnée à l'autorité supérieure de ce gouvernement. Cette association ou compagnie des Indes représente le gouvernement anglais auprès des princes et des peuples indigènes de cette contrée, tandis que le gouvernement anglais lui-même représente la compagnie auprès des autres souverains et des États étrangers.

2° On ne peut pas non plus donner le nom d'État à des associations volontaires de voleurs ou de pirates, bien que ces individus se soient réunis pour assurer leur sûreté et avantage mutuels [1].

3° Il faut aussi distinguer un État d'avec une horde nomade de sauvages qui ne constitue pas encore une société civile. L'idée légale d'un État implique nécessairement l'obéissance habituelle de ses membres à des personnes investies de l'autorité suprême, et une habitation fixe ainsi qu'un territoire défini appartenant au peuple qui l'habite.

4° Un État doit aussi dans de certains cas être distingué d'une nation, puisqu'il peut être composé de plusieurs races d'hommes différentes, soumises à la même autorité suprême, comme cela arrive, par exemple, dans l'empire d'Autriche et dans le royaume de Prusse. Il peut aussi arriver qu'une même nation soit soumise à divers États, comme la nation polonaise est soumise à la domination de la Russie, de l'Autriche et de la Prusse.

§ 3. Du droit international par rapport aux princes souverains.

Les princes souverains peuvent être soumis au droit international pour ce qui concerne leurs droits personnels, ou leurs droits de propriété dépendant de leurs relations personnelles avec des États étrangers ou avec les souverains et sujets de ces États. Ces relations donnent lieu à la branche de la science qui traite des droits des souverains sous ce rapport.

[1] ..... nec cœtus piratarum aut latronum civitas est, etiam si forte æqualitatem quandam inter se servent, sine qua nullus cœtus posset consistere. (Grotius, *de Jure belli ac pacis*, lib. III, cap. III, § 11, n° 1.)

Les particuliers ou les corporations peuvent également être soumis au droit international pour ce qui regarde leurs droits personnels, ou de propriété, dépendant de leurs relations avec les États ou les souverains étrangers, ou avec les citoyens ou sujets de ces États. Ces relations donnent lieu à ce qu'on appelle le droit international privé, et plus particulièrement le conflit entre les lois des différents États.

§ 4. Du droit international par rapport aux particuliers ou aux corporations.

Cependant l'objet propre du droit international est l'ensemble des relations directes qui existent entre les nations et entre les États.

On se sert des termes de souverain et d'État comme de synonymes, c'est-à-dire que le premier de ces termes est pris métaphoriquement pour le dernier

Dans les pays soumis à un gouvernement absolu ou autocratique, la personne du prince s'identifie naturellement avec l'État lui-même: «*l'État c'est moi.*» De là est venue l'habitude des publicistes de se servir des termes de souverain et d'État comme de synonymes. On se sert également du terme de souverain, dans un sens métaphorique, pour exprimer l'idée d'un État, quelle que soit d'ailleurs la forme de son gouvernement.

§ 5. De la souveraineté.

La souveraineté est le pouvoir suprême qui régit un État quelconque, soit monarchique, soit républicain, soit mixte. Ce pouvoir suprême peut être exercé ou à l'intérieur ou à l'extérieur du territoire de l'État.

De la souveraineté intérieure.

La souveraineté intérieure est celle qui appartient à la nation, ou celle qui a été conférée par elle à son gouvernement d'après les lois fondamentales de l'État. C'est l'objet de ce qu'on appelle le droit public interne, ou plus proprement droit constitutionnel.

De la souveraineté extérieure.

La souveraineté extérieure est l'indépendance d'une société politique à l'égard de toutes les autres sociétés politiques. C'est par l'exercice de cette souveraineté que les relations internationales d'une société politique sont maintenues en paix et en guerre avec les autres sociétés politiques. Le droit qui la règle a été appelé droit public externe, ou plus proprement droit international.

Les États étrangers peuvent faire dépendre leur reconnaissance d'un État nouveau et son admission dans la société générale des nations, de la constitution intérieure de cet État, de la forme de son gouvernement ou même du choix qu'il aura fait d'un chef. Mais quelle que soit la constitution intérieure de cet État, ou la forme de son gouvernement, ou la personne de son chef, et fût-il même livré à l'anarchie la plus complète par suite des contestations entre les différents partis politiques qui se disputent le gouvernement, l'État n'en subsiste pas moins de droit jusqu'à ce que sa souveraineté ait été complétement détruite par la dissolution complète de tout lien de société, ou par quelque autre cause qui mette fin à son existence.

§ 6. Origine de la souveraineté d'un État.

La souveraineté d'un État commence à l'origine même de la société dont il est formé, ou quand il se sépare de la société dont il faisait précédemment partie [1].

Ce principe s'applique également à la souveraineté intérieure et à la souveraineté extérieure d'un État. Il y a cependant une distinction importante à faire ici entre ces deux espèces de souveraineté. La souveraineté intérieure d'un État ne dépend pas de la reconnaissance de cet État par d'autres États; en d'autres termes, un État nouveau qui surgit dans le monde n'a pas besoin d'être reconnu par d'autres États pour jouir de sa souveraineté intérieure. L'existence de fait de l'État nouveau suffit seule pour légitimer l'exercice de sa souveraineté intérieure. C'est un État parce qu'il existe.

C'est ainsi que la souveraineté des États-Unis de l'Amérique du Nord existe depuis le 4 Juillet 1776, jour où ces États se sont déclarés libres, souverains et indépendants de la Grande-Bretagne. Aussi, par un arrêt de 1808, la cour suprême des États-Unis a-t-elle décidé que depuis ce moment les États qui composaient l'union fédérale

[1] Klüber, *Droit des gens moderne de l'Europe*, § 25.

avaient pu exercer tous les droits de souveraineté quant à la législation intérieure, et que l'exercice de cette souveraineté était tout à fait indépendant de la reconnaissance par le roi d'Angleterre dans le traité de paix de 1782 [1].

La souveraineté extérieure, pour être pleine et entière, a, au contraire, besoin d'être reconnue par d'autres États. Tant que l'État nouveau n'entre en relation qu'avec ses propres citoyens et borne sa sphère d'activité aux limites de son propre territoire, il peut fort bien se passer de cette reconnaissance, mais s'il désire entrer dans cette grande société des nations, dont tous les membres reconnaissent entre eux des droits respectifs et des devoirs qu'ils sont tous tenus de remplir, il faut que l'État nouveau ait été reconnu par les États qui forment cette société, car ce n'est qu'à cette condition qu'il pourra prendre part aux avantages que cette société lui assure. Chaque État étranger est parfaitement libre de reconnaître, ou de ne reconnaître point, l'État nouveau, en prenant sur lui la responsabilité des suites que pourrait entraîner son refus de le reconnaître. Tant que l'État nouveau n'aura pas été reconnu par tous les autres États, il ne pourra réclamer l'exercice de sa souveraineté que dans ses relations avec les États qui l'auront reconnu.

§ 7. Identité d'un État.

L'identité d'un État consiste en ce qu'il a une origine ou commencement d'existence qui lui est propre, et en ce que cette origine ou commencement d'existence le distingue de tous les autres États. Un État est un corps changeant quant aux membres qui composent la société, mais quant à la société même, c'est le même corps dont l'existence est perpétuée par une succession constante de membres nouveaux. Cette existence continue tant qu'aucun changement fondamental n'a été introduit dans l'État [2].

[1] CRANCH'S *Reports*, vol. IV, p, 312.

[2] GROTIUS, *de Jure belli ac pacis*, lib. II, chap. IX, § 3. — RUTHERFORTH'S *Institutions*, b. II, c. X, §. 12, 13. — HEFFTER, *das europäische Völkerrecht*, §. 24.

De l'effet d'une révolution intérieure sur l'identité d'un État.

Si ce changement est opéré par une révolution intérieure qui change la constitution de l'État, ou la forme de son gouvernement, ou la dynastie qui y régne, l'État demeure le même; il ne perd aucun de ses droits et n'est libéré d'aucun de ses engagements [1].

Pour qu'un État soit constitué, il faut nécessairement que les membres de la société politique dont il est composé obéissent habituellement à une autorité supérieure. Il ne résulte nullement de là que si, par suite d'une guerre civile, cette obéissance habituelle, ainsi que l'autorité à laquelle cette obéissance est due, sont momentanément suspendues, l'existence de l'État soit pour cela détruite, quoique pour un temps les relations ordinaires de cet État avec d'autres États aient cessé.

De la conduite que les États étrangers peuvent observer envers un État engagé dans une guerre civile.

Jusqu'à ce que la révolution soit consommée, c'est-à-dire pendant que la guerre civile continue, les autres États peuvent, ou rester spectateurs indifférents de la lutte, tout en continuant à regarder l'ancien gouvernement comme souverain, et le gouvernement *de fait* comme ayant le droit de faire la guerre à ses adversaires, ou bien ils peuvent soutenir la cause de l'un ou de l'autre parti belligérant, selon qu'ils le trouveront fondé en justice ou non. — Dans le premier cas, l'État étranger remplit toutes ses obligations suivant le droit des gens; et pourvu qu'il garde une conduite rigoureusement impartiale envers les deux partis, ni l'un ni l'autre n'a le droit de se plaindre. Dans le second cas, l'État étranger devient nécessairement l'allié du parti en faveur duquel il s'est déclaré, et l'ennemi du parti opposé; et comme dans ce cas le droit des gens n'établit aucune différence entre une guerre juste et une guerre injuste, l'État qui intervient jouit de tous les droits de la guerre contre son ennemi [2].

[1] GROTIUS, *de Jure belli ac pacis*, lib. II, chap. VIII. — RUTHERFORTH'S *Institutions*, b. II, c. X, §. 14. — PUFFENDORF, *de Jure naturæ et gentium*, lib. VIII, cap. XIX, § 1 à 3.

[2] VATTEL, *Droit des gens*, liv. II, chap. IV, §. 56. — MARTENS *Précis du Droit des gens*, liv. III, chap. II, § 79—82.

Si l'État étranger veut garder une neutralité absolue en face des dissensions qui agitent un autre État, il doit accorder aux deux partis belligérants tous les droits que la guerre accorde aux ennemis publics, tels que le droit de blocus et le droit d'intercepter les marchandises de contrebande[1]. Cependant l'exercice de ces droits par une colonie envers la mère-patrie pourra être modifié d'après les traités qui existent entre cet État et d'autres États[2].

Les deux partis belligérants doivent jouir de tous les droits de la guerre.

§ 8. De l'effet d'une force extérieure sur l'identité d'un État.

Si au contraire un changement fondamental est opéré dans un État par l'effet d'une force extérieure, comme par la conquête confirmée par des traités, les effets de ce changement dépendront des stipulations contenues dans ces traités. Deux cas possibles se présentent: d'abord si une partie seulement de l'État vaincu a été conquise par l'ennemi, et ensuite si c'est la totalité du territoire qui a été soumise à l'étranger. Dans le premier cas l'État vaincu ne cesse pas d'exister; dans le second il cesse d'exister. Du reste dans l'un ou l'autre cas le pays conquis peut être incorporé dans l'État vainqueur comme une province de cet État, ou bien il peut être réuni à cet État comme un Coétat avec des droits souverains semblables à ceux de l'État auquel il est réuni.

§ 9. De l'effet, sur l'identité d'un État, d'une force extérieure combinée avec une révolution intérieure.

Un changement pareil dans l'existence d'un État peut être le résultat d'une révolution intérieure combinée avec la conquête par une puissance étrangère, confirmée et modifiée par des traités. C'est de cette manière que la maison d'Orange fut expulsée des Provinces-Unies en 1797, par suite de la révolution française et du progrès des armées françaises, et qu'un régime démocratique fut substitué à l'ancienne constitution néerlandaise. En même temps les provinces des Pays-Bas, qui avaient été depuis longtemps réunies à la monarchie autrichienne sous la

[1] Wheaton's, *Reports*, vol. III, p. 610.

[2] Vid. part. IV, chap. III. *Droits de la guerre à l'égard des neutres.*

forme d'un Coétat, furent envahies et conquises par la France, et ensuite annexées à la république française par les traités de Léoben et de Lunéville. Lors de la restauration du Stadthouder en 1813, il prit le titre de prince souverain et ensuite de roi des Pays-Bas, et par les traités de Vienne les anciennes Provinces-Unies furent réunies à la Belgique, pour former un seul État sous la souveraineté de ce nouveau roi.

C'est là un exemple de deux États réunis pour ne plus former qu'un seul État. L'existence indépendante des deux anciens États cesse sous le rapport de l'un à l'autre, tandis que les droits et les obligations continuent à exister à l'égard des États étrangers, sauf dans les cas où ces droits et ces obligations sont affectés par les stipulations mêmes du traité qui a constitué le nouvel État.

§. 10. De l'effet, sur l'identité d'un État, de la séparation d'une colonie ou d'une province de la mère-patrie.

Si le changement dans l'existence d'un État est le résultat de la séparation d'une province ou d'une colonie de la mère-patrie, la souveraineté extérieure de l'État ne peut être regardée comme complétement établie que lorsque son indépendance a été reconnue par les puissances étrangères. Tant que la guerre civile continue, et que la mère-patrie n'a pas renoncé à ses droits de souveraineté, les États étrangers peuvent demeurer neutres en accordant aux partis belligérants les droits que la guerre donne aux ennemis publics; ou bien ils peuvent reconnaître l'indépendance de l'État nouveau, en formant avec lui des traités d'amitié et de commerce, ou enfin ils peuvent s'allier avec l'un des partis belligérants. Dans le premier cas, ni l'un ni l'autre des deux partis n'a le droit de se plaindre de cette conduite. Les deux derniers cas embrassent des questions qui semblent plutôt du domaine de la politique que du droit international; mais l'usage général des nations dans de pareilles circonstances montre assez bien l'opinion des hommes sur cette matière. C'est ainsi, par exemple, que les cantons suisses et les Provinces-Unies des Pays-Bas ont exercé tous les droits de la paix et de la guerre et tous les droits de la souveraineté, longtemps avant que ces États n'aient été reconnus par l'empire germanique et par l'Espagne.

La reconnaissance des États-Unis de l'Amérique par la France, ainsi que les secours secrétement accordés par la cour de Versailles aux colonies révoltés, furent regardés comme des actes d'injuste agression par l'Angleterre [1]. Dans les circonstances d'alors, le gouvernement anglais avait peut-être raison; mais si le gouvernement français avait agi avec bonne foi, et s'il avait gardé une neutralité impartiale entre les deux partis belligérants, il serait douteux que le traité de commerce, ou même celui d'alliance éventuelle entre la France et les États-Unis, eussent pu fournir un juste motif de guerre de la part de l'Angleterre contre la France.

L'exemple encore plus récent de la reconnaissance de l'indépendance des colonies espagnoles de l'Amérique du Sud par les grandes puissances maritimes, pendant que la mère-patrie refusait de reconnaître cette indépendance, prouve avec plus de force encore que l'opinion générale des nations est que, dans le cas où une colonie révoltée a déclaré et a pu maintenir son indépendance, la reconnaissance de la souveraineté par d'autres puissances est uniquement une question de politique et de prudence.

Reconnaissance d'une colonie par des États étrangers.

Cette question doit être décidée par le pouvoir souverain de l'État étranger, et ne saurait jamais l'être par une autorité inférieure, ou par des particuliers. Tant que l'indépendance de l'État nouveau n'a pas été reconnue par le pouvoir souverain de l'État étranger où sa souveraineté est mise en question, ou par le gouvernement de l'État auquel il appartenait précédemment, les tribunaux et les

[1] Martens, *Nouvelles causes célèbres du droit des gens*, t. I, p. 370 à 498. — Wheaton, *Histoire du droit des gens*, t. I, p. 384.

sujets d'autres États doivent regarder l'ancien ordre de choses comme ayant continué à subsister légalement [1].

§ 11. Des effets produits par un changement fondamental dans un État sur les rapports de cet État avec d'autres puissances.

Les effets produits par un changement dans la forme de gouvernement, ou dans la personne du souverain d'un État quelconque, sur les rapports internationaux de cet État avec d'autres puissances, peuvent être envisagés sous divers points de vue :

I. Par rapport aux traités d'alliance ou de commerce de cet État.

II. Par rapport à ses dettes publiques.

III. Par rapport au domaine public ou aux droits de propriété privée.

IV. Par rapport aux torts, ou aux actes de violence, faits par l'État au gouvernement ou aux sujets d'un autre État.

De l'effet de ce changement sur les traités.

1° Les publicistes font une différence entre les *traités personnels* et les *traités réels*. Les premiers sont ceux qui se rapportent exclusivement aux personnes des contractants. Tels sont les alliances de famille et les traités de garantie de la possession d'un trône à un souverain et à sa famille. Ces traités expirent avec ceux qui les ont contractés.

Les traités *réels* sont ceux qui sont attachés au corps même de l'État, et subsistent autant que l'État, si on n'a pas marqué le temps de leur durée. Ils continuent à être obligatoires pour l'État, quoique la forme de gouvernement, la dynastie régnante ou la personne du souverain aient changé. Le seul cas d'un traité fait pour empêcher un changement dans la constitution d'un État, fait exception à cette règle. Un pareil traité cesse nécessairement du moment où un tel changement s'est introduit dans la constitution de l'État [2].

[1] VESEY'S *Ch. Reports*, vol. IX, p. 347. — EDWARD'S *Admiralty Reports*, vol. I, p. 1 ; appendix IV, note D. — WHEATON'S *Reports*, vol. III, p. 324.

[2] VATTEL. *Droit des gens*, liv. II, chap. XII, § 183—197.

Cette distinction entre les traités personnels et les traités réels a été contestée comme n'étant pas logiquement déduite de principes reconnus. Il faut en effet admettre qu'il y a certains changements dans la constitution intérieure d'un État, ou dans la dynastie régnante, ou dans la personne du souverain, qui peuvent avoir pour effet d'annuler les traités contractés par cet État avec d'autres puissances. L'obligation des traités, de quelque nom qu'on les désigne, est fondée non-seulement sur le contrat lui-même, mais aussi sur les relations mutuelles entre les parties contractantes, relations qui les ont engagées à entrer dans de certains engagements vis-à-vis l'une de l'autre. Les traités ne peuvent donc subsister qu'aussi longtemps que ces relations existent. Il est évident en effet que du moment où ces relations cessent, par suite d'un changement tel dans l'organisation sociale d'un des États contractants, que l'autre État ne serait pas entré dans le contrat s'il avait pu le prévoir, il est évident, disons-nous, que le traité par cela même a cessé d'exister.

Effets produits sur les dettes publiques.

2° Un changement dans la forme du gouvernement d'un État, ou dans la dynastie qui y règne, ou dans la personne du souverain, n'affecte en rien l'obligation des dettes publiques contractées par cet État. En effet la forme essentielle de l'État, celle qui le constitue une société indépendante, continue à être la même; sa forme accidentelle seule a changé. Les dettes publiques, ayant été contractées par des agents dûment autorisés, la nation est toujours responsable de ces dettes, quoique la constitution intérieure de l'État ait changé [1]. Le nouveau gouvernement succédant aux droits fiscaux de l'ancien gouvernement, est par suite obligé de remplir toutes les obligations fiscales de ce gouvernement. Il devient propriétaire du domaine

[1] Grotius, *de Jure belli ac pacis*, lib. II, cap. IX, §. 8, n° 1—3. — Puffendorf, *de Jure naturæ et gentium*, lib. VIII, cap. XII, §. 1, 2, 3.

public de l'État, et doit conséquemment payer les dettes précédemment contractées[1].

Effets produits sur le domaine public et sur les droits de propriété privée.

3° Après une révolution dans un État, le nouveau gouvernement établi devient le propriétaire du domaine public; il ne s'ensuit nullement cependant qu'aucun changement s'opère dans les droits de propriété privée. Un pareil changement peut portant arriver: l'autorité nationale peut ordonner une confiscation totale ou partielle des biens du parti vaincu, et dans ce cas on doit prendre le fait pour le droit. Mais pour opérer un tel effet sur les droits de propriété des particuliers, il faut un acte de confiscation positive et non équivoque.

Si au contraire la révolution a été suivie par le rétablissement de l'ancien ordre de choses, les biens publics et privés qui n'ont pas été définitivement confisqués et vendus, reviennent à l'ancien propriétaire du moment où le gouvernement est rétabli, de même que dans le cas de l'évacuation d'un territoire par un ennemi qui l'a occupé pendant quelque temps, ils reviennent à ceux qui les possédaient précédemment. Le domaine national qui n'a pas été aliéné par un acte valide de l'État, revient à l'ancien souverain, du moment où il reprend sa souveraineté. Les biens des particuliers qui ont été séquestrés reviennent aux anciens propriétaires comme dans le cas où ces biens sont repris sur un ennemi, d'après le principe du droit de postliminie.

Mais si le domaine national a été aliéné, ou si les biens des particuliers ont été confisqués et vendus par quelque acte de l'État, pendant la révolution, la question de la validité d'une pareille aliénation des droits de propriété devient plus difficile à résoudre.

En général, le souverain même légitime d'un pays quelconque n'a pas le droit d'aliéner, même en partie, le do-

[1] HEFFTER, *das europäische Völkerrecht*, § 24. Bona non intelliguntur nisi deducto aere alieno.

maine public en faveur de ses propres sujets, à moins qu'il n'y soit expressément autorisé par les lois de l'État. Mais s'il s'agit de transactions internationales où les gouvernements étrangers et leurs sujets sont intéressés, l'autorité peut être présumée comme faisant partie du droit général de faire des traités [1]. De même quand les gouvernements étrangers ou leurs sujets traitent avec le chef actuel de l'État, ou avec le gouvernement *de facto* reconnu par l'assentiment de la nation, pour l'acquisition des biens publics ou des biens des particuliers confisqués au profit de l'État, les actes d'un tel gouvernement doivent être considérés comme valides par le souverain légitime, lors de sa restauration, quoiqu'ils soient les actes de celui que ce souverain regarde comme usurpateur [2]. D'autre part, il semble que de telles aliénations de biens publics ou privés en faveur des sujets de l'État peuvent être annulées ou confirmées, d'après la volonté du souverain restauré et selon la conduite qu'il jugera la plus conforme à ses vues politiques, en réservant toutefois le droit légal des acquéreurs de ces biens d'être indemnisés pour les améliorations faites par eux à ces biens pendant qu'ils les possédaient [3].

Dans le cas où le prix des biens confisqués et vendus a été reçu par l'État, l'aliénation peut être confirmée, et les anciens propriétaires peuvent être indemnisés par le trésor public, comme cela a eu lieu pour les biens des émigrés français confisqués pendant la révolution. Les ventes des domaines nationaux des provinces allemandes et belges réunies à la France pendant la révolution, et ensuite détachées du territoire français par les stipulations des traités de Paris et de Vienne de 1814 et 1815, et

[1] PUFFENDORF, *de Jure naturæ et gentium*, lib. VIII, cap. XII, § 1—3. — VATTEL, *Droit des gens*, liv. I, chap. XXI, § 260 et 261.

[2] GROTIUS, *de Jure belli ac pacis*, lib. II, chap. XIV, § 16.

[3] KLÜBER, *Droit des gens*, sect. II, chap. I, § 258.

de ceux des pays composant la confédération du Rhin ou le royaume d'Italie et les États du Pape, furent, en général, confirmés par ces traités et par les actes de la Diète germanique ou des souverains restaurés. L'aliénation des domaines appartenant aux divers pays dont se composait le royaume de Westphalie donna lieu à un long et difficile litige devant la Diète. L'électeur de Hesse et le duc de Brunswick refusèrent de reconnaître l'aliénation des biens publics dans leurs territoires respectifs, tandis que la Prusse, qui avait reconnu le roi de Westphalie, reconnut également la validité des actes de ce prince dans la partie de son royaume qui fut réunie à la monarchie prussienne par les traités de Vienne [1].

De la responsabilité d'un gouvernement nouveau, pour les torts ou actes de violence commis par le gouvernement précédent.

4° D'après les principes stricts du droit des gens, l'État est responsable des torts ou actes de violence commis par le gouvernement *de facto* envers d'autres États, ou des sujets de ces États, même dans le cas d'un changement dans la constitution intérieure ou dans la dynastie régnante de cet État. Ce principe a été appliqué dans toute sa rigueur par les puissances alliées de l'Europe contre la France dans les traités de paix de 1814 et 1815. On trouve des exemples plus récents de l'application de ce principe, dans les négociations qui ont eu lieu entre le gouvernement des États-Unis d'Amérique et la France, la Hollande et le royaume de Naples, au sujet des prises et confiscations de bâtiments américains par suite des décrets de Napoléon datés de Berlin et de Milan. La responsabilité du gouvernement français dans cette affaire fut à peine contestée sous la restauration, et elle a été expressément admise par le gouvernement d'alors dans le traité conclu avec les États-Unis en 1831. L'application

[1] *Conversations-Lexicon*, Artikel *Domainen-Verkauf*. — Heffter, *das europäische Völkerrecht*, §. 188. — Klüber, *öffentliches Recht des deutschen Bundes*, §. 169. — Rotteck und Welcker, *Staats-Lexicon*, Artikel *Domainen-Verkauf*.

de ce principe aux confiscations de bâtiments américains et de leurs cargaisons, faites par Murat lorsqu'il était roi de Naples, fut d'abord contestée par le gouvernement légitime; mais les discussions, à ce sujet, entre les gouvernements américain ct napolitain furent enfin terminées par un traité d'indemnité.

«Toute nation qui se gouverne elle-même,» dit Vattel, «sous quelque forme que ce soit, sans dépendance d'aucun étranger, est un *État souverain.*» [1]. Cette définition ne peut être adoptée comme entièrement exacte. Il y a des États complétement souverains et indépendants qui ne reconnaissent d'autre supérieur que l'Être suprême; il en est d'autres dont la souveraineté est limitée et modifiée de diverses manières. § 12. Définition d'un État souverain.

Tous les États souverains sont égaux devant le droit international, quelle que soit d'ailleurs leur puissance relative. La souveraineté d'un État n'est pas altérée par son obéissance occasionnelle aux ordres d'un autre État, ou même par l'influence habituelle que ce dernier peut exercer par ses conseils. Ce n'est que dans le cas où le droit d'exiger cette obéissance ou d'exercer cette influence est reconnu par une convention expresse, que la souveraineté de l'État d'une force inférieure est altérée par ses relations avec une plus grande puissance. Des traités d'alliance égale, librement contractés entre des États indépendants, n'altèrent pas leur souveraineté. Des traités d'alliance inégale ou de protection peuvent avoir pour effet de limiter ou de modifier la souveraineté de l'État inférieur ou protégé suivant les stipulations contenues dans ces traités. De l'égalité des États souverains.

Les États qui dépendent ainsi d'autres États pour l'exercice de certains droits qui sont essentiels à la perfection de la souveraineté, sont appelés des États *mi-souverains* [2]. § 13. Des États mi-souverains.

[1] Vattel, *Droit des gens*, liv. I, chap. I, sect. 4.

[2] Klüber, *Droit des gens moderne de l'Europe*, § 24. — Heffter, *das europäische Völkerrecht*, §. 19.

La ville libre de Cracovie.

C'est ainsi que, par l'acte final du congrès de Vienne de 1815, la ville de Cracovie en Pologne fut déclarée ville libre, indépendante et neutre, sous la protection de la Russie, de l'Autriche et de la Prusse. Par cet acte, les trois grandes puissances s'engageaient à respecter, et à faire respecter, en tout temps, la neutralité de la ville libre de Cracovie et de son territoire, et déclaraient qu'aucune force armée ne pouvait jamais y être introduite sous quelque prétexte que ce fût. En même temps il était entendu et expressément stipulé, qu'il ne pourrait être accordé, dans la ville libre ou sur le territoire de Cracovie, aucun asile ou protection aux transfuges, déserteurs ou gens poursuivis par la loi, appartenant aux pays de l'une ou de l'autre de ces puissances, et que sur la demande d'extradition qui pourrait en être faite par les autorités compétentes, de tels individus seraient arrêtés et livrés sans délai, sous bonne escorte, à la garde qui serait chargée de les recevoir à la frontière [1].

États-Unis des îles Ioniennes.

Par une convention signée à Paris en 1815, entre la Russie, l'Autriche, la Prusse et l'Angleterre, les îles Ioniennes ont été constituées en un État mi-souverain. Cette convention déclare que:

«Les îles de Corfou, Céphalonie, Zante, Sainte-Maure, Ithaque, Cérigo et Paxo; avec leurs dépendances, forment un seul État libre et indépendant sous la dénomination d'États-Unis des îles Ioniennes.

«Cet état est placé sous la protection immédiate et exclusive de S. M. le roi du royaume uni de la Grande-Bretagne et d'Irlande et de ses héritiers et successeurs.

«Pour assurer sans restriction aux habitants des États-Unis des îles Ioniennes les avantages résultant de la haute

[1] Par une convention signée à Vienne, le 6 novembre 1846, entre la Russie, l'Autriche et la Prusse, la ville de Cracovie a été annexée à l'empire d'Autriche. Les gouvernements de la Grande-Bretagne, de la France et de la Suède ont protesté contre cet acte, comme étant une violation de l'acte final de 1815.

protection sous laquelle ils sont placés, ainsi que pour l'exercice des droits inhérents à cette protection, S. M. britannique aura celui d'occuper les forteresses et places de ces États et y tiendra garnison. La force militaire desdits États-Unis sera de même sous les ordres du commandant des troupes de S. M. britannique.»

Conformément à l'art. 3 de cette convention, les États-Unis des îles Ioniennes ont réglé, avec l'approbation de la puissance protectrice, leur organisation intérieure.

«Le gouvernement civil de ces États est composé d'une assemblée législative, d'un sénat et d'un pouvoir judiciaire.

«Le commandement militaire appartient au commandant en chef des troupes de S. M. le roi protecteur.

«L'assemblée législative est élue par le corps des nobles électeurs.

«Les membres du sénat sont choisis dans l'assemblée législative.

«Le pouvoir judiciaire est élu par le sénat.

«Son excellence le lord haut commissaire convoque et proroge le parlement; il ne peut le proroger au delà-de six mois.

«S. M. le roi protecteur a le pouvoir de le dissoudre.

«Le sénat est composé de six membres, y compris le président. Au sénat appartient la puissance exécutive.

«La nomination du président du sénat est faite par S. M. le roi protecteur. Le président doit être Ionien et noble.

«L'élection des sénateurs doit être approuvée par le lord haut commissaire.

«Aucun individu natif ou sujet des États-Unis des îles Ioniennes ne peut exercer les fonctions de consul ou de vice-consul d'une puissance étrangère quelconque, auprès des mêmes États.

«Les consuls britanniques auprès des puissances étrangères, sans exception, sont considérés comme ayant le caractère de consuls ou de vice-consuls des États-Unis des îles Ioniennes, et les sujets de mêmes îles ont droit à leur entière protection,

«Toute demande quelconque qu'il conviendrait à ces États de faire à une puissance étrangère, doit être transmise par le sénat au lord haut commissaire, qui la fait parvenir au ministre du roi protecteur résidant auprès de la même puissance, afin que cette demande lui soit présentée par le même ministre dans les formes prescrites.

«L'approbation de la destination de tout agent ou consul étranger auprès des États-Unis des îles Ioniennes, sera donnée par le prestantissime sénat, par l'organe de S. A. le président et avec l'assentiment de S. Exc. le lord haut commissaire de S. M. le roi protecteur.

«Tous les bâtiments qui navigueront sous pavillon ionien, avant de sortir des ports des États ioniens auxquels ils appartiennent, devront être munis d'un passeport donné par S. Exc. le lord haut commissaire, et sans ce passeport aucune navigation de tous bâtiments, quels qu'ils soient, ne sera considérée comme légale.

«Le pavillon de commerce des États-Unis des îles Ioniennes est l'ancien pavillon de ces États, auquel on a ajouté l'Union britannique, qui y est incorporée à l'angle supérieur près de la lance.

«Le pavillon britannique est arboré journellement dans tous les forts des États-Unis des îles Ioniennes; mais dans les jours de fête et de réjouissances publiques, on arbore un pavillon fait exprès et d'après le modèle des armes desdits États [1].»

En comparant cet acte aux stipulations du congrès de Vienne relatives à l'indépendance de Cracovie, on remarquera une distinction importante entre la nature de la

[1] MARTENS, *Nouveau Recueil*, t. II, p. 663.

souveraineté attribuée à chacun de ces États. La ville libre, indépendante et neutre de Cracovie, est complétement indépendante sous le protectorat des trois grandes puissances, tandis que les États-Unis des îles Ioniennes sont tellement liés à la puissance protectrice par le traité et par la constitution établie en vertu des stipulations du traité, que leur souveraineté intérieure et extérieure est essentiellement altérée. Les îles Ioniennes sont en effet gouvernées comme une colonie anglaise par un haut commissaire nommé par la couronne, lequel exerce le pouvoir exécutif, et dont le pouvoir législatif n'est limité que par celui qui appartient aux chambres législatives organisées d'aprés la constitution [1].

Des autres États mi-souverains.

Outre la ville libre de Cracovie et les États-Unis des îles Ioniennes, il y a eu plusieurs autres États mi-souverains reconnus par le droit public de l'Europe. Tels sont:

1º Les principautés de Moldavie, de Valachie et de Servie, suzeraines de la Porte et existant sous le protectorat de la Russie, d'après les traités successifs entre ces deux puissances, traités confirmés par celui d'Andrinople en 1829 [2].

2º La principauté de Monaco, qui avait existé sous le protectorat de la France depuis 1641 jusqu'à la révolution française, fut replacée sous le même protectorat par l'article 3 du traité de Paris de 1814, protectorat qui a été remplacé par celui de la Sardaigne, en vertu du traité de 1815 [3].

3º La république de Poglizza en Dalmatie, sous le protectorat de l'Autriche [4].

4º L'ancien empire germanique était composé d'un grand nombre d'États, qui, quoiqu'ils jouissent de ce que

[1] MARTENS, *Précis du Droit des gens*, liv. I, chap. II, § 20, note A.

[2] WHEATON, *Histoire du Droit des gens*, t. II, p. 239.

[3] MARTENS, *Nouveau Recueil*, t. II.

[4] MARTENS, *Précis du Droit des gens*, liv. I, chap. II, § 20.

l'on appelait la suprématie territoriale (*Landeshoheit*), ne pouvaient être considérés comme entièrement souverains, puisqu'ils étaient soumis à l'autorité législative et judiciaire de l'empereur et de l'empire. Ces petits États furent absorbés dans la Confédération germanique, à l'exception de la seigneurie de Kniphausen sur les côtes de la mer du Nord, laquelle conserve encore ses anciennes relations féodales avec le duché d'Oldenbourg, et peut donc être regardée comme un État mi-souverain [1].

L'Égypte fut possédée par la Porte ottomane pendant la domination des Mamelouks, plutôt comme un État vassal que comme une province. Les tentatives de Méhémet-Ali, après la destruction des Mamelouks, pour se rendre indépendant de la Porte et pour subjuguer les provinces limitrophes, donnèrent lieu à la convention signée à Londres, le 15 juillet 1840, entre l'Autriche, la Grande-Bretagne, la Prusse et la Russie, convention à laquelle la Porte accéda. Par suite des mesures prises par les parties contractantes pour mettre à exécution les articles de cette convention, l'administration du pachalik d'Égypte fut accordée à Méhémet-Ali, pour lui et pour ses héritiers en ligne directe, moyennant le payement d'un tribut annuel. Toutes les lois et tous les traités de l'empire ottoman devront être obligatoires pour l'Égypte comme pour toute autre partie de cet empire. Le pacha a cependant le droit de percevoir, comme délégué du sultan, les taxes et impôts légalement établis dans la province. Les forces de terre et de mer entretenues par le pacha sont considérées comme faisant partie des forces de l'empire ottoman et comme entretenues pour le service de l'empire [2].

§ 14. Des États tributaires ou vassaux.

Les États tributaires et ceux qui sont soumis à d'autres États par un système féodal, ne cessent pas d'être considérés comme des États souverains tant que ces relations

[1] Heffter, *das europäische Völkerrecht*, § 19.
[2] Wheaton, *Histoire du droit des gens*, t. II, p. 289.

n'affectent pas leur souveraineté. Ainsi il est évident que le tribut payé autrefois par les principales puissances maritimes de l'Europe aux États barbaresques, n'affectait en rien la souveraineté ou l'indépendance de ces puissances. C'est ainsi que le roi de Naples a été aussi vassal du Saint-Siége depuis le onzième siècle jusqu'en 1818, sans pourtant que cette dépendance féodale ait jamais été regardée comme ôtant quelque chose de la souveraineté de ce roi [1].

Des relations entre la Porte ottomane et les États barbaresques.

Les relations politiques de la Porte ottomane avec les États barbaresques sont d'un caractère extrêmement irrégulier. Leur obéissance occasionnelle aux ordres du Sultan, ainsi que le payement d'un tribut, n'empêchent pas qu'ils ne soient considérés par les puissances chrétiennes de l'Europe et de l'Amérique comme des États indépendants, avec lesquels les relations de paix et de guerre sont maintenues sur le même pied qu'avec d'autres pays mahométans. Pendant le moyen-âge, surtout aux temps des croisades, ils étaient regardés comme des pirates;

«Bugia ed Algieri, infami nidi di corsari,»

dit le Tasse. Mais depuis longtemps ils sont reconnus comme des puissances légitimes, et ils jouissent de tous les attributs qui distinguent un État légitime d'une association de brigands et de pirates [2]. «Les Algériens, les Tripolitains, les Tunisiens et ceux de Salé,» dit Bynkershoek, «ne sont pas des pirates, mais des sociétés régulièrement organisées qui ont un territoire fixe et un gouvernement établi, avec lesquels nous sommes alternativement en paix ou en guerre, comme avec d'autres nations, et qui peuvent réclamer par conséquent les mêmes droits que d'autres États indépendants. Les souverains de l'Europe font des traités avec eux et les États-Généraux

[1] Vattel, *Droit des gens*, liv. I, chap. i, § 8.
[2] Sir L. Jenkin's works, vol. II, p. 791. — Robinson's *Admiralty Reports*, vol. IV, p. 5.

l'ont fait souvent. Cicéron définit un ennemi public, celui *qui habet rempublicam, curiam, ærarium, consensum et concordiam civium, rationem aliquam, si res ita tulisset, pacis et fœderis.* (Philipp. IV, cap. XIV.) On trouve toutes ces choses parmi les Barbares de l'Afrique, puisqu'ils respectent les traités de paix et d'alliance tout autant que les autres nations, qui en général font plus d'attention à ce qui est à leur avantage qu'à leurs engagements, et s'ils n'observent pas la foi des traités *avec le respect le plus scrupuleux*, on ne peut pas l'exiger d'eux, puisqu'il serait vain de la demander même aux autres souverains. S'ils agissent avec plus d'injustice que d'autres nations, ils ne doivent pas pour cela, comme Huberus l'a très-bien observé (*de Jure civitatis*, l. III, sect. IV, cap. V) perdre les droits et les priviléges des États souverains [1]. »

Relations entre les tribus indiennes de l'Amérique du Nord et les États-Unis.

Les relations politiques des tribus indiennes de l'Amérique du Nord avec les États-Unis sont celles d'un État mi-souverain avec l'État sous la protection duquel il se trouve. Quelques-unes de ces tribus se sont entièrement soumises aux lois des États de l'Union dans les limites territoriales dans lesquelles elles se trouvent; d'autres ont reconnu par des conventions qu'elles tiennent leur existence entièrement à la volonté de l'État dans les limites duquel elles résident; d'autres enfin conservent une souveraineté limitée et le domaine absolu du territoire habité par elles. Telle est la condition des Indiens à l'ouest de l'État de Géorgie [2].

La cour suprême des États-Unis a décidé par un arrêt de 1831 que la nation des Cherokees, résidant dans les limites de l'État de Géorgie, constitue un État ou une société politique distincte, capable de se gouverner indépendamment des autres, et qu'elle a été regardée comme telle depuis la première colonisation du pays. Les nom-

[1] BYNKERSHOEK, *Quæstionum juris publici lib.* I, cap. XVII.
[2] CRANCH'S *Reports*, vol. V, p. 1.

breux traités faits avec cette nation par les États-Unis la reconnaissent comme un peuple capable de maintenir les relations de la paix et de la guerre. Ses relations avec le gouvernement de l'union sont celles d'un État dépendant avec celui dont il dépend; on peut les comparer à celles d'un pupille envers son tuteur; cependant les terres occupées par ces Indiens leur appartiennent, jusqu'à ce que la propriété en soit changée par une cession volontaire [1].

La même décision fut répétée dans un arrêt prononcé en 1832. Dans cet arrêt la cour suprême déclara que le gouvernement anglais, avant l'émancipation des colonies, ne s'était jamais mêlé des affaires intérieures des Indiens, excepté pour éloigner les agents étrangers, qui cherchaient à les entraîner dans des alliances avec des puissances ennemies ou rivales de l'Angleterre. Le gouvernement anglais s'assurait l'alliance et la dépendance des Indiens en leur accordant des subsides; il achetait leurs terres par des contrats de vente librement consentis, et ne les forçait jamais à faire une cession malgré eux. Ce gouvernement les a toujours envisagés comme des nations capables de se gouverner elles-mêmes sous la protection de la Grande-Bretagne. Les États-Unis, qui succédèrent aux droits de la Grande-Bretagne par rapport aux Indiens, suivirent la même politique à leur égard, et la protection réclamée d'une part et stipulée de l'autre, était entendue par les deux parties contractantes comme un lien qui unit un État à un autre État comme allié dépendant d'une puissance supérieure. — Une puissance faible ne renonce pas à sa souveraineté et à son droit de se gouverner elle-même, en se plaçant sous la protection d'une puissance plus forte. Telle est la doctrine enseignée par le droit des gens, et la cour a donc conclu et jugé que la nation des Cherokees est une société politique distincte, occupant un

[1] PETER's *Reports*, vol. V. p. 1.

territoire à elle appartenant, mais enclavé dans celui de la Géorgie, avec des limites exactement définies, dans lequel les lois de cet État ne peuvent être appliquées et où les citoyens de la Géorgie ne peuvent entrer sans le consentement des Cherokees ou en vertu des traités ou des actes du congrès [1].

§ 15. Des États séparés ou unis.

Les État sont ou séparés et indépendants, ou ils sont unis ensemble sous la domination d'un souverain commun ou par un lien fédéral.

§ 16. Union personnelle sous un même souverain.

Si cette union, sous la domination d'un souverain commun, n'est pas une union *incorporée*, c'est-à-dire si l'union est seulement *personnelle* dans la personne du prince régnant, et même si elle est *réelle*, mais si les différentes parties qui la composent sont unies avec une parfaite égalité de droits, la souveraineté de chaque État demeure sans altération [2].

Les royaumes de la Grande-Bretagne et de Hanovre étaient autrefois soumis au même prince, mais chacun des deux royaumes était gouverné par ses propres lois et avait une administration parfaitement distincte; ils conservaient donc tous deux leurs droits de souveraineté et d'indépendance nationale. C'est ainsi que le roi de Prusse était aussi prince souverain de la principauté de Neufchâtel, un des cantons de la Confédération suisse, sans que pour cela ce pays cessât de maintenir ses relations avec la Confédération, et sans qu'il fût réuni à la monarchie prussienne.

Les royaumes de Suède et de Norvége sont unis sous la même dynastie; chacun des deux royaumes conserve sa constitution, ses lois et son administration distinctes, mais leur souveraineté extérieure est représentée par le roi de Suède et de Norvége.

[1] Kent's *Commentaries on American Law*, vol. III, p. 382.

[2] Grotius, *de Jure belli ac pacis*, lib. II, chap. IX, § 8 et 9. — Klüber, *Droit des gens moderne de l'Europe*, part. I, cap. I, § 27. — Heffter, *das europäische Völkerrecht*, § 20.

L'union des divers États qui composent la monarchie autrichienne est une union *réelle*. Les États héréditaires de la maison d'Autriche, le royaume Lombard-Vénitien, les royaumes de Hongrie et de Bohême, la Gallicie et d'autres sont unis ensemble par un lien indissoluble sous la même dynastie, mais avec des lois fondamentales et des institutions politiques distinctes. Quoique la souveraineté intérieure de chacun de ces États subsiste par rapport à ses Coétats et à la couronne impériale, la souveraineté extérieure est absorbée par la souveraineté générale de la monarchie autrichienne, dans toutes les relations internationales avec d'autres puissances. L'unité politique des États qui composent l'empire d'Autriche, forme ce que les publicistes allemands appellent une communauté d'État *(Gesammtstaat)*, communauté qui repose sur des antécédents historiques. Elle tient au progrès naturel des choses, à la manière dont s'est formé cet empire, agglomération de nationalités diverses, qui ont défendu aussi longtemps que possible leurs constitutions anciennes, et n'ont fini par céder qu'à la force supérieure qui les entraînait. § 17. Union réelle sous le même souverain.

Une union incorporée est une union telle que celle qui existe entre l'Angleterre, l'Écosse et l'Irlande, formant un seul *État* uni sous la même couronne et la même législature, quoique chacun de ces royaumes conserve encore, dans beaucoup de cas, des lois particulières et une administration séparée. La souveraineté intérieure et extérieure de chacun des trois royaumes est absorbée dans celle du royaume uni de la Grande-Bretagne et de l'Irlande, formé par la réunion successive de ces trois royaumes, et gouverné par le même souverain et le même parlement. § 18. Union incorporée.

L'union établie par le congrès de Vienne entre la Russie et la Pologne est d'une nature plus irrégulière et moins capable d'une définition exacte. Par l'acte final du congrès, il est déclaré que « le duché de Varsovie, à l'exception des provinces et districts dont il a été autrement disposé dans § 19. De l'union entre la Russie et la Pologne.

les articles suivants, est réuni à l'empire de Russie. Il y sera lié irrévocablement par sa constitution, pour être possédé par S. M. l'empereur de toutes les Russies, ses héritiers et ses successeurs, à perpétuité. S. M. impériale se réserve de donner à cet État, jouissant d'une administration distincte, l'extension intérieure qu'elle jugera convenable. Elle prendra, avec ses autres titres, celui de czar, roi de Pologne, conformément au protocole usité et consacré par les titres attachés à ses autres possessions.» Il fut en outre déclaré que «les Polonais, sujets respectifs de l'Autriche, de la Russie et de la Prusse, obtiendraient une représentation et des institutions nationales, réglées d'après le mode d'existence politique que chacun des gouvernements auxquels ils appartenaient jugeraient utile et convenable de leur accorder.»

Charte accordée par l'empereur Alexandre au royaume de Pologne en 1815.

Conformément à ces stipulations, l'empereur Alexandre accorda une charte constitutionnelle au royaume de Pologne le 15/27 novembre 1815. D'après cette charte, le royaume de Pologne fut déclaré réuni à l'empire russe; l'autorité souveraine en Pologne devait s'exercer selon les prévisions de la constitution, et l'empereur devait venir se faire couronner à Varsovie, où il devait jurer d'observer la charte. La nation polonaise devait avoir une représentation perpétuelle, composée du roi et de deux chambres formant la diète. Ce corps devait être investi de tous les pouvoirs législatifs, y compris la levée de l'impôt. L'armée polonaise devait être maintenue, ainsi que le droit de battre monnaie et des ordres de mérite particuliers.

Manifeste de l'empereur Nicolas. 1832.

Par suite de la révolution en Pologne en 1830, l'empereur Nicolas publia un manifeste le 14/26 février 1832, établissant un statut organique pour le royaume de Pologne, par lequel il fut déclaré que ce royaume était *réuni* à jamais à l'empire russe, et qu'il en constituait une partie intégrante. Le couronnement des empereurs de Russie et des rois de Pologne devait se célébrer à Moscou. La diète fut abolie, et l'armée de l'empire et du royaume ne devait plus former qu'une seule armée, sans distinction des troupes russes et polonaises. La Pologne devait être administrée séparément, par un gouvernement général et par un conseil d'administration nommé par l'empereur, avec des codes civil et criminel distincts, ainsi que des modifications et des changements faits d'après les lois et ordonnances préparées dans le conseil d'État du royaume, et ensuite examinées et confirmées dans la section du conseil d'État de l'empire russe dite *section pour les affaires de la Pologne*. Des États provinciaux consultatifs furent établis pour délibérer sur les intérêts généraux du royaume de Pologne qui pourraient être soumis à leur considération. Les assemblées des nobles, les assemblées communales, et les conseils de vayvodes, devaient être continués comme auparavant.

Les cabinets anglais et français protestèrent contre cette mesure du gouvernement russe comme une violation, sinon de la lettre, au moins de l'esprit des traités de Vienne [1].

§ 20. Union fédérale.

Des États souverains liés ensemble par un pacte fédéral peuvent former, par leur union, ou *un système d'États confédérés* proprement dit, ou un *gouvernement fédéral suprême* qu'on appelle quelquefois *État composé* [2].

§ 21. Système d'États confédérés, où chaque État conserve sa propre souveraineté.

Dans le premier système, qui peut être considéré comme analogue à un traité d'alliance égale entre des puissances souveraines, chacun des Coétats, quoique tenu à l'observation des mesures arrêtées en commun conformément au pacte fédéral, conserve néanmoins sa souveraineté, sauf les restrictions qui y ont été faites. Les décisions d'intérêt général prises par le corps fédéral ne sont transformées en lois ou mises à exécution dans chaque État séparé que par l'action du gouvernement local de cet État,

[1] WHEATON, *Histoire du droit des gens*, t. II, p. 121 et suiv.

[2] Ces deux sortes de pacte fédéral sont clairement indiquées dans la langue allemande par les termes de *Staatenbund* et *Bundesstaat*.

qui les adopte ou les décrète en vertu de sa propre autorité. D'où il suit que chaque État confédéré ou particulier, et le corps fédéral pour les affaires d'intérêt commun, peuvent devenir, chacun dans la sphère de leurs attributions, l'objet de relations diplomatiques distinctes avec d'autres nations.

§ 22. Du gouvernement fédéral suprême ou État composé.

Dans le second cas, le gouvernement fédéral créé par le pacte d'union est souverain et suprême dans la sphère de ses attributions, et ce gouvernement agit non-seulement sur les États membres de la confédération, mais encore directement sur les citoyens. La souveraineté séparée de chaque Coétat est essentiellement altérée par les pouvoirs qui sont attribués à l'autorité fédérale et par les restrictions qui sont apportées à la souveraineté de chaque membre de la ligue. L'État composé qui résulte de cette ligue est alors à lui seul une puissance souveraine.

§ 23. Confédération germanique.

L'Allemagne, telle qu'elle a été constituée sous le nom de Confédération germanique, nous offre l'exemple d'un système d'États souverains liés ensemble par une confédération égale et permanente.

Dans cette confédération, établie par l'acte fédéral de 1815 [1] et complétée et développée par quelques décrets postérieurs, sont compris les princes et les villes libres de l'Allemagne, ainsi que l'empereur d'Autriche et le roi de Prusse pour ceux de leurs États qui appartenaient autrefois à l'ancien empire germanique, le roi de Danemark pour le duché de Holstein, et le roi des Pays-Bas pour le grand-duché de Luxembourg.* L'objet de cette confédération est le maintien de la sûreté intérieure et extérieure de l'Allemagne, de l'inviolabilité et de l'indépendance des États confédérés. Tous les membres de la Confédération jouissent en cette qualité de droits égaux. De nouveaux

[1] *Acte final du congrès de Vienne*, art. 53, 54, 55. — *Deutsche Bundesacte vom 8. Juni 1815*, Art. 1. — *Wiener Schlussacte vom 15. Mai 1820*, Art. 1, 6.

États peuvent être admis dans l'union par le consentement unanime des membres de la Confédération.

Les affaires de la Confédération sont confiées à une diète fédérale, dans laquelle tous les membres votent par leurs plénipotentiaires, soit individuellement, soit collectivement, de la manière suivante:

L'Autriche	1 voix
La Prusse	1
La Bavière	1
La Saxe	1
Le Hanovre	1
Le Wurtemberg	1
Le grand-duché de Bade	1
La Hesse électorale	1
Le grand-duché de Hesse	1
Le Danemark pour le Holstein	1
Les Pays-Bas pour le Luxembourg	1
Les maisons grand-ducales et ducales de Saxe	1
Brunswick et Nassau	1
Mecklenbourg-Schwérin et Strélitz	1
Holstein-Oldenbourg, Schwarzbourg et Anhalt	1
Hohenzollern, Lichtenstein, Reuss, Schaumbourg-Lippe, Lippe et Waldeck	1
Les villes libres de Lubeck, Hambourg, Brême et Francfort	1
	Total 17 voix.

L'assemblée ordinaire décide si une question doit être soumise à l'assemblée générale *(in pleno)*. Dans cette assemblée générale, il faut une majorité des deux tiers pour décider une question. — Il y a aussi des questions qui sont de toute nécessité soumises à l'assemblée générale: telles sont les questions concernant l'adoption des lois fondamentales de la Confédération ou des changements à y apporter, les règlements organiques établissant des institutions permanentes pour mettre à exécution les différents objets que se propose la Confédération, l'admission de nouveaux membres et les affaires de religion [1].

[1] *Acte final, — Wiener Schlussacte,* Art. 12—18.

Dans l'assemblée générale, la distribution des voix a lieu de la manière suivante:

L'Autriche	4 voix
La Prusse	4
La Saxe	4
La Bavière	4
Le Hanovre	4
Le Wurtemberg	4
Bade	3
La Hesse électorale	3
Le grand-duché de Hesse	3
Le Holstein	3
Le Luxembourg	3
Brunswick	2
Mecklenbourg-Schwérin	2
Nassau	2
Saxe-Weimar	1
Saxe-Gotha	1
Saxe-Coburg	1
Saxe-Meiningen	1
Saxe-Hildbourghausen	1
Mecklenbourg-Strélitz	1
Holstein-Oldenbourg	1
Anhalt-Dessau	1
Anhalt-Bernbourg	1
Anhalt-Köthen	1
Schwarzbourg-Sondershausen	1
Schwarzbourg-Rudolstadt	1
Hohenzollern-Hechingen	1
Lichtenstein	1
Hohenzollern-Sigmaringen	1
Waldeck	1
Reuss (branche aînée	1
Reuss (branche cadette)	1
Schaumbourg-Lippe	1
Lippe	1
Hesse-Hombourg	1
Les villes libres de Lubeck, Francfort, Brême et Hambourg	4
	Total 70 voix.

Les États confédérés s'engagent à défendre non-seulement l'Allemagne entière, mais aussi chacun des États individuels qui composent la Confédération en cas qu'il soit attaqué, et se garantissent mutuellement toutes celles de leurs possessions qui se trouvent comprises dans cette union.

Lorsque la guerre est déclarée par la Confédération à une nation étrangère, aucun des États de la Confédération ne peut entamer des négociations particulières avec l'ennemi, ni faire la paix ou un armistice sans le consentement de tous les autres États qui la composent.

Les États confédérés s'engagent de même à ne se faire la guerre sous aucun prétexte, et à ne point poursuivre leurs différends par la voie des armes, mais à les soumettre à la Diète. Celle-ci essayera, au moyen d'une commission, de mettre les parties litigantes d'accord; si ce moyen ne réussit pas et qu'une sentence juridique devienne nécessaire, il y sera pourvu par un jugement austrègue *(Austrägalinstanz)* bien organisé, auquel les parties devront se soumettre sans appel [1].

Les différents membres, en se réservant le droit de former des alliances, s'obligent cependant à ne contracter aucun engagement dirigé contre la sûreté de la Confédération et des États qui la composent.

Il doit y avoir des assemblées des États dans tous les pays de la Confédération [2]. La Diète peut garantir la constitution établie par un des États de l'union sur la demande de cet État, et acquérir ainsi le droit de régler les différends qui peuvent surgir au sujet de l'interprétation de cette constitution ou de sa mise à exécution, au moyen d'une médiation ou d'un arbitrage judiciaire, à moins que cette constitution n'ait pourvu par d'autres moyens à l'arrangement de semblables différends [3].

En cas de rébellion ou d'insurrection, ou en cas d'un danger imminent de rébellion ou d'insurrection dans un

[1] *Acte final*, art. 62.

[2] In allen Bundesstaaten wird eine landständische Verfassung stattfinden. *Acte fédéral*, art. 13.

[3] *Wiener Schlussacte*, Art. 60.

ou plusieurs États de la Confédération, la Diète peut intervenir pour la supprimer comme pouvant compromettre la sûreté générale de la Confédération. La Diète peut aussi, sur la demande d'un État, intervenir pour mettre un terme à une insurrection qui a eu lieu dans cet État, ou si le gouvernement local est empêché par les insurgés de faire la demande à la Diète, celle-ci peut intervenir sur la simple connaissance des faits [1].

En cas de déni ou d'un délai trop considérable de justice par un des États de la Confédération envers ses sujets ou ceux d'un autre État, le parti plaignant peut invoquer la médiation de la Diète; si le procès entre des individus roule sur une question qui concerne les droits et les obligations de divers membres de la Confédération, et si ce procès ne peut être arrangé à l'amiable, la Diète peut soumettre le litige à la décision d'un tribunal *austrégal* [2].

Les décrets de la Diète sont mis à exécution par les gouvernements respectifs des Coétats sur la demande de la Diète, excepté dans le cas où la Diète intervient pour supprimer une insurrection dans un de ces États, et dans ce cas même, l'exécution doit se faire le plus possible de concert avec le gouvernement contre les sujets duquel le décret est dirigé [3].

Les sujets de chaque État de la Confédération ont le droit d'acquérir des biens-fonds dans chacun des autres Coétats, d'émigrer librement d'un État à un autre, d'entrer dans le service civil ou militaire de chacun des Coétats, à la réserve des droits supérieurs de leur souverain de naissance, et d'être exemptés de tout droit de détraction et de tout impôt sur le transport de leurs biens d'un État dans un autre, à moins qu'il n'y ait entre les deux États des conventions stipulant le contraire [4].

[1] *Wiener Schlussacte,* Art. 28—88.
[2] *Ibid.*, Art. 29 et 30.
[3] *Ibid.*, Art. 32.
[4] *Acte fédéral,* art. 18.

La Diète a le droit d'établir des lois uniformes relatives à la liberté de la presse, et d'assurer aux auteurs le droit de propriété littéraire par toute la Confédération. Elle peut adopter des mesures relatives aux rapports commerciaux des différents États de la Confédération entre eux, ainsi qu'à la libre navigation des rivières de l'Allemagne d'après les principes généraux établis par le congrès de Vienne [1].

La différence des confessions chrétiennes dans les pays de la Confédération ne doit en entraîner aucune dans la jouissance des droits civil et politique. C'est à la Diète à prendre en considération les moyens à employer pour améliorer la condition civile de ceux qui professent la religion juive en Allemagne, et de leur garantir la jouissance des droits civils, à condition qu'ils se soumettront à toutes les obligations des autres citoyens. En attendant, les droits accordés déjà aux membres de cette religion par les divers États de la Confédération demeurent intacts [2].

De la souveraineté intérieure des États de la Confédération germanique.

Malgré l'étendue des pouvoirs attribués à la Diète et les nombreuses restrictions imposées à l'exercice de la souveraineté intérieure des États dont la Confédération se compose, on ne peut la distinguer sous ce rapport d'une alliance égale entre des souverains indépendants, si ce n'est à cause de son existence permanente et des nombreux objets qu'elle se propose. Par rapport à leur souveraineté intérieure, les divers Coétats ne forment pas par leur union un État composé, et ils ne sont pas soumis à un même souverain. Les lois fondamentales et les règlements organiques adoptés par la Diète ne sont pas mis à exécution par l'action directe de l'autorité fédérale sur les sujets individuels des États confédérés, mais ils sont d'abord adoptés comme lois par chaque gouvernement local, et ensuite mis à exécution par ce gouvernement dans le territoire qui lui y est soumis. S'il est des cas où

[1] *Acte fédéral,* art. 18 et 19.
[2] *Ibid.,* art. 16.

la Diète est autorisée à mettre à exécution ses résolutions dirigées contre des sujets individuels, ou contre le corps des sujets d'un État confédéré, sans invoquer l'intervention du gouvernement de cet État, ces cas font exception au caractère général de la Confédération, qui est alors assimilée à un État composé dont le gouvernement est un gouvernement fédéral suprême. Tous les membres de la Confédération sont, comme tels, égaux en droits, et l'obéissance occasionnelle de la Diète et, par son intermédiaire, l'obéissance des Coétats aux ordres des deux membres prépondérants, ou même l'influence habituelle exercée sur eux par ces deux membres, n'altère en rien leur souveraineté intérieure et ne change pas le caractère légal de la Confédération.

De la souveraineté extérieure de ces États.

Quant à l'exercice par les États confédérés de leur souveraineté extérieure, nous avons déjà vu que l'autorité de contracter des alliances avec des États étrangers est expressément réservée à tous les États confédérés, pourvu cependant que ces alliances ne soient pas dirigées contre la sûreté de la Confédération ou des États confédérés. Chaque État conserve aussi ses droits de légation, non-seulement par rapport à ses Coétats, mais aussi quant aux puissances étrangères [1]. Quoique les relations diplomatiques de la Confédération avec les cinq grandes puissances, parties contractantes aux traités de Vienne, soient habituellement entretenues par des légations permanentes représentant ces puissances près de la Diète à Francfort-sur-le-Mein, la Confédération elle-même n'est pas représentée auprès de ces puissances par des ministres publics, et ce n'est que dans les occasions solennelles, telles que la négociation des traités de paix, que la Diète nomme des plénipotentiaires pour traiter avec les puissances étrangères [2].

D'après le premier projet de Confédération proposé

[1] KLÜBER, *öffentliches Recht des deutschen Bundes.*

[2] KLÜBER, *ibid.*, § 148 et 152ª. — *Wiener Schlussacte*, § 49.

par l'Autriche et la Prusse, il devait être absolument défendu aux États confédérés n'ayant pas *de possessions hors de l'Allemagne* de faire des alliances avec les puissances étrangères, ou de leur faire la guerre, sans le consentement de la Diète. Mais cette disposition fut modifiée par l'insertion de l'article 63 dans l'acte fédéral de 1815, et les limitations des pouvoirs de la Confédération et de ses membres furent sous ce rapport plus exactement définies par l'acte final de 1820.

Il résulte clairement de cet acte que ceux des États confédérés *qui ont des possessions hors de l'Allemagne* conservent l'autorité de déclarer et de poursuivre la guerre contre une puissance étrangère à la Confédération, indépendamment de ce corps, qui doit rester neutre, à moins que la Diète n'ait reconnu l'existence d'un danger imminent pour le territoire fédéral. Les membres souverains de la Confédération ayant des possessions hors de l'Allemagne, sont l'empereur d'Autriche, le roi de Prusse, le roi des Pays-Bas et le roi de Danemark. Par conséquent lorsqu'un de ces souverains entreprend une guerre, dans son caractère de souverain européen, la Confédération, dont les relations et les obligations ne sont pas affectées par une telle guerre, doit rester neutre, quand même la guerre serait défensive de la part du souverain confédéré, à moins cependant que la Diète n'ait reconnu l'existence d'un danger imminent pour la Confédération [1].

Il paraît résulter également de cet acte que les États même *qui n'ont point de possessions hors des limites de la Confédération*, conservent l'autorité suprême de déclarer et de faire la guerre séparément, et de négocier et de faire des traités de paix, excepté dans le cas où la Confédération aurait elle-même déclaré la guerre à une puissance étrangère; car dans ce cas aucun des États confédérés n'a le

[1] *Wiener Schlussacte*, Art. 46, 47. — KLÜBER, *öffentliches Recht des deutschen Bundes*, § 152 f.

droit de négocier avec l'ennemi, ou de conclure avec lui un traité, ou même un armistice, sans le consentement de tous les Coétats.

Lorsque des différends surviennent entre une puissance étrangère et un État de la Confédération, et que le dernier réclame l'intervention de la Diète, celle-ci doit examiner l'origine du différend et l'état réel de la question. S'il résulte de cet examen que le droit n'est pas du côté de l'État confédéré, la Diète fera valoir les représentations les plus sérieuses pour l'engager à renoncer à ses prétentions, refusera son intervention, et avisera, au besoin, aux moyens de maintenir la paix. Si l'examen préalable prouve, au contraire, que l'État confédéré est dans son droit, la Diète devra employer ses bons offices pour assurer à l'État étranger satisfaction et sûreté complètes [1].

La Confédération germanique est un Système d'États confédérés.

Il s'ensuit que non-seulement la souveraineté intérieure, mais aussi la souveraineté extérienre de chacun des États de la Confédération, n'est altérée que dans les cas, prévus par les lois fondamentales de la Confédération, où le gouvernement fédéral peut représenter cette souveraineté extérieure. Dans tous les autres cas, les États confédérés demeurent indépendants les uns des autres, comme aussi de toute puissance étrangère. Leur union forme ce que les publicistes allemands nomment un *Staatenbund*, c'est-à-dire un système d'États confédérés, terme dont ils se servent par opposition au terme *Bundesstaat*, c'est-à-dire un gouvernement fédéral suprême [2].

[1] *Wiener Schlussacte*, Art. 35—49. — Klüber, § 462.

[2] Klüber, § 169^{a}; 176, 248, 460, 461, 462. — Heffter, *das europäische Völkerrecht*, § 21.

Le traité de Paris de 1814 déclare par son article 6 que: «les États de l'Allemagne seront indépendants et unis par un lien fédératif.»

L'acte final du congrès de Vienne de 1815 déclare que: «le but de cette confédération est le maintien de la sûreté extérieure et intérieure de l'Allemagne, de l'indépendance et de l'inviolabilité de ses États confédérés.»

Et enfin le *Schlussacte* de 1862 dit:

«Art. I. Der deutsche Bund ist ein völkerrechtlicher Verein der

Plusieurs modifications très-importantes furent apportées à la constitution germanique par l'acte de la Diète du 28 juin 1832. Voici le texte de cet acte: Acte de la Diète de 1832.

«Art. I. Attendu que, d'après l'article 57 de l'acte final du congrès de Vienne, tous les pouvoirs de l'État doivent rester réunis dans le chef de l'État, et que le souverain ne doit être lié par une constitution d'États à la corporation des chambres que pour l'exercice de certains droits, les souverains allemands, comme membres de la Confédération, ont non-seulement le droit de rejeter les pétitions des États qui seraient en contradiction avec ce principe, mais encore le but de la Confédération doit leur faire un devoir de ce rejet.

«Art. II. Comme, suivant l'esprit de l'art. 57 précité de l'acte final, et la conséquence à en déduire par l'art. 58, les États ne peuvent refuser à aucun souverain de l'Allemagne les moyens nécessaires à un gouvernement pour remplir ses obligations fédérales et celles qui lui sont imposées par la constitution, les cas dans lesquels les assemblées voudraient faire dépendre leur consentement

deutschen souverainen Fürsten und freien Städte zur Bewahrung der Unabhängigkeit und Unverletzbarkeit ihrer im Bunde begriffenen Staaten und zur Erhaltung der innern und äussern Sicherheit Deutschlands.

«Art. II. Dieser Verein besteht in seinem Innern als eine Gemeinschaft selbständiger unter sich unabhängiger Staaten, mit wechselseitigen gleichen Vertrags-Rechten und Vertrags-Obliegenheiten, in seinen äussern Verhältnissen aber als eine in politischer Einheit verbundene Gesammt-Macht.»

Traduction.

«Art. I. La Confédération germanique est une union internationale des princes souverains et des villes libres de l'Allemagne pour le maintien de l'indépendance et de l'inviolabilité des États compris dans la Confédération, et pour la conservation de la sûreté intérieure et extérieure de l'Allemagne.

«Art. II. A l'égard de ses relations intérieures, cette confédération forme une communauté d'États indépendants entre eux, et liés ensemble par des droits et des obligations réciproquement stipulés; à l'égard de ses relations extérieures elle forme une puissance collective établie sur les principes d'une union collective.»

aux impôts nécessaires pour l'administration, d'une manière directe ou indirecte, de l'accomplissement de désirs ou de propositions quelconques, devront être classés parmi les cas auxquels doivent être appliqués les articles 25 et 26 de l'acte final.

«Art. III. La législation intérieure des États de la Confédération germanique ne saurait porter préjudice au but de la Confédération, tel qu'il est exprimé dans l'art. II de l'acte de la Confédération et dans l'art. Ier de l'acte final; cette législation ne saurait non plus entraver l'accomplissement d'obligations fédérales, et empêcher le payement de contributions en argent faisant partie des obligations fédérales.

«Art. IV. Pour assurer la dignité et les droits de la Confédération et de l'assemblée qui la représente contre des usurpations de toute espèce, en même temps pour faciliter aux États membres de la Confédération, le maintien des rapports constitutionnels existants entre les gouvernements et ces États, il sera nommé par la Diète, d'abord pour six ans, une commission qui sera chargée de prendre connaissance des délibérations qui auront lieu dans les chambres des États membres de la Confédération, de diriger leur attention sur les propositions et résolutions qui seraient en opposition avec les obligations fédérales ou avec les droits de souveraineté garantis par les traités de la Confédération. Cette commission devra en donner connaissance à la Diète, qui, si elle trouve que l'affaire est de nature à être prise en considération ultérieure, se mettra en relation à cet effet avec les gouvernements que la chose regardera. Après un laps de six ans on s'entendra de nouveau sur la prolongation de cette commission.

«Art. V. Comme, d'après l'art. 59 de l'acte final de Vienne, dans le pays où la publicité des délibérations des États est garantie par la constitution, les bornes de la libre émission de la pensée ne peuvent être outre-passées, ni dans les délibérations elles-mêmes, ni dans leur publication par voie de l'impression, de manière à compromettre la tranquillité de l'État de la Confédération ou de l'Allemagne entière, et comme il doit y être pourvu par les règlements de l'assemblée, tous les gouvernements de la Confédération s'engagent les uns envers les autres, comme ils y sont tenus par leurs rapports fédéraux, à prendre et à maintenir les mesures convenables pour empêcher toutes attaques contre la Confédération dans les assemblées d'États, et pour réprimer ces attaques, chacun dans les formes de sa constitution intérieure.

«Art. VI. Comme la Diète est appelée déjà, par l'art. 17 de l'acte final, pour le maintien du vrai sens de l'acte de la Confédération et des dispositions qui y sont renfermées, à l'interpréter conformément au but de la Confédération, si des doutes s'élevaient à cet égard, il est entendu que la Confédération a seule et exclusivement le droit d'interpréter de manière à produire des effets légaux, l'acte de la Confédération et l'acte final, lequel droit, la Confédération exerce par la Diète, son organe constitutionnel [1].»

Acte de la Diète de 1834.

L'acte de la Diète du 30 octobre 1834, résultat des conférences diplomatiques tenues à Vienne par les principaux États de la Confédération, introduisit de nouveaux changements dans la constitution fédérale. Il y fut décidé qu'en cas que des difficultés s'élevassent entre les gouvernements des États de la Confédération et les chambres législatives, soit par rapport à l'interprétation de la constitution légale, soit par rapport à la délimitation de la coopération permise aux chambres, si après avoir épuisé tous les moyens constitutionnels pour les concilier, on ne parvenait pas à mettre un terme à ces différends, on aurait recours à un tribunal fédéral d'arbitres nommés et agissant de la manière suivante. Les représentants dans

[1] Klüber, *Quellensammlung zu dem öffentlichen Recht des deutschen Bundes,* Thl. II, § 18.

5 *

les assemblées ordinaires de la Diète nommeront tous les trois ans, dans les États qu'ils représentent, deux personnes connues par leurs services judiciaires et administratifs. Les vacances qui pourraient se faire dans cet intervalle seront suppléées de la même manière. Lorsqu'il deviendra nécessaire d'avoir recours à ce tribunal, il y sera choisi six membres, dont trois par le souverain et trois par les chambres. En cas que les deux parties ne les choisissent pas, la Diète elle-même pourra le faire. Les arbitres ainsi choisis devront nommer un arbitre extraordinaire comme arbitre définitif. Les documents relatifs à la matière en litige seront soumis à l'arbitre définitif, qui les remettra à deux des juges arbitres pour en faire un rapport. L'un de ces juges devra être pris parmi les arbitres nommés par le souverain, l'autre parmi ceux nommés par les chambres. Les juges arbitres s'assembleront alors, ainsi que l'arbitre définitif, et décideront la question en la mettant aux voix. Cette décision devra avoir lieu au plus tard quatre mois après la nomination de l'arbitre, à moins qu'il n'y ait eu délai inévitable. Le jugement de ces arbitres aura l'effet d'un jugement *austrégal*. Les dépenses qu'entraînera un pareil arbitrage seront à la charge de l'État intéressé. Ce tribunal d'arbitrage pourra aussi régler, pour les villes libres, les différends qui s'élèveront entre le sénat et les autorités établies, ainsi que les difficultés qui pourront s'élever entre les différents membres de la Confédération [1].

§ 24. Des États-Unis de l'Amérique du Nord.

La constitution des États-Unis d'Amérique est de nature très-différente de celle de la Confédération germanique. Le pacte qui unit les États confédérés n'est pas seulement une ligue pour la défense commune contre la violence intérieure ou extérieure, mais ce pacte institue un gouvernement suprême ou État composé, agissant non-

[1] Voir, pour tout ce qui regarde la Confédération germanique, mon *Histoire du droit des gens*, t. II, p. 132 et suiv.

seulement sur les membres souverains de l'Union, mais aussi sur chaque citoyen individuel. Dans la constitution, il est expressément dit «qu'elle a été établie par le peuple des États-Unis pour former une union plus parfaite, pour établir la justice, pour assurer la tranquillité domestique, pour pourvoir à la défense commune, pour contribuer au bonheur commun, et assurer aux citoyens des États-Unis et à leur postérité les avantages de la liberté.» Cette constitution et les lois établies en conformité à ses prévisions, ainsi que les traités faits par l'autorité fédérale, sont déclarés être les lois suprêmes de l'Union, et les juges sont, dans chacun des États qui la composent, tenus à l'observation de ces lois.

Du pouvoir législatif de l'Union.

Le pouvoir législatif de l'Union américaine réside dans un congrès composé d'un sénat, dont les membres sont choisis par les législatures locales des divers États, et d'une chambre des représentants élus par le peuple dans chaque État. Ce congrès a le pouvoir de lever des taxes et des droits; de payer les dettes et de pourvoir à la commune défense et à la conservation générale de l'Union; de négocier des emprunts sur le crédit des États-Unis; de réglementer le commerce avec les puissances étrangères, entre les divers États et avec les tribus indiennes; d'établir une règle uniforme de naturalisation et des lois uniformes sur la banqueroute; de battre monnaie et de fixer les poids et mesures; d'établir les postes et les grandes routes; d'assurer aux auteurs et aux inventeurs la propriété exclusive de leurs ouvrages ou de leurs inventions; de punir les actes de piraterie sur les hautes mers ainsi que les offenses contre le droit des gens; de déclarer la guerre, d'accorder des lettres de marque et de représailles, et de régler les prises maritimes; de lever et d'entretenir l'armée et la marine; de faire des règles au sujet de la direction de ces forces; d'exercer exclusivement la législation civile et criminelle sur le district où le siége du gouvernement fédéral est établi, et sur toutes forteresses, magasins, arsenaux, tant maritimes que militaires de l'Union, et enfin de faire toutes les lois nécessaires pour assurer l'exécution de tous les pouvoirs que la constitution confère au gouvernement fédéral.

De son pouvoir exécutif.

Le pouvoir exécutif réside dans un président des États-Unis, nommé par des électeurs choisis dans chaque État de telle manière qu'il plaira au corps législatif.

De son pouvoir judiciaire.

Le pouvoir judiciaire, qui s'étend à tous les cas qui peuvent dépendre de l'interprétation de la constitution des lois et des traités de l'Union, réside dans une cour suprême et dans tels tribunaux inférieurs qne le congrès trouve bon d'établir. Tous les tribunaux fédéraux ont le droit d'examiner les lois établies, soit par le congrès fédéral, soit par les corps législatifs des différents États de l'Union, et de décider sur la validité de ces lois. Le pouvoir judiciaire s'étend aussi aux cas qui concernent les ambassadeurs, les ministres publics et les consuls, à tous les cas de juridiction maritime, aux disputes dans lesquelles les États-Unis sont intéressés, et à celles qui s'élèvent entre deux ou plusieurs États, entre un État et les citoyens d'un autre État, entre les citoyens de plusieurs États, entre des citoyens d'un même État réclamant des biens immeubles par des concessions de la part des gouvernements de différents États, et enfin à celles qui s'élèvent entre un des États de l'Union et un État étranger ou les sujets ou citoyens de cet État.

Du droit de conclure des traités.

Le droit de conclure des traités appartient exclusivement au président et au sénat. Tout traité négocié avec une puissance étrangère est soumis à leur ratification. Aucun des États de l'Union ne peut faire seul ni alliance, ni confédération; délivrer des lettres de marque ou de représailles; battre monnaie; émettre des billets de crédit; donner cours pour le payement des dettes à aucune chose autre que l'or et l'argent monnayés; décréter aucun *bill d'attainder* (de condamnation à mort ou de mise hors la loi pour trahison ou félonie), aucune loi statuant sur des faits accomplis *(ex post facto law)*, ou portant atteinte à des obligations nées de contrats; conférer aucun titre de noblesse; lever aucun droit sur les importations ou exportations, si ce n'est ceux qui sont nécessaires pour l'exécution de ces lois d'importation locale; le produit, du reste, doit en être versé dans le trésor national, et ces lois sont soumises à la révision et au contrôle du congrès. Aucun État ne peut non plus, sans le consentement du congrès, établir des droits de tonnage; entretenir en temps de paix des troupes ou des navires de guerre; faire aucun traité avec les autres États de l'Union ou avec une puissance étrangère; s'engager dans une guerre, à moins qu'il ne soit envahi ou qu'il n'existe un danger si pressant que ce danger n'admette pas de délai. L'Union garantit à chacun des États qui la compose une forme de gouvernement républicaine, et s'engage à protéger chacun de ces États contre l'invasion, et sur la demande du corps législatif ou du pouvoir exécutif (quand le corps législatif ne peut être assemblé) contre des actes de violence intérieure.

L'Union américaine est un gouvernement fédéral suprême.

Ce serait sortir des bornes de cet ouvrage que d'examiner jusqu'à quel point ces dispositions de la constitution altèrent la souveraineté intérieure de chaque État ou ne l'altèrent pas. Nous nous contenterons donc de faire remarquer que puisque les relations de ces États avec des États étrangers, en paix et en guerre, sont maintenues par le gouvernement fédéral, tandis qu'il est expressément défendu aux États isolés de l'Union d'exercer ces actes de souveraineté extérieure, il est évident que la souveraineté extérieure de la nation réside exclusivement dans le gouvernement fédéral. L'indépendance de chaque État se trouve donc sous ce rapport confondue dans la souveraineté du gouvernement fédéral, et l'on peut par suite qualifier l'Union américaine de *Bundesstaat*.

§ 25. De la Confédération suisse.

D'après l'acte fédéral de 1815, la Confédération suisse consiste dans une union entre les vingt-deux cantons souverains de la Suisse. Le but de cette union est déclaré être la conservation de leur liberté et de leur indépendance, de leur sûreté contre toute attaque de la part des puissances étrangères, ainsi que le maintien de l'ordre et de la tranquillité publique à l'intérieur. Ils se garantissent réciproquement leurs constitutions et leurs territoires. La Confédération a une armée et un trésor communs, entretenus par des levées d'hommes et des contributions d'argent dans de certaines proportions fixées entre les divers cantons. Pour subvenir aux dépenses militaires, on a établi une caisse de guerre fédérale, formée par des droits d'entrée sur les marchandises, perçus par les cantons frontières et versés dans le trésor commun. La Diète est composée d'un député de chaque canton, ayant chacun une seule voix. Elle s'assemble tous les ans alternativement à Berne, Zurich et Lucerne, qu'on appelle les cantons dirigeants, *Vorort*. La Diète a le pouvoir exclusif de déclarer la guerre, et de faire des traités de paix, de commerce et d'alliance avec les puissances étrangères. Cependant pour ces négociations les trois quarts des voix des cantons sont nécessaires; dans toutes les autres affaires qui sont soumises à la Diète la majorité absolue en décide. Les capitulations militaires, ou traités sur des objets économiques et de police, peuvent être conclues avec les puissances étrangères par chaque canton individuellement; mais ils ne peuvent être contraires, ni au pacte fédéral, ni aux alliances existantes, ni aux droits constitutionnels des autres cantons. C'est la Diète qui prend toutes les mesures nécessaires pour la sûreté intérieure et extérieure de la Confédération. Elle fixe l'organisation du contingent des troupes, ordonne leur équipement, détermine leur emploi, nomme le général, l'état-major et les colonels de la Confédération. La direction des affaires, quand la

Diète n'est pas en session, est remise à un chef-lieu, *Vorort*, muni des pouvoirs exercés jusqu'à une nouvelle session. Le chef-lieu alterne tous les deux ans entre les cantons de Zurich, Berne et Lucerne. Dans des circonstances extraordinaires, et si elle ni peut pas rester en permanence, la Diète est autorisée à donner au *Vorort* des pleins pouvoirs particuliers. Elle peut aussi adjoindre au *Vorort* des représentants de la Confédération, pour l'aider dans la direction des affaires de l'alliance. En cas de danger intérieur ou extérieur, chaque canton a le droit de réclamer l'intervention de ses confédérés. Lorsqu'il survient des troubles dans un canton, ou dans le cas d'un danger subit extérieur, le gouvernement peut requérir l'assistance des autres cantons; néanmoins il est obligé d'en donner de suite avis au *Vorort*. Le danger continuant, la Diète, sur l'invitation du gouvernement, doit prendre les mesures ultérieurement nécessaires [1].

Traits de ressemblance entre la constitution des cantons suisse avec celle de la Confédération germanique et des États-Unis.

On voit par cette analyse des dispositions du pacte fédéral de la Suisse que cette confédération ressemble sous quelques rapports à la Confédération germanique, tandis que sous d'autres elle se rapproche davantage de la constitution de l'Union américaine. Chaque canton conserve d'une manière plus complète que les États confédérés de l'Allemagne, sa souveraineté intérieure, tandis que la Diète est exclusivement investie des droits de guerre, de paix, d'alliance et des traités de commerce. Chaque canton ne jouit de la souveraineté extérieure que dans des relations de peu d'importance. Sous ce rapport, la Confédération suisse, telle qu'elle est maintenant établie, diffère essentiellement de celle qui existait avant la révolution française, confédération qui n'était en réalité qu'une alliance pour la défense commune contre les attaques du dehors, et qui laissait à chaque canton la faculté de con-

[1] Martens, *Nouveau Recueil*, vol. II, p. 68.

clure des alliances spéciales avec les autres cantons ou avec les puissances étrangères [1].

Tentatives infructueuses faites depuis 1830 pour changer l'acte fédéral de 1815.

Depuis la révolution de 1830, les constitutions séparées de chacun des cantons ont subi plusieurs modifications dans le sens démocratique, et plusieurs tentatives ont été faites pour opérer une révision du pacte fédéral, afin de donner à la Confédération le caractère d'un gouvernement fédéral suprême pour ce qui regarde les relations intérieures des divers cantons entre eux. Toutes ces tentatives ont échoué, et le pacte fédéral de 1815 est demeuré en vigueur. Le seul changement qui soit survenu dans la Confédération depuis cette époque, est le démembrement des cantons de Bâle, Unterwalden et Appenzell, de manière que le nombre total des cantons confédérés est maintenant de vingt-cinq. Le nombre de voix dans la Diète n'en reste pas moins de vingt-deux, car chaque division des trois cantons démembrés n'a droit qu'à la moitié d'une voix [2].

[1] Merlin, *Répertoire*, tit. *Ministre public.*

[2] Wheaton, *Histoire du droit des gens*, t. II, p. 278 et suiv.

SECONDE PARTIE.

DES DROITS INTERNATIONAUX PRIMITIFS OU ABSOLUS.

CHAPITRE PREMIER.

DU DROIT DE CONSERVATION ET D'INDÉPENDANCE.

---

§. 1. Droits des États souverains à l'égard les uns des autres.

Les droits dont jouissent les États souverains à l'égard les uns des autres peuvent se diviser en droits de deux sortes: en *droits primitifs* ou *absolus*, et en *droits conditionnels* ou *hypothétiques* [1].

Les droits absolus sont ceux qui existent pour l'État en toute circonstance, par le fait seul que c'est un État et comme conséquence de cette qualité. Ils sont appelés absolus, parce qu'ils ne sont pas limités à telle ou telle circonstance particulière.

Les droits conditionnels, au contraire, ne prennent naissance que dans le cas de certaines relations internationales, et cessent en même temps que les circonstances qui y ont donné lieu. Ce sont, si l'on veut, des conséquences de la qualité d'État souverain, mais des conséquences non permanentes qui ne se produisent que dans tel cas donné. C'est ainsi que la guerre, par exemple, confère aux États belligérants et aux États neutres certains droits qui n'existent plus du moment où la guerre a cessé.

[1] KLÜBER, *Droit des gens moderne de l'Europe*, § 36.

§ 2. Droit de conservation. Le premier et le plus important de tous les droits internationaux absolus, celui qui sert de base fondamentale à la plupart des autres, est le droit de conservation. Toute personne morale, du moment où son existence est légitime, a le droit de pourvoir au bien-être et à la conservation de cette existence. Les sociétés politiques ou États souverains légitimement établis jouissent donc aussi de ce droit. Le droit de conservation de soi-même implique nécessairement tous les autres droits incidents qui sont essentiels pour arriver à cette fin. Parmi ces droits se trouve celui de repousser, au préjudice de l'agresseur, les attaques injustes dont l'État ou ses citoyens pourraient être l'objet.

Cette modification du droit de conservation est ce que l'on nomme le droit de *légitime défense*. Ce droit implique également celui de requérir le service militaire de tous ses peuples, d'entretenir des forces navales, d'ériger des fortifications et d'imposer des taxes et des contributions pour ces objets. Il est évident que l'exercice de ces droits absolus ne peut être limité que par les droits correspondants et égaux d'autres États, ou bien par des conventions spéciales avec ces États.

Dans l'exercice de ces moyens de défense aucun État indépendant n'a à recevoir ni injonction, ni prohibition, ni limitation d'aucune puissance étrangère. Mais celle-ci, en vertu de son propre droit de conservation, si elle voit dans ces préparatifs un sujet d'alarme ou une occasion de prévoir pour elle-même quelque danger possible d'agression, peut demander des explications; et la loyauté, comme un intérêt politique bien entendu, commandent de satisfaire à ces demandes lorsqu'elles sont raisonnables et bien intentionnées.

Le droit absolu d'ériger des fortifications pour la défense du territoire de l'État a été quelquefois modifié par des conventions, dans les cas où on a trouvé ces fortifications menaçantes pour la sûreté des États voisins, et quelquefois une pareille concession a été dictée comme une condition de paix par une puissance assez forte pour insister sur une telle condition. C'est ainsi que par les stipulations du traité d'Utrecht entre l'Angleterre et la France, confirmées par celles de la paix d'Aix-la-Chapelle en 1748 et par le traité de Paris de 1763, le gouvernement français prit l'engagement de démolir les fortifications de Dunkerque. C'est ainsi que par le traité de Paris de 1815 il fut aussi stipulé que les fortifications d'Huningue, qui avaient toujours été un objet d'inquiétude pour la ville de Bâle, seraient démolies et qu'elles ne pourraient point être reconstruites, ou remplacées par d'autres fortifications, à moins que ce ne fût à une distance de trois lieues de la ville de Bâle [1].

§ 3. Droit d'intervention.

Le droit de chaque État indépendant d'augmenter son territoire national, sa population, ses richesses et sa puissance par tous les moyens innocents et légitimes, tels que l'acquisition pacifique de nouveaux domaines, la découverte et la colonisation de pays inconnus, l'extension de la navigation et de la pêche, l'accroissement de ses revenus, l'amélioration de son commerce et de son agriculture, l'augmentation de ses forces navales et militaires, est un droit de souveraineté incontestable et généralement reconnu par l'usage et l'opinion des nations. L'exercice de ce droit ne peut être limité que par le droit correspondant et égal des autres États, droit qui dérive du droit primitif de propre conservation. Quand l'exercice de ce droit porte atteinte à la sécurité des autres États, ou lorsqu'il se trouve en opposition directe avec l'exercice des droits souverains de ces États, il n'est pas difficile de lui assigner des limites précises. Mais dans les cas où il suppose seulement un danger éventuel pour la sûreté des

[1] Martens, *Recueil des traités*, t. II, p. 469.

autres, des questions de la plus grande difficulté peuvent s'élever, mais ces questions appartiennent plutôt à la science de la politique qu'à celle du droit public.

Les occasions où le droit d'intervention peut s'exercer pour empêcher l'agrandissement d'un État quelconque par des moyens innocents et légitimes, tels que ceux que nous venons d'indiquer, sont rares et ne peuvent se justifier, excepté dans le cas où l'augmentation des forces militaires et navales d'une puissance aura pu inspirer de justes craintes aux autres puissances. Le développement intérieur des ressources d'un pays, ou l'acquisition de colonies et de pays loin de l'Europe, n'ont jamais été considérés comme des motifs suffisants pour justifier une intervention. On semblerait même avoir généralement pensé que des colonies, loin de contribuer à augmenter la puissance du pays métropolitain, contribuent plutôt à l'affaiblir. L'augmentation des richesses et de la population d'un pays, qui est sans contredit un des moyens les plus efficaces pour augmenter sa puissance, se fait trop insensiblement pour pouvoir inspirer à d'autres pays de justes motifs d'alarme. Croire que les nations ont le droit d'intervenir par la force pour empêcher le développement de la civilisation et pour détruire la prospérité des nations voisines, est une supposition dont l'injustice est si manifeste qu'il n'est pas besoin de la réfuter. L'intervention pour maintenir l'équilibre des puissances a ordinairement pour objet d'empêcher un souverain déjà puissant d'incorporer des provinces conquises dans son territoire, ou d'augmenter ses États par mariage ou par succession, ou d'exercer une influence dictatoriale sur la politique d'autres États indépendants.

Dans la grande société des nations, chaque membre est indépendant des autres, et vit, par rapport à ces autres membres, dans ce qu'on a appelé l'état de nature, ne reconnaissant point entre eux de souverain, d'arbitre, de juge. Il en résulte que le droit entre les nations n'a pas de sanction semblable à celle qui assure l'exécution du droit civil de chaque État par rapport aux membres qui le composent, et que par conséquent la seule sanction qui puisse être donnée au droit international n'est basée que sur la crainte de la part des nations de provoquer une hostilité générale en violant ce droit. Voilà pourquoi les États européens ont veillé avec le plus grand soin à ce que l'équilibre des puissances ne fût jamais troublé. Cette politique a servi de prétexte aux guerres les plus cruelles des temps modernes, dont quelques-unes prenaient vraiment leur origine dans les craintes réelles qu'éprouvaient les grandes puissances pour l'indépendance des États plus faibles, mais dont d'autres n'ont été faites que dans l'intérêt de telle ou telle puissance qui déguisait ainsi ses véritables motifs. Quand l'esprit de conquête d'un État a vraiment été menaçant pour la sécurité générale de l'Europe, cet esprit s'est trahi par des faits si ostensibles que les autres puissances ont été justifiées d'avoir eu recours aux armes. Tel fut le motif qui donna lieu aux alliances formées et aux guerres entreprises pour mettre des bornes à l'agrandissement de la maison d'Autriche et d'Espagne sous Charles-Quint et son fils Philippe II, et qui se terminèrent par la paix de Westphalie, dont les stipulations ont pendant si longtemps formé le droit public écrit de l'Europe. Les longues et violentes disputes qui avaient eu lieu pendant le seizième siècle entre les différentes sectes religieuses que la Réforme avait fait naître, s'étaient étendues par toute l'Europe. L'intérêt politique des peuples et l'ambition des princes donnèrent à ces luttes une ardeur nouvelle. Les grandes puissances catholiques et protestantes protégeaient respectivement leurs coreligionnaires dans le sein même des États rivaux. L'Espagne et l'Autriche intervinrent plus d'une fois en faveur du parti catholique en Allemagne, en France et en Angleterre, tandis que les puissances protestantes intercédaient pour leurs coreligionnaires persécutés en Allemagne, en France et dans les Pays-Bas. Ces interventions réciproques donnaient aux guerres et aux transactions du dix-septième siècle une couleur particulière. La conduite de la France dans ses guerres est surtout remarquable, car pendant que d'un côté Richelieu soutenait les protestants d'Allemagne afin d'affaiblir la puissance de la maison d'Autriche, il persécutait avec une inflexible rigueur les Français qui professaient la religion réformée.

L'équilibre des puissances établi par la paix de Westphalie fut de nouveau troublé par les projets ambitieux de Louis XIV, qui forcèrent les États protestants de l'Europe à s'unir avec la maison d'Autriche contre la France, et à prendre le parti de la révolution anglaise de 1688, tandis que Louis XIV soutenait les prétentions des Stuarts à la couronne d'Angleterre. Ces transactions nous fournissent des exemples d'intervention des États de l'Europe dans les affaires intérieures de leurs voisins, dans les cas où l'intérêt et la sécurité de la puissance intervenante ont été menacés par des événements arrivés dans ces États voisins. Mais ces exemples ne sauraient fournir aucune règle de conduite fixe, pouvant être appliquée dans des circonstances analogues [1].

§ 4. Intervention lors des guerres de la révolution française.

Les mêmes remarques peuvent s'étendre aux événements plus récents, mais non moins importants, qui prirent leur origine dans la révolution française. Les coalitions successives formées par les grandes monarchies de l'Europe contre la France, après la révolution de 1789, ont été fondées sur les dangers que la révolution présentait pour l'ordre social de l'Europe par la propagation de ses principes, et en même temps pour l'équilibre des puissances par le développement de son ascendant militaire.

[1] WHEATON, *Histoire du droit des gens*, t. I, p. 110 à 114.

Tel fut le principe d'intervention dans les affaires intérieures de la France, avoué par les cours alliées et par les publicistes qui soutenaient leur cause. La France, de son côté, réclamait comme un droit la non-intervention, en se fondant sur l'indépendance respective des nations. Les effets de ces coalitions eurent enfin pour résultat l'établissement d'une alliance permanente entre les quatre grandes puissances, la Grande-Bretagne, l'Autriche, la Prusse et la Russie, alliance à laquelle la France accéda en 1818 lors du congrès d'Aix-la-Chapelle. Selon les puissances qui avaient déjà pris part à l'alliance connue sous le nom de Sainte-Alliance, à savoir, la Russie, l'Autriche et la Prusse, cette nouvelle alliance avait pour but de former un système perpétuel d'intervention entre les différents États de l'Europe, afin de prévenir tout changement dans la forme intérieure de leurs gouvernements respectifs, lorsque ce changement serait considéré comme menaçant l'existence des institutions monarchiques qu'on avait établies sous les dynasties légitimes des maisons aujourd'hui régnantes. Ce droit général d'intervention a été quelquefois appliqué aux révolutions populaires, lorsque le changement dans la forme du gouvernement n'émanait pas de la concession volontaire du souverain régnant, ou n'avait pas été confirmé par sa sanction accordée dans des circonstances qui écartaient toute idée de violence exercée contre lui. Dans d'autres cas, les puissances alliées ont étendu le droit d'intervention à tout mouvement révolutionnaire qui pouvait être regardé comme mettant en danger, par des conséquences immédiates ou éloignées, l'ordre social de l'Europe en général ou la sécurité individuelle des États voisins.

§ 5. Congrès d'Aix-la-Chapelle, de Troppau et de Laybach.

Les événements qui suivirent le congrès d'Aix-la-Chapelle démontrent l'impuissance de tous les essais qui ont été faits pour établir un principe général et invariable en matière d'intervention. Il est en effet impossible de formuler sur ce sujet une règle absolue, et toute règle qui n'aura pas cette qualité, sera nécessairement vague et sujette à l'abus qu'en feront les passions humaines dans l'application pratique. Les mesures adoptées par l'Autriche, la Russie et la Prusse, aux congrès de Troppau et de Laybach, relativement à la révolution de Naples de 1820, furent regardées par le gouvernement anglais comme fondées sur des principes tendant à donner aux grandes puissances continentales de l'Europe un prétexte perpétuel d'intervention dans les affaires intérieures des différents États européens. Le gouvernement anglais ne voulait pas admettre ces mesures, non pas seulement par le motif que leur exécution, si elle avait lieu réciproquement, serait contraire aux lois fondamentales de la Grande-Bretagne, mais parce qu'il y aurait du danger à les admettre comme des principes autorisés par un système de droit international. Dans la dépêche circulaire adressée à cette occasion à tous ses agens diplomatiques, le cabinet anglais établit que bien qu'aucun gouvernement ne puisse être plus disposé que lui à maintenir le droit de tout État d'intervenir lorsque sa sécurité et ses intérêts essentiels sont menacés d'une manière sérieuse ou immédiate par les événements intérieurs d'un autre État, il n'en considère pas moins l'exercice de ce droit comme ne pouvant être justifié autrement que par la plus urgente nécessité et comme devant être réglé et limité par cette nécessité. Il déclare en outre qu'il n'admet point que ce droit doive recevoir une application générale et illimitée dans tous les cas de mouvements populaires, mais qu'il devra être réglé selon les exigences particulières de chaque cas qui se présente, et qu'il ne peut pas être appliqué, sous la forme d'une mesure de prudence, comme la base d'une alliance. Le gouvernement anglais regarde l'exercice de ce droit comme une exception aux principes généraux les plus essentiels, exception qui ne peut être admise que dans des circonstances spéciales; mais il pense qu'il est en même temps impossible, sans courir les plus grands dangers, de définir les exceptions dont il vient d'être parlé et de les admettre dans la diplomatie ordinaire des États ou dans un système du droit des gens [1].

§ 6. Congrès de Vérone.

Le gouvernement anglais refusa également de s'associer aux mesures prises par le congrès de Vérone en 1822, mesures qui amenèrent finalement l'intervention armée de la France, sous la sanction de l'Autriche, de la Russie et de la Prusse, dans les affaires intérieures de l'Espagne, et qui eurent pour résultat le renversement de la constitution de 1812. Voici comment fut exprimé le refus du gouvernement anglais. Le gouvernement anglais désavoue pour lui-même et refuse aux autres puissances le droit de requérir d'un autre État indépendant un changement dans sa constitution intérieure avec menace d'une attaque hostile en cas de refus. La révolution d'Espagne n'entraînait pas, suivant le gouvernement anglais, un danger imminent pouvant justifier une intervention armée. L'alliance entre l'Angleterre et les autres grandes puissances de l'Europe avait pour but reconnu de libérer le continent de la domination militaire de la France; cette domination étant renversée, on devait donc s'en tenir à l'état de possession établi par les traités de paix sous la protection des différents membres de l'alliance. Ladite alliance n'avait pas pour but de former une union tendant au gouvernement de l'univers, ou à une surveillance perpétuelle sur les affaires intérieures des autres États. Le gouvernement anglais n'avait reçu aucune preuve d'une intention de la part de l'Espagne de faire une invasion sur le territoire de la France, de séduire son armée ou de renverser ses institutions politiques, et tant que le combat et l'agitation ne dépassent pas les limites du territoire de l'Espagne, le

[1] Dépêche circulaire de lord Castlereagh, secrétaire d'État pour les affaires étrangères, du 19 janvier 1821. (*Annual Register*, vol. LXII, pt. II, p. 737.

gouvernement anglais ne voit aucun motif à une intervention étrangère. A la fin du dernier siècle et au commencement du dix-neuvième, toute l'Europe s'est alliée contre la France, non pas à raison des changements intérieurs que celle-ci avait jugés nécessaires à la réforme de ses institutions politiques et civiles, mais parce qu'elle essayait de propager par les armes, d'abord ses principes et ensuite sa domination [1].

§ 7. Guerre entre l'Espagne et ses colonies de l'Amérique.

A la même occasion l'Angleterre et les États-Unis d'Amérique protestèrent contre le droit que s'arrogeaient les puissances alliées d'intervenir à main armée dans la contestation entre l'Espagne et ses colonies révoltées. Le gouvernement anglais déclara conserver sa neutralité en cas de continuation de la guerre, ajoutant que toute assistance accordée par une puissance étrangère à la métropole serait regardée par l'Angleterre comme une question entièrement neuve, dans laquelle elle prendrait telle résolution que ses intérêts pourraient requérir; qu'elle n'entrerait dans aucune stipulation qui l'obligerait, soit à refuser ou à différer sa reconnaissance de l'indépendance des colonies espagnoles, soit enfin à attendre indéfiniment un accommodement entre l'Espagne et ses colonies; qu'elle considèrerait toute intervention étrangère, par les armes ou par des menaces, comme un motif de reconnaître ces dernières sans délai [2].

Le gouvernement des États-Unis déclara devoir considérer toute tentative de la part des puissances de l'Europe, pour étendre au continent de l'Amérique leur système politique spécial, comme dangereuse pour la paix et pour la

[1] Communication confidentielle de lord Castlereagh sur les affaires de l'Espagne faite aux cours alliées au mois de mai 1823. — Lettres de M. Canning, secrétaire d'État pour les affaires étrangères, à sir C. Stuart, du 28 janvier et du 31 mars 1823. (*Annual Register*, vol. LXV. — *Public documents*, p. 93, 114, 141.)

[2] Protocole de la conférence entre M. Canning et le prince de Polignac, du 9 octobre 1823. (*Annual Register*, vol. LXVI. — *Public Documents*, p. 99.)

sécurité des États-Unis; qu'il n'était pas intervenu et qu'il n'interviendrait pas en faveur des colonies encore existantes sous la dépendance des puissances européennes; mais qu'il regarderait, comme une manifestation de dispositions hostiles aux États-Unis, toute intervention ayant pour but d'opprimer les gouvernements dont les États-Unis avaient reconnu l'indépendance, ou de contrôler d'une manière quelconque leur destinée. Les États-Unis avaient déclaré leur neutralité dans la guerre entre l'Espagne et ces gouvernements en même temps qu'ils les avaient reconnus, et ils continueraient à garder cette neutralité, pourvu qu'il n'arrivât aucun changement qui, dans leur opinion et pour leur propre sécurité, exigerait une modification de leur conduite. Les derniers événements de l'Espagne et du Portugal démontraient que l'état de l'Europe n'était pas encore assis sur des bases solides. La meilleure preuve de cet état de choses était que les puissances alliées se sont vues obligées, en se fondant sur un principe à leur convenance, d'intervenir par la force des armes dans les affaires intérieures de l'Espagne. La question de savoir jusqu'où peuvent mener les interventions fondées sur ce principe, intéressait tous ces États indépendants dont la forme de gouvernement diffère de celle des puissances alliées, et particulièrement les États-Unis. La politique du gouvernement américain à l'égard de l'Europe, politique qui s'était manifestée dans toutes les périodes de la guerre qui avait agité si longtemps cette partie du globe, ne s'était jamais démentie. Toujours elle avait eu pour principe de ne jamais intervenir dans les affaires des puissances européennes. Les gouvernements de fait ont toujours été pour la politique américaine des gouvernements légitimes; elle avait entretenu des relations amicales avec eux, et s'était attachée à conserver ces relations par une conduite tout à la fois pleine de franchise et de fermeté; elle avait pris soin d'accueillir les réclamations fondées et de ne jamais tolérer aucune offense. Mais quant au continent américain les circonstances étaient bien différentes. Il était impossible que les puissances alliées étendissent leur système politique sur une portion quelconque de ce continent sans mettre en danger la paix et le bien-être des États-Unis. Il était donc impossible à ceux-ci de regarder avec indifférence cette intervention sous quelque forme qu'elle eût lieu [1].

§ 8. Intervention de l'Angleterre dans les affaires du Portugal en 1826.

Nous avons vu que l'Angleterre avait protesté contre l'intervention armée de la France dans les affaires intérieures de l'Espagne, mais elle ne repoussa pas par la voie des armes l'invasion française dans la péninsule. Par suite de cette invasion, la constitution des cortès fut renversée, et Ferdinand VII restauré dans son pouvoir absolu. Ces événements furent suivis, en 1825, par la mort de Jean VI, roi de Portugal. La constitution du Brésil établit que cette couronne ne peut être réunie sur la même tête avec celle du Portugal, et don Pedro abdiqua cette dernière en faveur de sa fille donna Maria, en nommant une régence pour gouverner le royaume pendant la minorité de la reine; en même temps il octroya une charte aux possessions de la maison de Bragance. Le gouvernement espagnol restauré dans la plénitude de la puissance absolue, et craignant l'exemple de l'établissement pacifique d'un gouvernement constitutionnel dans un pays si voisin, favorisa les prétentions de don Miguel à la couronne de Portugal, et soutint les efforts de ses partisans pour renverser la régence et la charte. Des incursions hostiles sur le territoire du Portugal furent concertées en Espagne, et exécutées, avec la connivence des autorités espagnoles, par des troupes portugaises appartenant au parti du prétendant, et qui après avoir déserté le Portugal, avaient été reçues et secourues par les autorités espagnoles sur la frontière. Dans ces

[1] Message du président M. Monroe au congrès, du 2 décembre 1823. (*Annual Register,* vol. LXV. — *Public Documents,* p. 183.)

circonstances, la régence de Portugal réclama du gouvernement anglais, en vertu des anciens traités d'amitié et d'alliance existant entre les deux couronnes, des secours militaires contre l'agression hostile de l'Espagne. En déférant à cette demande et en envoyant un corps de troupes pour la défense du Portugal, le ministère anglais déclara que la constitution portugaise était reconnue comme provenant d'une source légitime, et qu'elle était recommandée à la nation anglaise par l'accueil favorable qu'elle avait reçu de toutes les classes de la nation portugaise; mais qu'il ne conviendrait pas à la nation anglaise de contraindre celle du Portugal, si cette dernière avait refusé de recevoir la constitution, ou s'il s'élevait une divergence d'opinions entre les Portugais eux-mêmes relativement à l'opportunité et à la convenance de cette constitution. Les Anglais se présentaient en conformité d'une obligation sacrée résultant des traités anciens et modernes. Pendant leur séjour dans ce pays ils ne feraient rien pour établir de force ladite constitution, mais aussi ils préviendraient toutes les entreprises qui tendraient à y mettre obstacle. L'agression hostile de l'Espagne, en favorisant et aidant le parti opposé à la constitution portugaise, était une violation directe des assurances données à plusieurs reprises par le cabinet d'Espagne au gouvernement anglais pour l'engager à s'abstenir de toute intervention. Le but unique de l'Angleterre était d'obtenir une exécution loyale de ces engagements. Le cas précédent de l'invasion de l'Espagne par la France, ayant pour but de renverser la constitution espagnole, présentait des circonstances essentiellement différentes. La France a donné à l'Angleterre une cause de guerre par l'atteinte portée par celle-ci à l'indépendance de l'Espagne. Le gouvernement anglais aurait eu le droit d'intervenir en se fondant sur une convenance politique; mais il n'était pas obligé d'intervenir, ainsi qu'il l'était à l'égard du Portugal par des stipulations et des traités. Il aurait pu choisir la guerre, s'il l'eût jugé convenable dans l'affaire d'Espagne; au contraire, son intervention en Portugal était un devoir, à moins qu'il n'eût voulu abandonner les principes de la foi politique et de l'honneur national [1].

§ 9. Intervention des puissances chrétiennes de l'Europe, en faveur des Grecs.

L'intervention des puissances chrétiennes de l'Europe en faveur des Grecs, qui, après avoir souffert pendant de longs siècles l'oppression, avaient secoué le joug ottoman et proclamé leur indépendance, était fondée non-seulement sur le principe qu'une pareille intervention est justifiée dans les cas où la sûreté et les intérêts essentiels d'un État sont affectés par les événements intérieurs d'un État voisin, mais dans les cas où les droits de l'humanité sont violés par les excès d'un gouvernement cruel et barbare. Ces principes sont pleinement reconnus dans le traité pour la pacification de la Grèce, signé à Londres le 6 juillet 1826, entre l'Angleterre, la France et la Russie. Dans le préambule de ce traité il est déclaré que les parties contractantes étaient pénétrées de la nécessité de mettre un terme à une lutte si sanglante, qui en livrant la Grèce et les îles de l'Archipel à tous les maux de l'anarchie, entravait aussi journellement le commerce de l'Europe, et donnait lieu à une foule de pirateries qui exposaient les parties contractantes à des pertes considérables. Il y était dit aussi que la Grèce ayant demandé l'intervention des trois puissances, et ces puissances voulant faire cesser un état de choses si cruel, elles avaient résolu de faire un traité solennel pour rétablir la paix entre la Grèce et la Porte au moyen d'un arrangement que réclamait non-seulement l'humanité, mais aussi l'intérêt des puissances de l'Europe.

Par le 1er article du traité, il fut convenu que les trois puissances contractantes offriraient leur médiation à la

[1] Discours de M. Canning à la chambre des Communes, le 11 décembre. (*Annual Register,* vol. LXVIII, p. 192.)

Porte, et qu'en même temps elles proposeraient un armistice aux deux ennemis.

L'article 2 stipulait les termes de l'arrangement à faire au sujet de la situation politique et civile de la Grèce.

Par l'article 3 du traité, il fut convenu que les détails de l'arrangement et l'étendue à donner au nouveau territoire serait stipulé par une négociation séparée entre les parties contractantes et les parties hostiles.

Au traité public fut ajouté un article secret qui stipulait que les hautes parties contractantes prendraient des mesures pour établir des relations commerciales avec la Grèce, en lui envoyant des agents consulaires et en recevant les siens; qu'en outre, si dans le délai d'un mois la Porte n'acceptait pas l'armistice proposé, ou si les Grecs refusaient de l'exécuter, les hautes parties contractantes déclareraient à celle des deux puissances qui recommencerait les hostilités, qu'elles étaient décidées à employer tous les moyens que la prudence leur suggèrerait pour empêcher tout renouvellement d'hostilités. Enfin cet article secret se terminait en déclarant que si cette mesure ne suffisait pas pour engager la Porte à adopter les propositions faites par les puissances, et si d'un autre côté les Grecs renonçaient aux conditions stipulées en leur faveur, les parties contractantes n'en continueraient pas moins l'œuvre de pacification commencée par elles; et que par suite, elles autoriseraient leurs représentants à Londres à discuter et à déterminer les mesures ultérieures qu'on trouverait nécessaires.

Les Grecs acceptèrent la médiation proposée, mais la Porte la rejeta, et des instructions furent données aux commandants des forces navales des alliés pour faire cesser les hostilités. Ceci fut effectué par la bataille de Navarin; les troupes françaises occupèrent la Morée, et l'indépendance de la Grèce fut finalement reconnue par la Porte, grâce à la médiation des trois puissances contractantes. Si, comme quelques écrivains l'ont supposé, les

Turcs appartiennent à la classe des nations qui ne reconnaissent pas le droit international de la chrétienté, ils n'ont cependant pas le droit de se plaindre des mesures que les puissances chrétiennes ont adoptées dans cette occasion pour protéger leurs coreligionnaires. Dans un âge moins civilisé, les nations chrétiennes, excitées par une sympathie généreuse et enthousiaste, se jetèrent dans les plaines de l'Asie pour recouvrer le Saint-Sépulcre qui se trouvait alors entre les mains des infidèles. N'était-il pas naturel alors qu'elles intervinssent pour délivrer un peuple entier, non pas seulement de la persécution religieuse, mais aussi de la chance d'être arrachés à leur pays natal ou bien d'être exterminés par leurs cruels oppresseurs? Les droits de l'humanité outragés depuis plus de dix ans par cette guerre impie contre une nation chrétienne, aux aïeux de laquelle l'Europe entière devait ses lumières et sa civilisation, seraient vengés par cette intervention. Sir J. Mackintosh a dit: «Tous les droits qu'une nation peut défendre pour elle-même, elle peut aussi les soutenir pour une autre nation, si elle est appelée à intervenir.» Ceci s'applique parfaitement dans ce cas, et quand même les grandes puissances ne seraient pas intervenues par sympathie et par reconnaissance pour les Grecs, elles devaient encore intervenir pour se préserver elle-mêmes.

§ 10. Intervention des grandes puissances de l'Europe dans les affaires intérieures de l'empire ottoman en 1840.

Nous avons déjà vu que c'est seulement depuis des temps récents que l'empire ottoman a été admis dans la sphère du droit public européen, fondé comme il l'est sur cette communauté de mœurs, d'institutions politiques et de religion qui distingue les nations de la chrétienté de celles du monde mahométan [1]. Cependant l'intégrité et l'indépendance de l'empire ottoman ont toujours été considérés comme des éléments essentiels de l'équilibre des puissances depuis que le croissant a cessé d'être un objet

[1] Vide supra, part. I, chap. I, § 13.

de terreur pour les nations occidentales. L'intervention armée de trois des grandes puissances chrétiennes dans les affaires de la Grèce avait été compliquée par la guerre séparée entre la Russie et la Porte ottomane, qui fut terminée par la paix d'Andrinople en 1820, suivie par le traité d'alliance entre les deux empires, signé à Unkiar-Skelessi en 1833. *Le casus fœderis* du traité fut amené par les tentatives de Méhémet-Ali, pacha d'Égypte pour se rendre indépendant de la Porte, qui cherchait de son côté à recouvrer ses provinces perdues. Le *statu quo* établi par la convention de Kutayah en 1833, entre le sultan et son vassal, sous la médiation de la France et de l'Angleterre, sur lequel reposait la paix du Levant, et même, supposait-on, la paix de l'Europe, était constamment menacé par les prétentions irréconciliables des deux grandes divisions de l'empire ottoman. La guerre a recommencé entre elles en 1839, et la défaite de l'armée turque à Nézib fut suivie de la désertion de la flotte à Méhémet-Ali et de la mort de Mahmoud II. Dans cet état de choses les puissances de l'Europe occidentale se virent obligées d'intervenir pour sauver l'empire ottoman du double danger qui le menaçait: la domination du pacha Méhémet-Ali, ou bien le protectorat exclusif de la Russie. Une longue et difficile négociation eut lieu alors entre les cinq grandes puissances. Des documents volumineux publiés sur ce sujet on peut tirer les principes suivants, qui furent reconnus par toutes les puissances, quelles qu'aient été d'ailleurs les différences d'opinions qui se sont élevées entre elles:

1° Le droit d'intervention des cinq grandes puissances était fondé sur ce que cette lutte menaçait dans ses conséquences l'équilibre et la paix de l'Europe. On était d'accord là-dessus; on différait seulement sur les moyens à prendre pour mettre un terme aux différends qui s'étaient élevés entre la Porte et Méhémet-Ali.

2° Il fut convenu que cette intervention ne pouvait avoir lieu que sur la demande même du sultan, d'après le protocole signé de la part des grandes puissances à Aix-la-Chapelle en 1818, arrêtant que jamais des questions touchant aux droits et à l'intérêt d'un État tiers ne seraient abordées par elles en conférence sans que le gouvernement intéressé n'eût été prié d'y prendre part.

3° La mort du sultan Mahmoud étant proche, et les dangers que courait l'empire ottoman ayant augmenté par une singulière complication d'événements, chacune des grandes puissances déclara son intention ferme et solennelle de conserver à cet empire son indépendance sous la dynastie régnante, et qu'aucune d'elles ne chercherait dans l'état actuel des choses à obtenir plus de territoire ou une influence exclusive.

Cette négociation fut enfin terminée par la signature de la convention du 15 juillet 1840, entre quatre des grandes puissances de l'Europe, l'Autriche, l'Angleterre, la Prusse et la Russie, à laquelle la Porte ottomane a accédé. Par suite de cette convention Méhémet-Ali fut contraint d'évacuer toutes les provinces occupées par lui, excepté l'Égypte dont le pachalik héréditaire lui fut confirmé aux mêmes conditions que celles contenues dans l'acte séparé de la convention [1].

§ 11. Intervention des cinq grandes puissances dans la révolution belge de 1830.

L'intervention des cinq grandes puissances de l'Europe représentées par la conférence de Londres, dans la révolution belge de 1830, nous donne un exemple de l'application de ce droit pour conserver la paix générale, et pour adapter le nouvel ordre de choses aux stipulations des traités de Paris et de Vienne qui avaient fondé le royaume des Pays-Bas. Nous avons rendu compte dans un autre ouvrage de la longue et épineuse négociation relative à la séparation de la Belgique et de la Hollande, qui a pris

[1] Wheaton, *Histoire du droit des gens*, t. II, p. 252 à 260.

tantôt le caractère de médiation, tantôt celui d'arbitrage forcé ou d'intervention armée, suivant les phases diverses de la lutte. Elle a été enfin terminée par une transaction entre les deux principes qui ont été si longtemps en présence et qui ont menacé l'ordre établi de l'Europe et la paix générale. La révolution belge a été reconnue comme un fait accompli, mais ses conséquences ont été renfermées dans les bornes les plus restreintes, en lui refusant les attributs du droit de conquête et de postliminie, et en privant la Belgique d'une grande partie de la province de Luxembourg, de la rive gauche de l'Escaut et de la rive droite de la Meuse. Les cinq grandes puissances représentant l'Europe ont consenti à la séparation de la Belgique d'avec la Hollande, et elles ont admis la Belgique au nombre des États indépendants, sous des conditions qu'elle a acceptées et qui sont devenues les bases de son droit public. Ces conditions ont été ensuite incorporées dans un traité définitif signé en 1839 entre la Belgique et la Hollande, par lequel l'indépendance de la première fut reconnue par la dernière [1].

§ 12. Indépendance d'un État quant à son gouvernement intérieur.

Chaque État, en sa qualité d'être moral distinct et indépendant de tous les autres États, peut exercer tous ses droits souverains, pourvu qu'en les exerçant il ne nuise pas aux droits semblables des autres États. Parmi ces droits se trouve celui d'établir, de changer et d'abolir la constitution du gouvernement de l'État. Aucun État étranger n'a le droit de s'opposer à l'exercice de ce droit, à moins que cette intervention ne soit autorisée par quelque convention spéciale ou par la nécessité de prévenir des événements qui compromettraient son indépendance et sa sécurité. La non-intervention est la règle générale, et les seules exceptions à cette règle sont fondées sur la nécessité absolue.

[1] WHEATON, *Histoire du droit des gens*, t. II, p. 219 à 239.

§ 13. Médiation pour l'arrangement des dissensions intérieures d'un État.

L'usage approuvé des nations autorise la proposition par un État de ses bons offices ou de sa médiation pour l'arrangement des dissensions intérieures d'un autre État. Si cette offre de médiation est acceptée, ce fait seul justifie l'intervention.

Le droit de médiation peut être aussi fondé sur des conventions positives, telles que des traités de médiation et de garantie. Telle fut, par exemple, la garantie par la France et la Suède de la constitution germanique, à la paix de Westphalie en 1648, et le résultat de la guerre de trente ans entreprise par les princes et villes libres de l'Allemagne pour défendre leurs libertés civiles et religieuses contre les envahissements de la maison d'Autriche.

La république de Genève était autrefois liée par une ancienne alliance avec les cantons suisses de Berne et de Zurich, par suite de laquelle ces cantons se sont unis à la France en 1738, pour offrir la médiation des trois puissances aux parties contendantes dont les dissensions avaient troublé la paix de cette république. Le résultat de cette médiation fut l'établissement d'une constitution, qui donna lieu à de nouvelles disputes en 1768, disputes qui furent terminées par l'intervention des puissances médiatrices. En 1782 la France s'unit à ces cantons et à la cour de Sardaigne pour imposer leur médiation collective aux partis aristocratique et démocratique de Genève; mais il paraît fort douteux que ces transactions, et surtout la dernière, pussent être concilées avec le respect qui est dû aux droits et à l'indépendance même des plus petits États [1].

La constitution actuelle de la Confédération suisse fut arrangée en 1813 par la médiation des grandes puissances alliées, et ensuite reconnue par elles au congrès de Vienne comme la base du pacte fédéral de la Suisse. Par

[1] Flassan, *Histoire de la diplomatie française*, t. V, p. 78; t. VII, p. 27, 297.

le même acte, les cantons unis garantissent à chaque canton une constitution et un gouvernement local [1].

D'après les lois fondamentales de la Confédération germanique, la Diète peut garantir la constitution locale établie dans un État de la Confédération, sur la demande qui lui en aura été faite par cet État. La Diète acquiert par cette garantie le droit de soutenir la constitution sur la demande de l'une ou l'autre des parties intéressées, et de terminer les différends qu'on peut soulever sur son interprétation ou son exécution, soit par médiation, soit par arbitrage, à moins que les constitutions n'assignent d'autres moyens de terminer de semblables différends [2].

La constitution fédérale des États-Unis d'Amérique garantit à chaque État de l'Union une forme de gouvernement républicaine, et l'autorité fédérale est engagée à protéger tous les États contre l'invasion étrangère et contre la révolte intérieure, sur la demande de l'État dont la sécurité est menacée [3].

§ 14. Indépendance d'un État quant au choix de ses chefs.

L'indépendance politique de chaque État souverain s'étend, non-seulement à la forme de son gouvernement, mais aussi au choix de son chef suprême et des autorités subordonnées. Dans les gouvernements héréditaires, la succession étant réglée par les lois fondamentales de l'État, la décision de toutes les questions concernant cette succession appartient à la nation seule, indépendamment de l'intervention ou du contrôle des puissances étrangères. Dans les gouvernements électifs, le choix du chef de l'État et des autres autorités doit être librement fait de la manière prescrite par la constitution de l'État, sans l'intervention d'aucune autorité ou influence étrangère [4].

[1] *Acte final du Congrès de Vienne*, art. 74.

[2] *Wiener Schlussacte vom 15 Mai 1820*, Art. 62.

[3] *Constitution des Etats-Unis*, art. 3.

[4] VATTEL, *Droit des gens*, liv. I, chap. v, § 66 et 67.

§ 15. Exceptions résultant de conventions spéciales.

Les seules exceptions à ces règles générales sont celles qui résultent des traités d'alliance, de garantie et de médiation, auxquels l'État dont les affaires sont en question est partie contractante, ou des traités conclus par d'autres États par suite de l'exercice d'un droit supposé d'intervention fondée sur la nécessité de leur propre conservation, ou sur un danger éventuel menaçant la sécurité générale des puissances. Telles furent, entre autres, les guerres relatives à la sucession d'Espagne au commencement du dix-huitième siècle, et de la succession de l'Autriche et de la Bavière plus tard dans le même siècle. L'histoire de l'Europe moderne offre encore d'autres exemples de l'intervention des puissances étrangères dans le choix du souverain ou chef de l'État, où ce choix a dépendu de l'élection populaire et d'une Diète nationale ou conseil, tels que les cas du choix de l'empereur d'Allemagne, du roi de Pologne et du Pape. Cependant on ne peut pas tirer de ces faits un argument sur lequel on puisse fonder un droit d'intervention. Dans le seul cas du Pape, qui est en même temps le pontife suprême de l'Église catholique et un souverain temporel, l'empereur d'Autriche, et les rois de France et d'Espagne, d'après un ancien usage, ont chacun le droit d'exclure un candidat [1].

§ 16. Traité de quadruple alliance de 1834, entre l'Angleterre, la France, l'Espagne et le Portugal.

Le traité de quadruple alliance conclu en 1834 entre l'Angleterre, la France, l'Espagne et le Portugal, donne un exemple fort remarquable d'intervention dans les questions relatives à la succession à la couronne dans ces deux derniers royaumes.

Le droit d'intervention dans ce cas a été basé sur la nécessité de maintenir la paix dans ces royaumes, aussi bien que la paix générale de l'Europe, par l'expulsion des deux prétendants, don Carlos et don Miguel, de la péninsule. Ayant déjà expliqué dans un autre ouvrage les

[1] Klüber, *Droit des gens moderne de l'Europe*, part. II, tit. I, chap. II, § 48.

circonstances qui ont amené la conclusion du traité de la quadruple alliance, aussi bien que ces stipulations, il est seulement nécessaire de récapituler ici les principes les plus importants qu'on peut recueillir dans les discussions du parlement anglais de 1835 sur les mesures adoptées par le gouvernement anglais pour exécuter le traité.

1° La légalité de l'ordre du conseil qui permit aux sujets anglais de s'enrôler pour le service militaire de la reine d'Espagne, en les exemptant de l'effet général de l'acte du Parlement de 1819, qui prohibait de pareils enrôlements pour le service militaire d'une puissance étrangère, n'était pas contestée par sir Robert Peel et les autres membres de l'opposition. L'obligation de fournir des armes et d'assister la reine au moyen d'une force navale était également incontestable d'après les stipulations du traité. Cependant les principes du droit des gens en rendaient l'accomplissement extrêmement difficile. A moins d'une déclaration de guerre, l'obligation spéciale d'un secours naval ne pouvait être exécutée sans violer directement les lois généralement reconnues entre les nations. Quels que fussent les engagements particuliers du gouvernement anglais, ils ne pouvaient pas lui donner le droit d'empêcher une nation neutre de recevoir des armes pour son usage ou d'en faire le trafic. Sans une déclaration de guerre bien positive, on n'avait aucun droit d'arrêter sur mer les vaisseaux d'un pays neutre.

2° On objectait que la suspension de la loi générale contre des enrôlements pour le service d'une puissance étrangère était équivalente à une intervention armée dans les affaires intérieures d'un autre pays. Le principe général suivi jusqu'à présent par l'Angleterre, était celui de la non-intervention. Sir Robert Peel admettait cependant qu'il pouvait y avoir des exceptions dans des cas particuliers, soit à cause du voisinage immédiat, soit à cause des circonstances d'une nature particulière et d'un intérêt urgent.

Mais venir dire que pour la protection et le développement des intérêts anglais, il faut coopérer activement à l'établissement ou au maintien d'une forme quelconque de gouvernement dans un pays situé comme l'Espagne, ce serait détruire la règle générale de non-intervention et mettre l'indépendance de chaque État faible à la merci de ses voisins puissants. Il demandait ce qui, dans ce cas, empêcherait les puissances du Nord, sous le prétexte de leurs intérêts à défendre, d'intervenir de même à main armée? On dirait peut-être que l'expédition sanctionnée par le gouvernement anglais n'était pas une intervention directe dans les affaires intérieures de l'Espagne. Mais comment pourrait-on nier que la permission accordée à des sujets anglais d'entrer au service militaire d'une puissance étrangère et de s'organiser en Angleterre, était une intervention armée pour aider cette puissance contre une insurrection de ses propres sujets? Pendant la discussion du bill des enrôlements étrangers on objectait contre la clause qui autorisait le roi à suspendre l'exécution de la loi par ordre du conseil, que s'il n'y avait pas de pareille loi, les sujets seraient libres de s'enrôler au service militaire d'un pays étranger, sans donner lieu à des plaintes de la part du gouvernement anglais; tandis que si la couronne était autorisée à suspendre l'exécution de la loi à l'égard d'une nation belligérante quelconque le gouvernement pouvait être censé avoir envoyé lui même l'expédition en question.

Lord Palmerston, dans sa réplique, disait:

1° Que l'objet immédiat du traité de quadruple alliance, comme il est énoncé dans le préambule, était le rétablissement de la paix partout dans la Péninsule; et le moyen d'atteindre cet objet fut déclaré être l'expulsion des infants don Carlos et don Miguel du royaume de Portugal. Lors du retour de don Carlos en Espagne, on jugea nécessaire de rédiger des articles additionnels au traité pour répondre à ce nouvel incident. D'après un de ces articles le gouvernement anglais s'engageait à fournir à la reine d'Espagne tous les secours d'armes et de munitions de guerre qu'elle pourrait réclamer, et en outre à l'assister de forces navales si cela devenait nécessaire. Tous les publicistes étaient d'accord sur le principe, qu'un gouvernement qui s'engageait de cette manière à fournir des armes à un autre était censé prendre une part active à la lutte dans laquelle ce dernier se trouvait engagé; et la stipulation d'aider la reine d'Espagne avec des forces navales démontrait encore plus fortement ce même principe. Si donc on objectait que l'ordre du conseil identifiait le gouvernement anglais avec la cause du gouvernement actuel de l'Espagne, il répondait que cet effet avait déjà été produit par les articles additionnels du quadruple traité.

2° Quant à ce qu'on avait allégué du danger d'établir un précédent pour justifier l'intervention d'autres puissances, il ferait seulement observer que l'intervention de l'Angleterre était fondée sur un traité destiné à soutenir les droits d'une souveraine reconnue par les autorités compétentes du pays qu'elle gouvernait. Dans le cas d'une guerre civile provenant d'une succession contestée, ou d'une révolte d'une longue durée, nul publiciste ne niait le droit des autres puissances de s'allier à une des parties belligérantes suivant leur convenance. Sans doute l'exercice de ce droit doit dépendre des circonstances. Mais le droit était général pour tous les États qui voulaient l'exercer. Un État pouvait soutenir une des parties belligérantes, un autre État pouvait s'adjoindre à la partie opposée, et tous les deux devaient agir en pleine connaissance des suites possibles de leurs déterminations. Il soutenait donc que la mesure en question n'était établie sur aucun principe nouveau, et qu'elle n'entraînait aucun danger comme précédent. Chaque cas devait être déterminé d'après les considérations de prudence qui lui étaient applicables. Dans le cas actuel, il maintenait seulement que la mesure en question était parfaitement d'accord avec l'esprit des engagements que le gouvernement anglais avait contractés, qu'elle n'était fondée sur aucune innovation dans les principes, et qu'elle était justifiée par le droit des gens généralement reconnu [1].

[1] WHEATON, *Histoire du droit des gens*. t. II, p. 206 à 219.

CHAPITRE II.

DROITS DE LÉGISLATION CIVILE ET CRIMINELLE.

Chaque État indépendant possède le pouvoir exclusif de législation quant aux droits personnels de ses citoyens et quant aux biens mobiliers et immobiliers situés dans le territoire de l'État, et appartenant à ses citoyens ou à des étrangers. Mais il arrive souvent qu'un individu possède des biens dans un État autre que celui de son domicile, ou qu'il fait des actes, tels que des contrats ou des testaments, dans un autre territoire, ou que dans ces territoires des successions *ab intestat* auxquelles il peut être intéressé sont ouvertes; dans ces cas il peut se trouver à la fois soumis à deux ou trois pouvoirs souverains: à celui de sa patrie ou de son domicile, à celui du lieu où sont situés les biens en question, ou bien à celui du lieu où les actes ont été faits. La soumission au pouvoir souverain de sa patrie existe depuis la naissance de l'individu, et continue tant qu'il ne change pas de nationalité. Dans les deux autres cas il est considéré comme sujet des lois, mais d'une manière restreinte seulement; dans les pays étrangers où il possède des biens, on l'appelle *sujet forain*, dans ceux où il passe des actes, *sujet passager*. Comme en général chacun de ces différents territoires est régi par une législation distincte, il s'élève fréquemment des conflits entre ces différentes lois, c'est-à-dire que la question se présente souvent de déterminer laquelle des législations est applicable au sujet de la contestation. L'ensemble des règles d'après lesquelles se jugent les conflits entre les lois civiles

§ 1. Pouvoir exclusif de législation civile.

Droit international privé.

ou criminelles de divers pays est appelé droit international privé, pour le distinguer d'avec le droit international public, qui règle les rapports de nation à nation[1].

§ 2. Conflit des lois.

Le premier principe général en cette matière, résulte immédiatement du fait de l'indépendance des nations. Chaque nation possède et exerce seule et exclusivement la souveraineté et la juridiction dans toute l'étendue de son territoire. De ce principe il résulte que les lois de chaque État affectent, obligent et régissent, de plein droit, toutes les propriétés immobilières et mobilières qui se trouvent dans son territoire, comme aussi toutes les personnes qui habitent ce territoire, qu'elles y soient nées ou non; enfin, que ces lois affectent et régissent tous les contrats passés, tous les actes consentis dans les limites de ce même territoire.

En conséquence «chaque État a le pouvoir de régler les conditions sous lesquelles les propriétés immobilières, existant dans les limites de son territoire, peuvent être possédées ou transmises, comme aussi de déterminer l'état et la capacité des personnes qui s'y trouvent, ainsi que la validité des contrats et autres actes qui y ont pris naissance, et les droits et obligations qui en résultent; enfin, les conditions sous lesquelles les actions peuvent être intentées et suivies dans les limites de ce territoire.»

Le second principe général, c'est «qu'aucun État ne peut, par ses lois, affecter directement, lier ou régler les objets qui se trouvent hors de son territoire, ou affecter et obliger les personnes qui n'y résident pas, qu'elles lui soient soumises par le fait de leur naissance ou non. C'est là une conséquence du premier principe général: le système contraire, qui reconnaîtrait à chaque État le pouvoir de régler les personnes ou les choses qui se trouvent hors de son territoire, exclurait l'égalité des droits entre les divers

[1] Foelix, *Droit international*, §. 9.

États, et la souveraineté exclusive qui appartient à chacun d'eux [1]. »

Des deux principes que nous venons d'énoncer découle une conséquence importante, c'est que tous les effets que les lois étrangères peuvent produire dans le territoire d'un État dépendent absolument du consentement exprès ou tacite de cet État. Un État n'étant point obligé d'admettre dans son territoire l'application et les effets des lois étrangères, il peut indubitablement leur refuser tout effet dans ce territoire: il peut prononcer cette prohibition à l'égard de quelques-uns seulement, et permettre que d'autres produisent leurs effets en tout ou en partie. Si la législation de l'État est positive sous l'un ou l'autre de ces points de vue, les tribunaux doivent nécessairement s'y conformer. En cas de silence, et alors seulement, les tribunaux peuvent apprécier, dans les espèces particulières, jusqu'à quel point il y a lieu à suivre les lois étrangères et à en appliquer les dispositions. Le consentement exprès de l'État à l'application des lois étrangères dans son territoire résulte, soit des lois rendues par son pouvoir législatif, soit de traités conclus avec d'autres États. Le consentement tacite se manifeste par les décisions des autorités judiciaires et administratives, ainsi que par les travaux des auteurs.

Les législateurs, les autorités publiques et les auteurs, en admettant l'application des lois étrangères, se dirigent, non pas d'après un devoir de nécessité, d'après une obligation dont l'exécution peut être exigée, mais uniquement d'après des considérations d'utilité et de convenance réciproque entre les États: *ex comitate, ob reciprocam utilitatem.* La nécessité du bien public et général des nations a fait accorder, dans chaque État, aux lois étrangères des effets plus ou moins étendus. Chaque nation a trouvé son avan-

[1] FOELIX, *Droit international privé.*

tage dans ce mode de procéder. Les sujets de chaque État ont des rapports multipliés avec ceux des autres États; ils sont intéressés dans des affaires traitées et dans des biens situés à l'étranger. De là découle la nécessité ou du moins l'utilité pour chaque État, et dans le propre intérêt de ses sujets, d'accorder certains effets aux lois étrangères, et de reconnaître la validité des actes passés dans les pays étrangers, afin que ses sujets trouvent dans les mêmes pays une protection réciproque de leurs intérêts. C'est ainsi qu'il s'est formé entre les nations une convention tacite sur l'application des lois étrangères, fondée sur les besoins réciproques. Cette convention n'est pas la même partout: quelques États ont adopté le principe de la réciprocité complète, en traitant les étrangers de la même manière que leurs sujets sont traités dans la patrie de ces étrangers. D'autres États regardent certains droits comme inhérents absolument à la qualité de citoyen, de manière à en exclure les étrangers; ou bien ils attachent une telle importance à quelques-unes de leurs institutions, qu'ils refusent l'application de toute loi étrangère incompatible avec l'esprit de ces institutions. Mais ce qu'il y a de certain, c'est qu'aujourd'hui tous les États ont adopté en principe l'application dans leurs territoires des lois étrangères, sauf toutefois les restrictions exigées par le droit de souveraineté et l'intérêt de leurs propres sujets. C'est là la doctrine professée par tous les auteurs qui ont écrit sur la matière.

«Avant toutes choses,» dit le président Bohier, «il faut se souvenir qu'encore que la régle étroite soit pour la restriction des coutumes dans leurs limites, l'extension en a néanmoins été admise en faveur de l'utilité publique, et souvent même par une espèce de nécessité. Ainsi, quand les peuples voisins ont souffert cette extension, ce n'est point qu'ils se soient vus soumis à un statut étranger; c'èst seulement parce qu'ils y ont trouvé leur intérêt particulier, en ce qu'en pareil cas leurs coutumes ont le même avantage dans les pays voisins. On peut donc dire que cette extension est fondée sur une espèce de droit des gens et de bienséance, en vertu duquel les différents peuples sont tacitement demeurés d'accord de souffrir cette extension de coutume à coutume, toutes les fois que l'équité et l'utilité commune le demanderaient; à moins que celle où l'extension serait demandée ne contînt en ce cas une disposition prohibitive. »

Un des auteurs les plus célèbres sur le conflit des lois a posé les principes suivants comme applicables à cette matière.

1º Les lois de chaque État régissent toutes les personnes et les choses situées dans les limites de son territoire.

2º Toutes les personnes habitant dans les limites du territoire de l'État sont considérées comme sujets de cet État même, si leur résidence est seulement temporaire.

3º La convenance réciproque des nations leur a conseillé de consentir à ce que les lois qui sont mises à exécution dans les limites d'un État, auront le même effet partout, pourvu que cela ne porte point préjudice aux autres États et à leurs citoyens [1].

De ces maximes générales Klüber déduit le corollaire suivant comme suffisant pour déterminer toutes le questions du conflit des lois de divers États quant aux droits des personnes et de propriété:

Tous les actes passés et tous les contrats faits, qui sont dûment et régulièrement faits d'après les lois du pays où ils ont été faits, sont valables même dans un autre pays régi par des lois différentes, d'après lesquelles ces actes

[1] Rectores imperiorum id comiter agunt, ut jura cujusque populi intra terminos ejus exercita, teneant ubique suam vim, quatenus nihil potestati aut juri alterius imperantis ejusque civium præjudicitur. (HUBERUS. *Prælectiones*, t. II, lib. I, tit. 3, *de Conflictu legum*.)

et ces contrats ne seraient pas valables s'ils avaient été faits dans ce dernier pays. D'un autre côté, les actes et contrats faits d'une manière contraire aux lois du pays où ils ont été faits, comme ils ne sont pas valables dans leur origine, ne sauraient le devenir par la suite. Ceci s'applique non-seulement aux actes et aux contrats faits par des personnes qui ont un domicile fixe dans le lieu où ces actes et ces contrats ont été faits, mais aussi à celles dont la résidence n'est que temporaire, avec cette exception seulement, que si en donnant effet à ces actes ou contrats, préjudice était fait à tout État autre que celui où le contrat a été fait, cet État n'est pas tenu de donner effet à ces actes ou de les considérer comme valables dans les limites de sa juridiction [1].

§ 3. *Lex loci rei sitae.*

Par suite de cette exception, les dispositions des lois étrangères ne sont pas applicables aux immeubles situés dans le territoire de l'État. Ces immeubles ne dépendent pas de la volonté libre des particuliers; ils ont de certaines qualités indélébiles imprimées par les lois du pays, qualités qui ne peuvent être changées par les lois d'un autre État ou par les actes de ses citoyens, sans une grande confusion et lésion des intérêts de l'État où ces biens sont situés. Il s'ensuit que les immeubles sont exclusivement régis par les lois de l'État où ils sont situés quant à la succession ou aliénation de ces biens [2].

[1] Huberus, *Prælectiones*, t. II, lib. i, tit. 3, *de Conflictu legum.*

[2] Fundamentum universæ hujus doctrinæ diximus esse et tenemus, subjectionem hominum infra leges cujusque territorii, quamdiu illuc agunt, quæ facit ut actus ab initio validus aut nullus, alibi quoque valere aut non valere non nequeat. Sed hæc ratio non convenit rebus immobilibus, quando illæ spectantur, non ut dependentes a libera dispositione cujusque patrisfamilias, verum quatenùs certæ notæ lege cujusque reipublicæ ubi sitæ sunt, illis impressæ reperiuntur; hæ notæ manent indelibiles in ista republica, quidquid aliarum civitatum leges, aut privatorum dispositiones, secus aut contra statuant; nec enim sine magno præjudicio confusioneque reipublicæ ubi sitæ sunt res soli, leges de illis latæ, dispositionibus istis mutari possunt. (Huberus, lib. i, tit. 3, *de Conflictu legum*, § 15.)

Cette règle est appliquée par la jurisprudence internationale des États-Unis d'Amérique et de la Grande-Bretagne aux actes relatifs à l'aliénation des immeubles, non-seulement entre des États indépendants les uns des autres, mais aussi entre les diverses parties de la même confédération ou empire. D'après ce principe, un contrat de vente ou testament concernant des immeubles, fait dans un pays étranger, ou dans un autre État de l'Union, doit être soumis aux formalités requises par les lois de l'État où les immeubles sont situés [1].

Cependant cette application de la règle est limitée à la jurisprudence internationale suivie par l'Amérique et l'Angleterre. D'après le droit international privé reconnu par les diverses nations du continent de l'Europe, un acte de vente, donation, ou testament, fait avec les formalités requises par les lois du pays où l'acte est passé, est valide, non-seulement quant aux meubles, mais aussi quant aux immeubles, n'importe dans quel pays ces derniers sont situés, pourvu que, d'après les lois de ce pays, les biens immobiliers puissent être aliénés par acte *inter vivos* ou par testament; en en exceptant toutefois les cas où ces lois prescrivent des formalités qu'on ne peut observer que dans les lieux où les biens sont situés, tel que l'enregistrement d'un contrat de vente, donation, ou testament [2].

§ 4. Droit d'aubaine.

D'après le principe antisocial qui subsistait encore au moyen âge parmi les nations de l'Europe, et qui à moins d'un pacte spécial, regardait les étrangers comme ennemis, ceux-ci étaient exclus de tout droit de succession aux biens situés dans le territoire d'un autre État; ils ne pouvaient léguer leurs propres biens situés dans un autre pays, et même ces biens étaient confisqués au profit du souverain du lieu lorsqu'ils mouraient dans son territoire. De cette

[1] Wheaton's *Reports*, vol. III, p. 212. — Robinson et Cambell. — Cranch's *Reports*, vol. VII, p. 115.

[2] Foelix, *Droit international privé*, §. 52.

manière le droit d'aubaine *(jus albinagii)* fut établi à l'exclusion des droits des héritiers par testament ou par succession [1]. Ce droit fut encore confirmé par les progrès du système féodal, qui ne permettait pas aux étrangers d'acquérir des biens-fonds sans devenir les vassaux du souverain du pays où ces immeubles étaient situés. Ce droit barbare et inhospitalier a été graduellement aboli, ou par des améliorations dans la législation de chaque pays, ou par des traités de réciprocité entre divers États.

Avant la révolution française de 1789, le droit d'aubaine existant en France avait été aboli ou modifié par des conventions avec les puissances étrangères. Il fut entièrement abrogé par un décret de l'assemblée constituante en 1791, sans exceptions de nation et sans réciprocité. Cette concession gratuite fut rétractée, et l'ancien principe de réciprocité rétabli par le Code Napoléon en 1803; mais cette partie du Code civil fut elle-même abrogée par l'ordonnance du 14 juillet 1819, qui accordait aux étrangers le droit de posséder des biens mobiliers en France et d'hériter par succession et par testament comme des régnicoles [2].

L'usage analogue du *droit de détraction* ou *droit de retraite (jus detractus)*, par lequel un impôt était prélevé sur les fonds acquis par succession ou par testament, dans un État et transportés dans un autre, a été aboli dans la plupart des États civilisés par des conventions réciproques.

Les stipulations contenues dans les traités de 1778 et

[1] Du Cange *(Glossarium Medii Ævi, voce Albinagium et Albani)* fait dériver le terme du mot *advenæ.* D'autres étymologistes le font venir d'*alibi natus* Pendant le moyen-âge les Écossais, comme les autres étrangers, étaient appelés en France *Albani;* et comme le mot gothique *Albanach* est encore appliqué par les montagnards de l'Écosse à leur race, il se peut qu'il ait été transféré par les nations du continent à tous les étrangers.

[2] Rotteck et Welcker, *Staats-Lexicon,* Art. *Gastrecht,* Bd. VI, § 362. — Von Mayer, *Corpus juris confæderationis germanicæ,* t. II, p. 17. — Merlin, *Répertoire,* tit. *Aubaine.* — Vattel, liv. II, chap. VIII. §112—114 — Klüber, *Droit des gens,* part. I, tit. I, chap. II, § 32 et 33.

de 1801 entre les États-Unis d'Amérique et la France, pour l'abolition mutuelle du droit d'aubaine, ont expiré avec ces traités; et la stipulation dans le traité de 1794 entre les États-Unis et l'Angleterre, d'après laquelle les citoyens et sûjets des deux pays possédant des terres dans leurs territoires respectifs devaient continuer à les posséder suivant leurs titres primitifs, est limitée aux droits déjà acquis, et doit bientôt cesser par le laps du temps [1]. Un grand nombre de conventions entre les États-Unis d'Amérique et diverses puissances de l'Europe et de l'Amérique ont stipulé que les étrangers, héritant d'immeubles situés dans le territoire des États-Unis par succession ou par testament, auront la faculté de vendre ces biens dans un délai convenable, et d'en retirer les fonds provenant de la vente, sans payer aucun droit de détraction [2].

La loi du domicile du propriétaire des biens mobiliers est préférée à la loi du pays où ces biens sont situés quant à la règle de succession: *Mobilia ossibus inherent, personom sequuntur.* De cette manière la loi du pays où le propriétaire des biens mobiliers était domicilié lors de son décès, régit la succession à ses biens, n'importe où ils sont situés [3]. Il a été cependant mis en question jusqu'à quel point un sujet de la Grande-Bretagne, en changeant son domicile de naissance pour un autre domicile hors de l'empire britannique, pouvait changer la règle de succession à ses biens mobiliers; quoiqu'il fût admis qu'un changement de domicile dans les limites de l'empire même, comme par exemple de l'Angleterre en Écosse, aurait cet § 5. *Lex domicilii.*

[1] KENT'S *Commentaries on American Law,* vol. II, p. 67—69. 5th Edit.

[2] Traité de 1828 entre les États-Unis et la Prusse, art. 44. — ELLIOT'S *American diplomatic code,* vol. I, p. 338.

[3] HUBERUS, *Prælectiones,* t. II, lib. I, tit. 3, *de Conflictu legum,* § 14 et 15. — BYNKERSHOEK, *Quæstionum juris publici lib.* I. cap. XVI. Voyez aussi une consultation donnée par Grotius comme jurisconsulte en 1613, HENRY'S *Foreign Law,* Append. p. 196. — MERLIN, *Répertoire,* tit. *Loi,* § 6, n° 3.

effet [1]. Mais ce doute a été dissipé par une décision récente d'un tribunal anglais, portant que le domicile actuel d'un sujet britannique en pays étranger doit régir exclusivement les dispositions testamentaires de ses biens mobiliers, comme dans le cas du sujet d'un pays étranger [2].

La loi du pays où un acte quelconque relatif aux biens mobiliers est passé, par un individu domicilié dans ce lieu, régit, quant à la forme extérieure, l'interprétation et l'effet de l'acte: *Locus regit actum.* De cette manière un testament relatif à des biens mobiliers, s'il est fait dans les formes exigées par la loi du pays où il est passé, et où le testateur était domicilié lors de l'acte, est valide partout; et il doit être interprété et recevoir son effet suivant la loi de ce pays.

Ce principe posé par tous les écrivains, a été reconnu par les tribunaux anglais dans un cas où un natif de l'Écosse, domicilié aux Grandes-Indes, qui possédait des biens mobiliers en Écosse, avait fait son testament dans le lieu de son domicile. La validité d'un legs fait par le testateur ayant été contestée devant les tribunaux d'Écosse, la cause fut portée par appel devant la chambre des pairs, et le lord chancelier Brougham, en posant ses conclusions, déclara que l'interprétation du testament et les suites légales de cette interprétation devaient être réglées par la loi du pays où il était fait et où le testateur avait son domicile, c'est-à-dire par la loi d'Angleterre établie dans ce pays, quoiqu'il fût devenu un objet de contestation devant les tribunaux d'Écosse, puisque ces tribunaux étaient aussi tenus à prononcer suivant la loi du pays où le testament avait été fait [3].

[1] J. Nicholl in Curling v. Thornton, *Addams Eccles. Rep.*, vol. II, p. 17.

[2] Haggard, *Eccles. Reports*, vol. III, p. 393—465; vol. IV, p. 346—354.

[3] Wilson and Shaw's *Reports*, vol. III, p. 407—414.

§ 6. États des personnes.

Le pouvoir souverain de législation civile règle aussi les droits personnels des citoyens ou sujets de l'État, et tout ce qui a rapport à leur état civil.

Il s'étend, avec certaines exceptions, à la police suprême sur toutes les personnes habitant le territoire de l'État, citoyens ou étrangers, et à tous les délits criminels commis par eux dans les limites du territoire [1].

Quelques-unes de ces exceptions ont pris leur origine dans le droit des gens positif, d'autres sont l'effet de conventions spéciales.

Il y a aussi certains cas où les lois de l'État, civiles et criminelles, opèrent au delà de la juridiction territoriale. Tels sont:

Les lois concernant l'état et la capacité des personnes, peuvent avoir une action extraterritoriale.

I. Les lois concernant l'état et la capacité des personnes.

En général, les lois de l'État concernant la condition civile et la capacité personnelle des citoyens leur sont applicables, même quand ils résident en pays étranger.

Telles sont les qualités personnelles universelles qui commencent, dès la naissance, même telle que la qualité de citoyen, la légitimité et la non-légitimité; à une époque déterminée après la naissance, telle que la minorité et la majorité; ou à une époque indéterminée après la naissance, telle que l'imbécillité ou la démence, la banqueroute, le mariage et le divorce constaté par la sentence d'un tribunal compétent. Les lois de l'État concernant toutes les qualités personnelles universelles de ces citoyens les suivent partout et s'attachent à eux, n'importe dans quel pays ils résident [2].

[1] Leges cujusque imperii vim habent intra terminos ejusdem reipublicæ, omnesque ei subjectos obligant, nec ultra. Pro subjectis imperio habendi sunt omnes, qui intra terminos ejusdem reperiuntur, sive in perpetuum, sive ad tempus ibi commorentur. (HUBERUS, *de Conflictu legum*, § 2.)

[2] Qualitates personales certo loco alicui jure impressas, ubique circumferri et personam comitari, cum hoc effectu, ut ubivis locorum

Exceptions à cette règle.

Cependant cette règle générale est soumise aux exceptions suivantes:

Naturalisation.

1° Au droit de chaque État indépendant de naturaliser les étrangers et de leur conférer les privilèges de leur domicile acquis.

En supposant même que le sujet natif d'un pays ne puisse pas renoncer à son caractère national primitif, de manière à cesser d'être responsable pour ses actes criminels contre les lois de son pays natal, il a été reconnu par les autorités judiciaires aux États-Unis d'Amérique et en Angleterre, qu'une telle personne peut jouir de tous les droits civils et priviléges de commerce dans le pays étranger où il est domicilié et naturalisé. Tel fut l'arrêt de la cour du Banc du roi concernant l'interprétation du traité de 1794 entre l'Angleterre et les États-Unis qui a ouvert le commerce des pays au-delà du cap de Bonne-Espérance, dans les limites de la charte de la compagnie des Indes, aux citoyens américains, commerce qui était en même temps prohibé aux sujets britanniques. La cour jugea qu'un sujet natif de l'Angleterre pourrait devenir citoyen des États-Unis, et jouir de tous les avantages commerciaux concédés par le traité au pays étranger où il avait été naturalisé, et que la circonstance de son retour dans son pays natal pour un objet purement temporaire, ne devait pas le priver de ces avantages [1].

Droit souverain de chaque État indépendant sur les propriétés situées dans les limites de son territoire.

2° Le droit souverain qu'a chaque État indépendant de régler les propriétés situées dans les limites de son territoire, forme une autre exception à la règle générale, que les lois concernant l'état des personnes sont applicables aux citoyens même résidant en pays étranger.

eo jure quo tales personæ alibi gaudent vel subjecti sunt, fruuntur et subjiciuntur. (Huberus, *de Conflictu legum*, §. 12 et 13.) — Pardessus, *Droit commercial*, part. VI, tit. vii, chap. ii, § 1. — Foelix, *Droit international privé*, § 31.

[1] *Term Reports*, vol. VIII, p. 31. — Bosanquet et Puller's *Reports*, vol. I, p. 43.

De cette manière la capacité personnelle de contracter un mariage, tel que l'âge et le consentement des parents, etc., est réglée par les lois de l'État auquel la personne est soumise; mais les effets d'un contrat de mariage sur des biens immobiliers situés dans un autre pays doivent être déterminés par les lois de ce pays. Klüber soutient une doctrine contraire, qu'il fait reposer sur le principe que la loi étrangère dans ce cas n'affecte pas le territoire immédiatement, mais seulement d'une manière accidentelle, et cela par le consentement tacite du souverain pour l'avantage de ses sujets et sans préjudicier à leurs droits ou aux siens. Cependant l'usage des nations est certainement différent, et par conséquent, on ne peut supposer un consentement tacite de renoncer à la loi du pays qui a imprimé certaines qualités indélébiles sur les immeubles situés dans le territoire de l'État [1].

Quant aux biens mobiliers, la *lex loci contractus*, ou la *lex domicilii*, peut être préférée, dans certains cas, à la loi du pays où les biens sont situés. Klüber prétend que non-seulement le contrat de mariage, dûment célébré dans un lieu quelconque, est valide en tout autre lieu, mais que les droits et les effets du contrat, comme dépendant de la *lex loci*, sont également valables partout [2]. Si cette règle est entendue comme étant limitée aux biens mobiliers, elle se trouve confirmée par l'autorité unanime des publicistes, qui tous confirment la doctrine, que les incidents et les effets du mariage sur les biens des parties contractantes, n'importe où ces biens sont situés, doivent être régis d'après la loi du domicile matrimonial, dans

[1] Kent, *Commentaries on American law*, vol. II, p. 182, note.

[2] Porro, non tantum ipsi contractus ipsæque nuptiæ certis locis rite celebratæ, ubique pro justis et validis habentur; sed etiam jura et effecta contractuum nuptiarumque, in iis locis recepta, ubique vim suam obtinebunt. (Huberus, *de Conflictu legum*, § 9.)

l'absence de stipulations contraires insérées dans le contrat de mariage [1].

De la Faillite.

D'après le droit international privé de l'Europe et de l'Amérique, le certificat de décharge ou concordat, obtenu par un débiteur qui a fait faillite dans le pays où ses dettes ont été contractées, est obligatoire pour les créanciers dans tout autre pays. Mais les opinions des légistes et la pratique des nations sont très-diverses sur la question de savoir jusqu'à quel point le titre des syndics d'un banqueroutier dans un pays peut opérer sur ses biens mobiliers situés dans un autre pays, de manière à empêcher la distribution de ces biens conformément aux lois du pays où ils sont situés. Suivant la règle reconnue par la plupart des États de l'Europe, la procédure commence dans le pays où celui qui a fait faillite est domicilié, est regardée comme entraînant le droit exclusif de distribuer ses biens, qui par une fiction légale sont considérés comme étant tous situés dans le pays de son domicile. Mais, d'après la jurisprudence des États-Unis d'Amérique, la *lex loci rei sitæ* est préférée à la *lex domicilii* par rapport aux créanciers, et on n'accorde pas aux lois d'un pays étranger un effet extraterritorial au préjudice de l'autorité, des droits et des intérêts du pays. C'est conformément à ce principe que la cour suprême des États-Unis a jugé que des créanciers américains qui avaient saisi les biens de leur débiteur étranger situés dans le pays, devaient être préférés aux syndics réclamant en faveur de la masse des créanciers, en vertu des lois du pays étranger où le débiteur était domicilié [2].

La *lex loci contractus* fait souvent exception à la règle énoncée.

3° La règle générale quant à l'application des statuts personnels est soumise, dans quelques cas, à l'opération de la *lex loci contractus.*

[1] Foelix, *Droit international privé,* § 66.

[2] Bell's *Commentaries on the law of Scotland,* vol. II, p. 681 et 687. — Kent's *Commentaries on American law,* vol. II, p. 393—404, 408, 419. — Wheaton's *Reports*, vol. XII, p. 153—163.

Le concordat d'un banqueroutier obtenu en vertu des lois de son propre pays ne peut pas avoir l'effet de le libérer des dettes qu'il a contractées avec des étrangers en pays étranger. La capacité personnelle de contracter un mariage, telle que le consentement des parents quant à l'âge, etc., est généralement réglée par la loi de l'État dont les parties sont citoyens, mais les formalités du mariage sont toujours réglées par la loi du lieu où il est célébré. Si le mariage est valide dans ce lieu, il est considéré comme valide partout, sauf les cas où le contrat est fait pour éviter frauduleusement les lois du pays dont les parties sont sujets domiciliés.

II. Les lois civiles d'un État peuvent opérer hors de la juridiction territoriale de cet État, dans les cas où des contrats faits dans les limites de l'État deviennent l'objet de contestations devant les tribunaux d'un pays étranger. § 7. *Lex loci contractus.*

Un contrat valide d'après les lois du lieu où il est fait est en général valide partout. L'utilité et la convenance générale des nations ont établi la règle que la *lex loci contractus* détermine tout ce qui regarde la forme, l'interprétation, l'obligation et l'effet du contrat.

De cette règle générale sont exceptés les cas où l'autorité, les droits et les intérêts d'autres États, ou de leurs citoyens, sont préjudiciés [1]. Exceptions aux effets de cette loi.

1° Elle ne peut être appliquée à des cas qui sont proprement régis par la *lex loci rei sitæ*, tel, par exemple, que l'effet d'un contrat de mariage sur les immeubles situés dans un autre pays, ou par les lois d'un autre État relatives à l'état des personnes et des capacités de ses citoyens.

[1] Rectores imperiorum id comiter agunt, ut jura cujusque populi intra terminos ejus exercita teneant ubique suam vim, quatenus nihil potestati aut juri alterius imperantis ejusque civium præjudicitur. (HUBERUS, *de Conflictu legum*, § 2.) — Effecta contractuum, certo loco initorum, pro jure loci illius alibi quoque observantur, si nullum inde civibus alienis creetur præjudicium, in jure sibi quæsito. (*Ibid.* §. 11.)

2° Elle ne saurait être appliquée dans des cas où elle pourrait se trouver en conflit avec les lois d'un autre État relatives à la police, la santé publique, les revenus de cet État et en général son autorité souveraine et les droits et intérêts de ses citoyens.

De cette manière, si des marchandises sont vendues dans un lieu où elles ne sont pas prohibées, pour être livrées dans un autre pays où elles sont prohibées, le prix ne peut pas être exigé dans ce dernier pays dont les tribunaux ne doivent pas accorder leur sanction à un contrat fait en violation de ses lois. Mais les tribunaux d'un pays ne reconnaissent pas et ne donnent pas leur effet aux règlements commerciaux et fiscaux d'un autre pays, par conséquent l'assurance des marchandises prohibées dans un pays peut devenir la matière d'une action devant les tribunaux d'un autre pays où elles ne sont pas prohibées [1].

Des mariages contractés en pays étrangers.

Huber enseigne la doctrine que le contrat de mariage doit être réglé d'après les lois du pays où le mariage est célébré, excepté dans le cas où le mariage est contracté dans le but d'éluder frauduleusement les lois de l'État auquel les parties contractantes appartiennent [2]. Tels sont les

[1] PARDESSUS, *Droit commercial*, ptc. VI, tit. VII, chap. II, § 3. — EMÉRIGON, *Traité d'assurance*, t. I, p. 212—216. — PARKE *on Insurance*, p. 341, 6e édit. L'équité morale de cette règle a été contestée par Bynkershoek et Pothier.

[2] Si licitum est eo loco ubi contractum et celebratum est, ubique validum erit, effectumque habebit, sub eadem exceptione præjudicii aliis non creandi. (HUBERUS, *de Conflictum legum*, § 8.) — Il cite comme un exemple de cette exception le cas de mineurs allant d'un État à un autre pour contracter mariage sans le consentement des curateurs exigé par la loi de leur propre pays. «Sæpe fit, ut adolescentes sub curatoribus agentes, furtivos amores nuptiis conglutinare cupientes abeant in Frisiam Orientalem, aliave loca, in quibus curatorum consensus ad matrimonium non requiretur, juxta leges Romanas, quæ apud nos hac parte cessant. Celebrant ibi matrimonium, et mox reduunt in patriam. Ego ita existimo, hanc rem manifeste pertinere ad eversionem juris nostri; et ideo non esse magistratus, huic obligatos, e jure gentium, ejusmodi nuptias agnoscere et ratas habere. Multoque magis statuendum est, eos contra jus gentium facere videri, qui civibus alieni imperii sua facilitate, jus patris legibus contrarium, scientes, volentes, impertiuntur.» (*Ibid.* § 123.)

mariages contractés en pays étranger, d'après les lois de ce pays, par des personnes mineures ou autrement incapables de contracter un mariage conformément aux lois de leur propre pays. Cependant la jurisprudence anglaise a établi comme règle, pour les diverses parties de l'empire britannique, que les mariages clandestins célébrés en Écosse par des personnes domiciliées en Angleterre, dont les lois exigent le consentement des parents ou des curateurs, tandis que les lois de l'Écosse ne l'exigent pas, sont valables dans le pays où les parties contractantes ont leur domicile fixe. Cette jurisprudence a été adoptée pour éviter la confusion qui pourrait s'ensuivre par rapport aux successions, aux questions de légitimité et à toutes autres questions de personnes et de propriété, si la validité du contrat de mariage n'était pas déterminée par la loi du pays où il est célébré. Le même principe a été reconnu entre les divers États de l'Union américaine, et motivé par les mêmes raisons de convenance et de politique [1].

Jurisprudence anglaise en cette matière.

Suivant la jurisprudence française, au contraire, l'âge de consentement au mariage exigé par le Code civil est regardé comme une qualité personnelle des Français, qui les suit partout où ils vont; et par conséquent un mariage contracté en pays étranger par un Français qui n'a pas encore atteint l'âge requis par les lois françaises, ne sera pas regardé comme valable par les tribunaux français, quoique la partie contractante ait atteint l'âge requis par les lois du pays où le mariage a été célébré [2].

Jurisprudence française.

3° Dans tous les cas où, d'après la nature du contrat lui-même, ou d'après la loi du pays où il a été fait, ou d'après l'intention expresse des parties, le contrat doit être exécuté dans un autre pays, tout ce qui regarde son

[1] HAGGARD'S *Consistory Reports*, vol. II, p. 428-433. — KENT'S *Commentaires*, vol. II, p. 93.

[2] MERLIN, *Répertoire*, tit. *Loi*, § 6. — TOULLIER, *Droit français*, t. I, n° 118, 576.

exécution doit être déterminé par la loi de ce pays. Les écrivains qui affirment que cette exception s'étend à tout ce qui regarde la nature, la validité et l'interprétation du contrat, semblent avoir été induits en erreur en supposant que les autorités sont en désaccord sur cette question. Un examen critique de ces autorités fera ressortir la distinction qui existe entre ce qui regarde la validité et l'interprétation, et ce qui regarde l'exécution du contrat. Par l'usage approuvé des nations, ces premiers incidents doivent être déterminés par la *lex loci contractus*, tandis que l'exécution du contrat dépend de la loi du pays où il doit être exécuté [1].

§ 8. *Lex fori.*

4° Comme chaque État souverain possède le droit exclusif de régler la procédure dans ses tribunaux, la *lex loci contractus* d'un autre pays ne peut pas s'appliquer aux contestations qui doivent être déterminées par la *lex fori* de l'État où les tribunaux sont appelés à prononcer sur le contrat.

Si un contrat fait dans un pays devient l'objet d'un procès devant les tribunaux d'un autre pays tout ce qui regarde les formalités de procédure, les preuves judiciaires et les règles de prescription, doit être déterminé par les lois de l'État où le procès est intenté, et non pas par celles du pays où le contrat a été fait [2].

§ 9. Souverain étranger, son ambassadeur, son armée ou sa flotte entrant dans les limites territoriales d'un autre État.

III. Les lois civiles et criminelles d'un État peuvent aussi opérer hors de la juridiction territoriale dans les cas suivants.

1° D'après l'usage général et la convenance des nations, la personne d'un souverain étranger allant dans le territoire d'un autre État est exempte de la juridiction locale. Représentant le pouvoir, la dignité et tous les attributs souverains de sa nation, et allant dans le territoire d'un autre État en vertu de la permission tacite accordée en

[1] Foelix, *Droit international privé*, § 74.
[2] *Ibid*, § 76. — Kent, *Commentaries*, vol. II, p. 459.

temps de paix par le fait même de l'absence d'une prohibition positive, il n'est pas soumis à la juridiction civile ou criminelle du pays où il réside temporairement [1].

2º La personne d'un ambassadeur, ou autre ministre public, résidant dans le territoire de l'État auprès duquel il est accrédité, est exempte de la juridiction du pays. Sa résidence est regardée comme une résidence permanente dans son propre pays, et il garde son caractère national, sans se confondre avec les sujets du pays où il réside [2].

3º Une armée ou une flotte appartenant à une puissance étrangère, et traversant ou stationnant dans les limites du territoire d'un autre État, en amitié avec cette puissance, sont également exemptes de la juridiction civile et criminelle du pays [3].

Il s'ensuit que les personnes et les choses qui, dans ces trois cas, se trouvent dans les limites du territoire d'un État étranger, restent soumises à la juridiction de l'État auquel elles appartiennent, comme si elles étaient encore sur son territoire.

S'il n'y a pas de prohibition expresse, les ports d'un État sont regardés comme étant ouverts aux navires de guerre d'une autre nation avec laquelle cet État est en paix et amitié. Ces navires entrés dans les ports étrangers, soit en vertu de l'absence d'une prohibition, soit en vertu d'une autorisation expresse, stipulée par traité, sont exempts de la juridiction des tribunaux et des autorités du lieu.

Les bâtiments marchands d'un État quelconque, entrés dans les ports d'un autre État, ne sont pas exempts de

[1] Bynkershoek, *de Foro legatorum*, cap. III, § 13; cap. IX, § 10.

[2] Vide infra, part. III, chap. I.

[3] Exceptis tamen ducibus et generalibus alicujus exercites, vel classis maritimi, vel ductoribus alicujus navis militaris, nam isti in suos milites, gentem et naves, libere juridictionem sive votuntariam, sive contentiosam, sive civilem, sive criminalem, quod occupant tanquam in suo proprio, exercere possunt, etc. (Casaregis, *Disc.* p. 136, 174.)

la juridiction locale, à moins d'une convention expresse; et ils le sont seulement pour ce qui a été prévu par une telle convention.

Décision de la cour suprême des États-Unis dans le cas d'un navire américain saisi, en 1810 à Saint-Sébastien par ordre de Napoléon.

Ces principes du droit des gens maritime ont été constatés par la cour suprême des États-Unis d'Amérique dans l'affaire d'un bâtiment qui avait appartenu originairement à un citoyen américain, mais qui avait été saisi, confisqué, et converti en bâtiment de guerre à Saint-Sébastien en Espagne, par ordre de l'empereur Napoléon, en 1810. Le bâtiment ayant été armé et envoyé en course sous le pavillon français, fut réclamé par le propriétaire américain dans le port de Philadelphie où il avait fait relâche.

En prononçant ses conclusions dans ce cas, le président de la cour, Marchall, posa le principe: que la juridiction des tribunaux de justice était une branche de celle possédée par la nation comme puissance souveraine et indépendante. La juridiction de la nation dans les limites de son territoire est nécessairement exclusive et absolue. Cette juridiction ne peut être limitée que par le consentement de la nation elle-même.

Ce consentement peut être ou exprès ou tacite. Dans le dernier cas, il est moins déterminé et plus exposé aux incertitudes de l'interprétation; mais s'il est bien constaté, il n'en est pas moins obligatoire.

Le monde étant composé de souverainetés distinctes, possédant des droits égaux et une indépendance égale, dont l'avantage mutuel est avancé par des communications entre elles et par un échange de ces bons offices que l'humanité exige, tous les souverains ont consenti à un relâchement, dans certaines circonstances, de cette juridiction absolue et complète dans leur territoire, qui leur est attribuée par la souveraineté même.

Ce consentement peut résulter de l'usage général, et de l'opinion générale des nations fondée sur cet usage. Une nation qui exercerait subitement et sans notification préalable sa juridiction territoriale d'une manière qui ne serait pas conforme aux usages et aux obligations du monde civilisé, peut être justement accusée de violer la loi publique.

Cette égalité parfaite, cette indépendance absolue des souverains, et cet intérêt commun qui les engage à des relations et à de bons offices mutuels, a donné lieu à des cas exceptionnels, où le souverain est supposé renoncer à une portion de cette juridiction exclusive qui appartient à toutes les nations. Parmi ces exceptions nous remarquerons les suivantes :

1° La personne du souverain est exempte d'arrestation ou de détention dans un pays étranger.

Exemption de la personne du souverain étranger de la juridiction du pays.

S'il entre dans le territoire d'un autre État avec la connaissance et la permission du souverain de cet État, cette permission, quoiqu'elle ne contienne pas de stipulation expresse que sa personne sera exempte d'arrestation, est généralement entendue comme renfermant un engagement tacite à cet effet.

Pourquoi tout le monde civilisé est-il d'accord sur cette interprétation? La réponse à cette question est qu'un souverain étranger ne doit pas être supposé avoir l'intention de se soumettre à une juridiction incompatible avec sa propre dignité et la dignité de la nation qu'il représente, et c'est pour éviter cette soumission que la permission a été obtenue. Le caractère de la personne à laquelle cette permission est accordée et son objet demandent également qu'elle soit interprétée de manière à donner pleine sécurité à cette personne. Il n'est pas cependant nécessaire d'exprimer cette sécurité ; il suffit qu'elle soit sous-entendue d'après les circonstances du cas.

Si un souverain entre dans le territoire d'un autre sans son consentement exprès ou tacite, une question se présentera qui ne paraît pas avoir été parfaitement résolue par les publicistes. Si le souverain étranger, dans le cas supposé, ne tombe pas sous la juridiction du souverain sur le territoire duquel il entre sans permission, cela doit être parce que tous les souverains s'engagent tacitement à ne pas abuser sur la personne d'un égal du pouvoir qu'une confiance romanesque aurait pu leur donner.

Exemtion des ministres publics de la juridiction du pays.

2° L'exemption accordée par tous les peuples civilisés aux ministres étrangers de la juridiction du pays où ils résident, dépend du même principe.

Cette exemption a été fondée sur la supposition que le ministre public doit jouir des mêmes immunités qui sont accordées dans le pays étranger au souverain qu'il représente, ou bien sur la fiction d'exterritorialité qui le suppose résidant toujours dans son propre pays. Dans l'une ou l'autre supposition, l'exemption est accordée par le gouvernement de l'État auprès duquel le ministre est accrédité. Cette fiction d'exterritorialité ne peut pas être érigée et maintenue contre la volonté du souverain du territoire. Il est supposé avoir donné son assentiment à l'exemption fondée sur l'une ou sur l'autre supposition.

Cet assentiment n'est pas en général constaté par une déclaration expresse. Il est vrai que dans quelques pays, et entre autres les États-Unis d'Amérique, des lois ont été faites pour exempter les ministres étrangers de la juridiction des tribunaux du pays. Mais ces lois sont évidemment destinées à punir la violation des priviléges qui existent déjà par le droit des gens. L'assentiment du souverain à l'exemption des ministres étrangers de la juridiction territoriale est tacite; il est dérivé de la considération que sans cette exemption le souverain étranger pourrait compromettre sa dignité en accréditant un ministre pour le représenter à l'étranger. Autrement le ministre deviendrait le sujet de l'État auprès duquel il serait accrédité, et il ne pourrait pas remplir librement les fonctions de sa mission. Un souverain qui confie les intérêts de sa nation par rapport à une autre puissance, à une personne qu'il a choisie pour cet objet, ne doit pas être censé avoir l'intention de soumettre son envoyé à la juridiction de cette puissance; et par conséquent le consentement de le recevoir implique la concession des priviléges dont son souverain veut qu'il jouisse comme essentiels à l'accomplissement de sa mission.

S'il y a des cas où le ministre public peut être puni par les autorités du pays où il réside pour des délits contre la sûreté publique, c'est parce qu'en violant les conditions sous lesquelles il a été reçu, il est censé renoncer aux priviléges accordés sous ces conditions, par le consentement du souverain.

3° On peut citer un troisième cas où le souverain du pays est censé céder une partie de sa juridiction territoriale, c'est-à-dire où il permet aux troupes d'un prince étranger de traverser son territoire.

Exemption des troupes étrangères traversant le territoire.

Dans ce cas, et, sans une déclaration expresse renonçant à l'exercice de cette juridiction sur l'armée étrangère à laquelle on a concédé un passage, le souverain du pays en l'exerçant pourrait être accusé de mauvaise foi. L'objet pour lequel le passage libre est accordé pourrait être entièrement faussé, si la direction et la police de cette armée étaient retirées de ses propres officiers pour être exercées par les autorités locales. La concession d'un passage libre implique donc la renonciation de toute juridiction sur les troupes étrangères, pendant le passage, et permet au général étranger d'exercer exclusivement sur son armée la discipline militaire et de punir les offenses commises par ses soldats.

Sans aucun doute une force militaire étrangère, en entrant sur le territoire d'un prince étranger, contre sa volonté, ne peut jamais acquérir d'immunités et de droits autres que ceux que la guerre donne à un ennemi. Mais si son consentement, au lieu d'être exprimé par une permission spéciale, est énoncé par une déclaration générale que des troupes étrangères peuvent passer par une certaine étendue de son territoire, on ne peut apercevoir aucune distinction entre une telle permission générale et une permission spéciale. Il paraît raisonnable d'admettre que toutes les immunités qui sont accordées par une permission spéciale sont également attachées à une permission générale.

Le passage d'une armée étrangère sur le territoire d'un autre souverain, entraîne toujours des inconvénients, et peut même devenir dangereux à l'État neutre. Un tel passage peut détruire toutes les distinctions entre la guerre et la paix, et réduire une nation à la nécessité de résister par la guerre contre un acte qui n'est pas tout à fait un acte d'hostilité, ou bien de s'exposer aux stratagèmes d'une puissance qui peut entrer dans le pays sous de faux prétextes. C'est pour ces raisons que la permission accordée aux étrangers en général d'entrer n'est jamais comprise comme s'étendant à des forces militaires; et une armée étrangère entrant dans le territoire d'un autre souverain, sans la permission spéciale, peut être regardée comme coupable d'un acte d'hostilité, et quand même on ne lui oppose pas la force, elle n'acquiert aucun privilége ou immunité par sa conduite violente et irrégulière.

Exemption des bâtiments de guerre étrangers entrant dans les ports d'une autre nation.

La règle applicable aux armées n'est pas également applicable aux bâtiments de guerre entrant dans les ports d'une autre nation. L'admission des bâtiments de guerre d'une nation étrangère dans les ports d'une autre nation n'entraîne pas les mêmes dangers et les mêmes inconvénients que le passage d'une armée étrangère à travers le territoire d'une autre nation. Si, pour des raisons d'État, les ports d'une nation quelconque sont fermés contre les bâtiments de guerre de toutes les nations étrangères, ou contre ceux de quelque nation, une pareille résolution est ordinairement annoncée d'avance. S'il n'y a pas de prohibition, les ports d'une nation sont regardés comme étant ouverts aux bâtiments de guerre d'une autre nation avec laquelle la première est en paix et amitié. Ces bâtiments sont supposés entrer dans ces ports et y rester pendant qu'il leur est permis de faire relâche sous la protection du gouvernement du lieu.

Les traités entre les nations civilisées contiennent souvent une pareille stipulation en faveur des bâtiments de guerre qui sont forcés de chercher un asile dans les ports d'une nation amie, par suite d'une tempête ou autre nécessité urgente. Dans ce cas, le souverain est obligé, par suite de ces conventions, de permettre l'entrée de ses ports aux navires des puissances avec lesquelles la convention est faite, permission qu'il ne peut pas rétracter.

S'il n'y a pas de convention expresse applicable au cas, et si le souverain juge à propos de laisser l'entrée de ses ports libre aux bâtiments de guerre des puissances étrangères, il paraît évident qu'ils y entrent par son consentement, et alors il n'y a aucune différence entre ce consentement tacite et un consentement formel.

Toutes les raisons sur lesquelles est établi le principe de l'exemption de la personne du souverain et de son ministre s'appliquent également en faveur des bâtiments de guerre dans l'espèce actuelle.

«Pour toutes ces raisons, il est impossible de concevoir que l'intention du prince qui envoie un ambassadeur, ou tout autre ministre, soit de le soumettre à l'autorité d'une puissance étrangère. C'est ici une nouvelle raison, qui achève d'établir l'indépendance du ministre public. Si on ne peut raisonnablement présumer que son maître veuille le soumettre à l'autorité du souverain à qui il l'envoie, ce souverain, en recevant le ministre, consent de l'admettre sur ce pied d'indépendance: et voilà, entre les deux princes, une convention tacite qui donne une nouvelle force à l'obligation naturelle [1].»

[1] VATTEL, *Droit des gens*, liv. IV, chap. VII, § 92.

Il est également impossible de concevoir qu'un prince qui stipule pour le passage de ses troupes, ou pour un asile pour ses bâtiments de guerre, dans les limites du territoire d'un autre souverain, ait l'intention de soumettre son armée ou sa marine à la juridiction d'un État étranger. Et si on ne peut pas concevoir cela, le souverain du port doit être considéré comme ayant fait la concession du privilége dans toute l'étendue de la demande.

Distinction entre les bâtiments publics et privés.

Suivant l'arrêt de la cour suprême, dans les cas où, sans aucune convention spéciale, les ports d'une nation sont ouverts aux bâtiments de guerre et de commerce d'une puissance amie, dont les sujets ont en même temps la libre entrée dans le pays, pour leurs affaires ou leur plaisir, sans une permission spéciale, il y a une distinction à établir quant aux droits accordés aux individus ou aux bâtiments marchands, et ceux accordés aux bâtiments de guerre formant une portion des forces militaires de la nation. Quand les individus d'une nation se répandent parmi les habitants d'un autre pays pour leurs affaires ou selon leur caprice, et quand les bâtiments marchands d'nne nation entrent dans les ports d'une autre pour faire le commerce, ils ne pourraient pas être exempts de la juridiction du pays sans danger pour le bon ordre de la société et pour la dignité du gouvernement. Le souverain étranger n'a pas même d'intérêt à une pareille exemption en faveur de ses sujets et de leur propriété. Ses sujets allant en pays étrangers ne sont pas employés par lui, ils ne sont pas engagés dans des affaires publiques. Par conséquent il y a des raisons puissantes pour ne pas exempter de telles personnes de la juridiction du pays où elles se trouvent, et point de motifs pour demander une telle exemption. La permission tacite accordant leur libre entrée ne peut donc être interprétée comme concédant une telle exemption.

Mais le cas d'un bâtiment de guerre appartenant à

l'État est tout à fait différent. Un tel bâtiment constitue une partie des forces militaires de la nation à laquelle il appartient; il agit sous les ordres immédiats et directs du souverain; il est employé par lui pour des objets nationaux. Ce souverain a donc de puissants motifs pour empêcher que ces objets ne soient pas entravés par l'intervention d'un État étranger. Une pareille intervention ne pourrait avoir lieu sans affecter sérieusement sa puissance et sa dignité. La permission tacite accordant l'entrée d'un port étranger aux bâtiments de guerre d'une autre nation, doit donc être interprétée comme contenant une exemption de la juridiction de l'État dont il réclame les droits de l'hospitalité.

Suivant ces principes et d'après le consentement unanime des nations, un étranger résidant ou séjournant dans un pays est soumis aux lois de ce pays; mais on ne trouve pas d'exemple de l'exercice de cette juridiction sur les bâtiments de guerre d'un souverain étranger entrant dans les ports qui leur ont été ouverts.

Bynkershoek a en effet soutenu la doctrine que les biens d'un souverain ne pourraient pas être distingués, sous ce rapport, de ceux d'un simple particulier, et il cite plusieurs cas où les tribunaux de son pays avaient exercé leur juridiction dans des circonstances où un souverain était partie défenderesse.

Sans prononcer sur cette question, on peut affirmer qu'il y a une distinction manifeste entre les biens privés d'une personne princière, et cette force militaire qui soutient la puissance souveraine et maintient la dignité et l'indépendance de la nation. Un prince souverain, en faisant l'acquisition de biens privés en pays étranger, peut être considéré comme soumettant ces biens à la juridiction de ce pays; il peut être regardé sous ce rapport comme dérogeant à son caractère de prince, et prenant celui d'un particulier; mais il ne peut pas être présumé avoir agi de cette manière quant à une portion quelconque de cette force armée qui soutient sa couronne et la nation qu'il gouverne.

Le seul cas contraire cité par Bynkershoek est celui de certains bâtiments de guerre appartenants au roi d'Espagne, et saisis en 1668 dans le port de Flessingue pour des dettes de ce roi. Dans ce cas les États-Généraux sont intervenus, et il y a raison de croire, d'après la manière dont il raconte l'affaire, que les bâtiments ont été relâchés ou par l'intervention du gouvernement, ou par la décision du tribunal [1].

Ce cas des bâtiments espagnols doit être regardé comme le seul exemple fourni par l'histoire de la saisie des vaisseaux armés d'une nation étrangère, pour répondre à une réclamation contre son souverain, et cette procédure, arrêtée par le gouvernement d'un pays qui a permis la saisie des biens privés d'un prince étranger pour ses dettes, semble fournir un argument très-fort en faveur de l'universalité de l'opinion qui accorde l'exemption des bâtiments de guerre en pareil cas. La distinction établie par les lois des États-Unis d'Amérique entre les bâtiments publics et privés semble aussi être fondée sur la même opinion générale.

Sans doute le souverain du pays peut retirer le consentement tacite qu'il a accordé à l'entrée des bâtiments de guerre d'une autre nation dans ses ports. Il peut réclamer et exercer la juridiction sur ces bâtiments, ou par l'emploi de la force, ou en les soumettant aux tribunaux

[1] Anno 1668, privati quidam regis hispanici creditores tres ejus regni naves bellicas, quæ portum Flessingensem subiverant, arresto detinuerunt, ut inde ipsis satisfieret, rege hispanico ad certum diem per epistolam in jus vocato ad judices Flessingenses, sed ad legati hispanici expostulationes Ordines Generales 12. Dec. 1668, decreverunt, Zelandiæ Ordines curare vellent, naves illæ continuo dimitterentur liberæ, admoneretur tamen per literas Hispaniæ regina, ipsa curare vellet, ut illis creditoribus, in cause justissima, satisfieret, ne repressalias, quas imploraverunt, largiri tenerentur. (BYNKERSHOEK, *de Foro legatorum*, cap. IV.)

ordinaires. Mais jusqu'à ce que ce pouvoir soit exercé d'une manière qui n'admette pas de doute, le souverain ne doit pas être regardé comme ayant conféré à ses tribunaux une juridiction qu'il ne peut exercer sans une violation de la foi publique. Les lois civiles qui donnent à un individu qui a été privé de ses biens par la violence, le droit de les réclamer devant les tribunaux de son pays, ne doivent donc pas être interprétées comme leur accordant une juridiction dans un cas où le pouvoir souverain a tacitement consenti à ne pas l'exercer.

La cour a donc conclu que le bâtiment en question étant un bâtiment armé au service d'un souverain étranger, avec lequel les États-Unis étaient en paix, et étant entré dans un de leurs ports sous les mêmes conditions qui sont généralement accordées aux bâtiments de guerre étrangers dans les ports d'un autre État, devait être considéré comme étant entré dans les limites du territoire américain, en vertu de la convention tacite, que pendant son séjour il serait exempté de la juridiction du pays [1].

Jurisprudence française quant à l'exemption des bâtiments marchands de la juridiction du pays.

La jurisprudence maritime reconnue en France par rapport aux bâtiments marchands étrangers entrant dans les ports français ne paraît pas s'accorder avec les principes établis par l'arrêt de la cour suprême des États-Unis que nous venons de citer, ou pour parler plus correctement, la législation française, en exemptant ces bâtiments de l'exercice de la juridiction du pays, leur accorde de plus grandes immunités que celles exigées par les principes généraux du droit international. Comme il dépend de la volonté d'une nation de faire telle condition qu'elle juge convenable à l'admission des bâtiments étrangers dans ses ports, de même elle peut étendre aussi loin qu'elle le juge convenable les immunités accordées à ces bâtiments entrant dans ses ports en vertu d'un consentement

[1] CRANCH'S *Reports*, vol. II, p. 138—147.

tacite, d'après le droit des gens et l'usage général des nations.

La jurisprudence française établit, quant aux faits qui se passent à bord des navires de commerce, dans un port ou dans une rade en pays étranger, une distinction entre: 1° d'une part, les actes de pure discipline intérieure du navire, de même les crimes ou délits commis par un homme de l'équipage contre un autre homme du même équipage, lorsque la tranquillité du port n'en est pas compromise; et 2°, d'autre part, les crimes ou délits commis même à bord, contre des personues étrangères à l'équipage ou par tout autre que par un homme de l'équipage, ou même ceux commis par les gens de l'équipage entre eux, si la tranquillité du port en est compromise.

A l'égard des faits de la première classe, la jurisprudence française déclare que les droits de la puissance à laquelle appartient le navire doivent être respectés; que l'autorité locale, par conséquent, ne doit pas s'ingérer dans ces faits, à moins que son secours ne soit réclamé. Ces faits restent donc sous la police et sous la juridiction de l'État auquel appartient le navire.

Quant aux faits de la seconde classe, la jurisprudence française pose le principe, que la protection accordée aux navires marchands étrangers dans les ports ne saurait dessaisir la juridiction territoriale pour tout ce qui touche aux intérêts de l'État; qu'ainsi le navire admis dans un port de l'État est de plein droit soumis aux lois de police du lieu où il est reçu; et que les gens de son équipage sont justiciables des tribunaux du pays pour les délits commis même à bord contre des personnes étrangères à l'équipage, ainsi que pour les conventions civiles qu'ils pourraient faire avec elles; en un mot que la juridiction territoriale, pour cette seconde classe de faits, est hors de doute.

C'est d'après ces principes que les autorités et les juridictions se conduisent en France, à l'égard des navires marchands étrangers, mouillés dans ses eaux.

Ainsi, en 1806, un navire de commerce américain *le Newton* étant dans le port d'Anvers, une rixe eut lieu dans un canot de ce navire, entre deux matelots de son équipage, rixe au sujet de laquelle un conflit de juridiction s'éleva entre les autorités judiciaires du lieu et le consul américain, qui en réclama la connaissance exclusive. Un fait semblable qui se passa, à la même époque, dans le port de Marseille, au sujet d'un autre navire américain, *la Sally*, donna lieu à une réclamation pareille de la part du consul américain. Il s'agissait, dans cette seconde affaire, d'une blessure grave, faite par le capitaine en second de *la Sally*, à l'un de ses matelots, qui avait disposé du canot sans son ordre. Le conseil d'État, chargé de se prononcer sur la manière de régler ce conflit, rendit un avis portant qu'il y avait lieu d'accueillir la réclamation des consuls, et d'interdire aux tribunaux français la connaissance de ces deux affaires:

Voici les termes de cet avis:

«Considérant qu'un vaisseau neutre ne peut être indéfiniment considéré comme lieu neutre, et que la protection qui lui est accordée dans les ports français ne saurait dessaisir la juridiction territoriale, pour tout ce qui touche aux intérêts de l'État; qu'ainsi le vaisseau neutre admis dans un port de l'État, est de plein droit soumis aux lois de police qui régissent le lieu où il est reçu; que les gens de son équipage sont également justiciables des tribunaux du pays pour les délits qu'ils y commettraient, même à bord, envers des personnes étrangères à l'équipage, ainsi que pour les conventions civiles qu'ils pourraient faire avec elles; mais que si jusque-là, la juridiction territoriale est hors de doute, il n'en est pas ainsi à l'égard des délits qui se commettent à bord du vaisseau neutre, de la part d'un homme de l'équipage neutre envers un autre homme du même équipage; qu'en ce cas, les droits de la puissance neutre doivent être respectés, comme s'agissant de la discipline intérieure du vaisseau, dans laquelle l'autorité locale ne doit pas s'ingérer, toutes les fois que son secours n'est pas réclamé, ou que la tranquillité du port n'est pas compromise;

«Est d'avis que cette distinction, indiquée par le rapport du grand-juge, et conforme à l'usage, est la seule règle qu'il convient de suivre en cette matière; et appliquant cette doctrine aux deux espèces particulières pour lesquelles les consuls des États-Unis ont réclamé; considérant que dans l'une de ces affaires il s'agit d'une rixe passée dans le canot du navire américain *le Newton*, entre deux matelots du même navire, et dans l'autre d'une blessure grave, faite par le capitaine en second du navire *la Sally* à l'un de ses matelots, pour avoir fait usage du canot sans son ordre;

«Est d'avis qu'il y a lieu d'accueillir la réclamation, et d'interdire aux tribunaux français la connaissance des deux affaires précitées [1].»

L'exemption des bâtiments étrangers de la juridiction d'un pays ne s'étend pas à justifier des actes d'agression contre l'État.

Quelle que soit la nature et l'étendue de l'exemption des bâtiments étrangers de la juridiction du pays dont ils occupent une partie des eaux territoriales, il est évident que cette exemption ne peut être invoquée qu'en faveur des navires observant et respectant eux-mêmes le droit des gens. Car si un navire, soit de guerre, soit de commerce, venait, dans le port, dans la rade ou dans la mer territoriale d'un État étranger, commettre lui-même des actes d'hostilité contre cet État ou de violence publique contre ses habitants, il s'agirait, non plus de juridiction, mais bien de défense légitime, et l'État attaqué aurait le droit de prendre toutes les mesures nécessaires à cette défense.

[1] ORTOLAN, *Règles internationales de la mer*, t. I, p. 293—298; Appendice, annexe H, p. 441.

Ce principe juste et salutaire a été reconnu par la cour de cassation à Paris, en statuant sur l'affaire du *Carlo Alberto*, navire de commerce sarde, qui était venu en 1832 débarquer clandestinement, sur la plage de Marseille, la duchesse de Berri et plusieurs de ses partisans, pour l'exécution d'un complot de guerre civile formé par eux. Un des considérants de cet arrêt est ainsi conçu: «Attendu que le privilége établi par le droit des gens en faveur des navires amis ou neutres, cesse dès que ces navires, au mépris de l'alliance ou de la neutralité du pavillon qu'ils portent, commettent des actes d'hostilité; que, dans ce cas, ils deviennent ennemis, et doivent subir toutes les conséquences de l'acte d'agression dans lequel ils se sont placés [1].»

L'exemption des navires de guerre étrangers, entrant dans les ports d'un État neutre, de la juridiction de cet État, ne doit pas s'étendre aux marchandises ou bâtiments saisis par ces navires en violation des droits souverains de cet État neutre.

Tel fut l'arrêt de la cour suprême des États-Unis d'Amérique dans le cas du bâtiment espagnol la *Santissima-Trinidad*, dont la cargaison avait été saisie en mer pas des navires illégalement armés dans les ports des États-Unis, et faisant la course sous le pavillon de la république de Buenos-Ayres. La permission tacite en vertu de laquelle les navires de guerre d'une puissance amie sont exemptés de la juridiction du pays, ne pouvait pas être interprétée de manière à les autoriser à violer les droits de souveraineté de l'État, en commettant des actes d'hostilité contre les autres nations, avec un armement équipé dans les ports où ils ont cherché un asile. Conformément à ce principe, la cour a ordonné la restitution des marchan-

[1] SIREY, *Recueil général de jurisprudence*, t. XXXII, part. 1, p. 578.

dises réclamées par les propriétaires espagnols comme leur ayant été injustement enlevées [1].

§ 10. Juridiction de l'État sur des bâtiments de guerre et marchands en pleine mer.

4º Les bâtiments, soit de guerre, soit de commerce, de chaque nation en pleine mer, et hors des limites territoriales d'une autre nation, sont soumis à la juridiction de l'État auquel ils appartiennent.

Vattel dit que «le domaine d'une nation s'étend à tout ce qu'elle possède à juste titre. Ce domaine comprend ses possessions, et par ses possessions il ne faut pas seulement entendre ses terres, mais tous les droits dont elle jouit.» Il regarde aussi les bâtiments d'une nation « comme des portions de son territoire, surtout quand ils voguent sur une mer libre [2].»

Grotius prétend qu'une nation peut acquérir la souveraineté sur une portion de la mer, *ratione personarum, ut si classis, qui maritimus est exercitus, aliquo in loco maris se habeat* [3]. Mais comme l'observe très-bien un de ses commentateurs, Rutherforth, quoiqu'il n'y ait pas de doute quant à la juridiction exclusive d'une nation sur ses flottes en pleine mer, il ne s'ensuit pas que la nation possède la souveraineté sur cette partie de la mer occupée par ces flottes. Ce n'est pas un droit de propriété permanent qu'elle acquiert dans un lieu qui appartient en commun à tous les hommes et dont ils peuvent tous se servir successivement [4].

La juridiction qu'une nation peut exercer sur ces bâtiments, soit de guerre, soit de commerce, en pleine mer, est exclusive pour ce qui regarde les offenses commises contre ses propres lois. La piraterie, et d'autres offenses contre le droit des gens, peuvent être jugées par les tribu-

[1] WHEATON'S *Reports*, vol. VII, p. 352.

[2] VATTEL, *Droit des gens*, lib. II, chap. VII, § 80; liv. I, chap. XIX, § 216.

[3] GROTIUS, *de Jure belli ac pacis*, lib. II, chap. III, § 13.

[4] RUTHERFORTH'S *Institutes*, vol. II, b. II, c. IX, § 18 et 19.

naux du pays où les accusés se trouvent, quoiqu'elles aient été commises à bord d'un bâtiment d'une autre nation en pleine mer [1].

Chaque État souverain a le droit incontestable de réclamer les services de tous ses membres pour la défense nationale, mais il ne peut mettre à exécution ce droit que par des moyens licites. Son droit de réclamer les services militaires de ses citoyens ne peut être exercé que dans un lieu qui n'est pas soumis à la juridiction d'une autre nation. L'Océan est un tel lieu, et un État peut y exercer, à bord de ses propres bâtiments, le droit d'exiger les services militaire et naval de ses sujets. Mais peut-il exercer le même droit par rapport aux bâtiments d'une autre nation?.

L'exemption des bâtiments de guerre d'une nation de l'exercice de tout droit de visite, en temps de guerre et en temps de paix; est généralement reconnue. Le droit de visiter les bâtiments de commerce des autres nations en pleine mer, pour y rechercher des déserteurs ou d'autres personnes engagées au service militaire ou naval, a été constamment soutenu par la Grande-Bretagne et aussi constamment nié par les États-Unis. Cette controverse entre deux nations qui, par l'identité de leur origine et de leur langue, sont les plus intéressées dans la question, est devenue un des principaux motifs de la dernière guerre entre elles. Cette même question est souvent devenue la matière de négociations entre les gouvernements américain et anglais; et notamment, dans la négociation qui a été terminée par le traité de Washington en 1842, le gouvernement américain a insisté de nouveau sur le principe que le pavillon national couvre toutes les personnes naviguant à bord du bâtiment qui porte ce pavillon [2].

[1] Sir L. Jenkin's works, vol. I. p. 714.

[2] Wheaton's *History of the law of nations*, p. 737—746.

§ 11. Juridiction consulaire.

IV. Les lois civiles d'un État quelconque peuvent opérer au delà des limites de son propre territoire et dans le territoire d'une autre État, en vertu des conventions spéciales entre les deux États.

Tels sont les traités qui autorisent les consuls et autres agents de commerce d'une nation à exercer une juridiction sur leurs compatriotes dans le territoire de la nation où ils résident. La nature et l'étendue de cette juridiction dépendent des stipulatious que renferment les traités entre les deux États. Entre les nations chrétiennes elle est en général limitée à la décision des litiges en matières civiles entre les négociants, les matelots et autres citoyens de l'État résidants en pays étranger; à l'enregistrement des testaments, des contrats et autres actes passés devant le consul, et à la conservation des biens de leurs compatriotes décédés dans le ressort du consulat. Les consuls des puissances chrétiennes résidants en Turquie et dans les autres pays du Levant exercent une juridiction civile et criminelle sur leurs compatriotes, à l'exclution des magistrats et tribunaux du pays étranger. Cette juridiction est ordinairement soumise, dans des cas civils, à un appel aux tribunaux. La juridiction criminelle est, en général, limitée au pouvoir d'infliger une amende pécuniaire, et dans le cas d'autres délits plus graves, le consul exerce les fonctions d'un juge d'instruction. Il recueille les documents et autres preuves du délit, pour les envoyer avec les accusés dans la patrie pour y être jugés [1].

§ 42. Indépendance de l'État quant à son pouvoir judiciaire.

Chaque État souverain est indépendant de tous les autres États daas l'exercice de son pouvoir judiciaire.

Ce principe général doit être modifié par les exceptions à son application créées par des conventions spéciales avec les États étrangers, et par des actes de confédération avec

[1] De Steck, *Essai sur les consuls*, sect. VII, § 30—40. — Pardessus, *Droit commercial*, part. VI, tit. vi, chap. ii, § 2; chap. iv. § 1—3. — Miltitz, *Manuel des consuls*, t. II, part. II, p. 102, 135,

d'autres États souverains pour certains objets d'un intérêt commun. Par les stipulations de ces conventions ou de ces actes, l'État en question peut céder une portion de son pouvoir judiciaire, ou il peut modifier son exercice pour atteindre le but du traité ou acte de confédération.

Avec ces exceptions, le pouvoir judiciaire de chaque État est aussi étendu que son pouvoir législatif. Cependant il n'embrasse pas les cas où les lois civiles d'une autre nation peuvent opérer dans les limites territoriales de l'État. Tels sont les cas que nous avons déjà énumérés d'un souverain étranger, de son ambassadeur, de sa flotte ou de son armée, entrant dans les limites territoriales d'un autre État, où ils sont en général exemptés de la juridiction du pays.

I. A ces exceptions près, le pouvoir judiciaire de chaque État indépendant s'étend: § 13. Étendue du pouvoir judiciaire quant aux délits criminels.

1° A la poursuite de toutes les offenses commises contre les lois de l'État dans ses limites territoriales, quel que soit l'auteur de ces offenses [1].

2° A la poursuite de toutes les offenses contre les lois de l'État commises à bord de ses bâtiments de guerre ou de commerce en pleine mer, et à bord de ses bâtiments de guerre dans les ports d'un pays étranger, quel que soit l'auteur de ces offenses [2].

3° A la poursuite de toutes les offenses contre les lois de l'État commises par ses citoyens, dans quelque lieu qu'elles aient été commises.

4° A la poursuite du crime de piraterie et d'autres offenses contre le droit des gens, quel que soit l'auteur de ces offenses, et quel que soit le lieu où elles ont été commises [3]

Il est évident qu'un État n'a pas le droit de poursuivre

[1] Vide supra, § 6.
[2] Vide supra, § 9—10.
[3] Vide infra, § 15.

devant ses tribunaux une offense contre ses lois commise dans les limites territoriales d'un autre État, à moins qu'elle n'ait pas été commise par ses propres citoyens. Il ne peut pas faire arrêter les personnes et saisir les biens des coupables sur le territoire étranger; mais il peut faire arrêter ses propres citoyens dans un lieu qui n'est pas soumis à la juridiction d'une autre nation, tel que la pleine mer, et les punir pour des offenses commises dans un tel lieu ou dans les limites territoriales d'un autre État.

D'après la jurisprudence reconnue par les États-Unis d'Amérique et la Grande-Bretagne, la justice pénale de chaque pays est regardée comme territoriale, et elle doit rester étrangère à la répression de tout délit commis hors de ce territoire. Cependant ce principe a été souvent écarté par la législation pénale de ces deux pays, en ordonnant la poursuite devant leurs propres tribunaux, des offenses contre leurs propres lois commises par leurs citoyens dans les limites territoriales d'un pays étranger.

La plupart des codes de l'Europe n'admettent pas le principe que la justice pénale est territoriale. Plusieurs États, par leur législation criminelle, punissent leurs nationaux pour crimes commis par eux en pays étrangers. En France, ce principe forme la règle générale, et ne souffre que de légères exceptions. Des exceptions consistent en ce que certains crimes publics contre la sûreté ou la fortune de l'État sont déclarés passibles de la juridiction française, bien qu'ils aient été commis hors du territoire, soit par des Français, soit par des étrangers [1].

Règlements de commerce et de navigation.

Les lois concernant le commerce et la navigation d'un État ne peuvent pas être appliquées aux étrangers hors des limites du territoire, mais elles sont partout applicables aux citoyens de l'État. Les offenses contre les lois de prohibition de certains genres de trafic commises par

[1] Foelix, *Droit international privé*, § 510—5C2.

les citoyens peuvent être poursuivies devant les tribunaux de l'État, quel que soit le lieu où elles ont été commises. Mais si ces offenses ont été commises par des étrangers, elles ne peuvent pas être poursuivies devant ces tribunaux, à moins qu'elles n'aient pas été commises dans les limites territoriales de l'État, ou à bord de ses bâtiments de guerre ou de commerce, dans un lieu hors de la juridiction de tout autre État.

Extradition des criminels.

Les opinions des publicistes sont divisées sur la question de savoir si l'extradition des personnes accusées de crimes commis dans les limites territoriales d'un État, est obligatoire pour l'État où ces personnes ont cherché un refuge. Quelques-uns de ces écrivains soutiennent que l'extradition dans ce cas est obligatoire pour les nations, même indépendamment de toute convention spéciale. Telle est l'opinion de Grotius. Burlamaqui, Vattel, Rutherforth, Schmelzing et Kent [1].

D'un autre côté, suivant Puffendorf, Voet, Martens, Klüber, Leyser, Kluit, Saalfeld, Schmaltz, Mittermaier et Heffter, il faut une convention spéciale pour qu'un État soit formellement tenu d'accorder l'extradition que lui demande un autre État; sinon l'extradition reste toujours soumise à l'appréciation et aux convenances de l'État à qui elle est demandée [2]. Et le savant Mittermaier regarde le fait même de l'existence de tant de traités spéciaux concernant

[1] GROTIUS, *de Jure belli ac pacis*, lib. II, cap. XI, § 3—5. — HEINECCIUS, *Prælectiones in Grotio, j. t.* — BURLAMAQUI, *Droit naturel*, t. II, part. IV, chap. III, § 23—29. — VATTEL, liv. II, chap. VI, § 76 et 77. — RUTHERFORTH, *Institutes of natural law*, vol. II, ch. IX, p. 12. — SCHMELZING, *systematischer Grundriss des practischen europäischen Völkerrechts*, § 61. — KENT'S *Commentaries on American law*, vol. I, p. 36 et 37.

[2] PUFFENDORF, *Elementa*, lib. VIII, cap. III, § 23 et 24. — VOET, *de Stat.*, § 11, cap. I, n° 6. — MARTENS, *Droit des gens*, liv. III, chap. III, § 101. — KLÜBER, *Droit des gens*, part. II, tit. I, chap. II, § 66. — LEYSER, *Meditationes ad Pandectas*, Med. 10. — KLUIT, *de Deditione profugorum*, § 1, p. 7. — SAALFELD, *Handbuch des positiven Völkerrechts*, § 40. — SCHMALTZ, *europäisches Völkerrecht*, p. 160. — MITTERMAIER, *das deutsche Strafverfahren*, Thl. I, § 59, p. 314—319.

cette matière comme une preuve concluante qu'il n'y a pas d'usage général parmi les nations à cet effet qui constitue une obligation parfaite, et qui ait la force de droit international proprement dit. Même sous des systèmes d'États confédérés, tels que la Confédération germanique et l'Union de l'Amérique du Nord, cette obligation est limitée aux conditions stipulées dans les pactes fédéraux.

En formant les traités stipulant l'extradition des personnes poursuivies ou condamnées pour des crimes désignés, certaines règles sont assez généralement suivies, et surtout par les gouvernements constitutionnels. Les principales de ces règles sont: que l'État ne doit jamais accorder l'extradition de ses propres nationaux, ni celle des personnes condamnées ou poursuivies pour crimes politiques ou purement locaux, ni pour des délits légers; mais seulement celles des réfugiés qui sont sous le coup de condamnations ou de poursuites pour crimes graves et de droit commun [1].

L'extradition par un État, de déserteurs militaires appartenant au service d'un autre, dépend également des conventions spéciales entre les deux États [2].

§ 22. Effets d'une sentence criminelle hors des limites territoriales où elle a été prononcée.

Une sentence criminelle prononcée par les tribunaux d'un État ne peut avoir aucun effet direct dans un autre État. Si c'est une sentence de condamnation, elle ne peut pas être exécutée hors des limites territoriales de l'État où elle a été prononcée, ni sur la personne ni sur les biens du coupable; et s'il est convaincu d'avoir commis un crime qui emporte une peine infamante ou la privation des droits civils dans son propre pays, une telle sentence ne peut produire aucun effet légal dans un autre État [3].

[1] Ortolan, *Règles internationales de la mer*, t. I, p. 340 et 341.

[2] Bynkershoek, *Quæstionūm juris publici lib.* I, cap. xx.

[3] Martens, *Droit des gens*, liv. III, chap. iii. § 86. — Klüber, *Droit des gens*, part. II, tit. I, chap. ii, § 64 et 65. — Foelix, *Droit international privé*, § 565.

Cependant une sentence, ou de condamnation ou d'acquittement; prononcée par les tribunaux d'un État, peut avoir certains effets indirects dans d'autres États. Si la sentence a été prononcée par les tribunaux de l'État où le crime a été commis, ou contre ses citoyens, la sentence de condamnation ou d'acquittement formerait une exception péremptoire *(exceptio rei judicatæ,)* contre une poursuite devant les tribunaux d'un autre État. Si la sentence a été prononcée par les tribunaux d'un État autre que celui où l'offense a été commise, ou auquel le coupable était soumis comme citoyen, la sentence serait entièrement nulle et de nul effet pour le protéger contre une poursuite devant les tribunaux d'un autre État ayant juridiction de l'offense.

§ 15. Crime de piraterie d'après les droits des gens.

Le pouvoir judiciaire de chaque État souverain s'étend à la poursuite de certains crimes contre le droit des gens, et entre autres le crime de piraterie.

Les pirates sont ceux qui courent les mers, de leur propre autorité, pour y commettre des actes de déprédation, pillant à main-armée, soit en temps de paix, soit en temps de guerre, les navires de toutes les nations, sans faire d'autre distinction que celle qui leur convient pour assurer l'impunité de leurs méfaits; les actes commis par de tels malfaiteurs constituent le crime de piraterie [1].

Les officiers et l'équipage d'un navire armé et muni d'une commission contre une nation ennemie, et commettant des actes de déprédation contre les nations amies, ne peuvent pas être poursuivis comme pirates. L'État qui a accordé la commission, étant responsable envers les autres nations pour ce qui est fait par ses bâtiments

[1] Qui autem nullius principis auctoritate, sive mari, sive terra, rapiunt, piratarum prædonumque vocabulo intelliguntur. Unde, ut piratæ puniuntur, qui ad hostem deprædandum enavigant sine mandato præfecti maris, et non præstitis, quæ porro præstari desiderant. (BYNKERSHOEK. *Quæstionum juris publici lib.* I, cap. XVII.)

armés en guerre, est seul juge compétent des actes faits sous couleur de son autorité [1].

Les déprédations commises par des armateurs munis de commissions de deux souverains en guerre l'un avec l'autre, sont qualifiées de crime de piraterie, puisque l'autorité conférée par l'un est en conflit avec l'autre; mais on a douté si on peut faire la course sous des commissions émanant de divers souverains alliés contre un ennemi commun. L'opinion la plus généralement accréditée paraît regarder cette pratique comme étant illégale et irrégulière, puisque les deux cobelligérants peuvent avoir adopté des réglements divers ou pris des engagements différents envers les neutres, qui sont souvent inconnus de ceux autorisés à faire la course [2].

Les pirates sont les ennemis du genre humain tout entier; ils sont hors du droit des gens; il est permis et ordonné à chacun de leur courir sus et de s'en emparer par tous les moyens possibles; ils peuvent être arrêtés sur les mers par les bâtiments de tout État, et conduits dans ses limites territoriales pour être jugés par ses tribunaux.

Mais il faut faire une distinction entre la piraterie suivant le droit des gens et celle suivant la loi particulière d'un État. La piraterie d'après le droit des gens peut être jugée par les tribunaux du pays où les accusés se trouvent, quoique l'acte de piraterie ait été commis à bord d'un bâtiment ou par un équipage originaire d'une autre nation. Il est certains actes qui sont qualifiés actes de piraterie par les lois intérieures d'une nation, auxquels le droit des gens n'attache pas la même signification. Ce n'est pas en vertu

[1] BYNKERSHOEK, *Quæstionum juris publici lib.* I, cap. XVII. — RUTHERFORTH'S *Institutes*, vol. II, p. 595.

[2] BYNKERSHOEK, *Questionum juris publici lib.* I. cap. XVII. — VALIN, *Commentaire sur l'ordre de la marine*, t. II, p. 236. — «The law distinguishes between a pirate who is a highwayman and sets up for robbing, either having no commission at all or else hath two or three, and a lawful man of war that exceeds his commission.» (Sir L. JENKIN'S works, vol. II, p. 714.)

du droit international que les auteurs de ces actes sont jugés et punis, mais seulement en vertu des lois spéciales qui les assimilent aux pirates, lois qui ne peuvent être appliquées que par l'État qui les a rendues, et seulement à l'égard des propres sujets de cet État ou dans les lieux dépendant de sa juridiction.

Ainsi les lois particulières de l'Angleterre et des États-Unis d'Amérique assimilent aux pirates les individus qui se livrent à la traite des nègres. Il en est de même en Autriche. en Prusse et en Russie, depuis le traité de 1841, conclu par ces trois puissances avec l'Angleterre, pour l'abolition de la traite. Il ne s'ensuit pas que la traite, qui est d'ailleurs prohibée aujourd'hui par toutes les nations civilisées, constitue le crime de piraterie suivant le droit des gens.

Les crimes de meurtre et de vol commis individuellement à bord d'un bâtiment en pleine mer, ne sont justiciables que des tribunaux du pays auquel appartient le bâtiment; mais si ces crimes ont été commis à bord d'un navire tombé en la possession d'un équipage révolté, qui s'est affranchi de toute obéissance et qui agit contre toutes les lois, ce navire, dès lors dénationalisé, a perdu le droit d'être protégé par un pavillon quelconque; de tels crimes peuvent être rangés dans la classe de ceux de la piraterie suivant le droit des gens, et leurs auteurs sont justiciables des tribunaux de l'État qui en a fait la capture [1].

§ 16. Étendue du pouvoir judiciaire de l'État quant aux biens situés dans les limites du territoire.

II. Le pouvoir judiciaire de chaque État s'étend à toute procédure civile *in rem* relative aux biens mobiliers et immobiliers situés dans les limites territoriales de l'État.

Ce principe, dans son application aux immeubles, est une conséquence de la règle déjà expliquée quant à l'application de la *lex loci rei sitæ*. Comme toute chose relative à l'aliénation et au titre de propriété des immeubles est réglée par les lois du pays où ces biens sont situés,

[1] WHEATON'S, *Reports*, vol. V, p. 144—184.

il s'ensuit que la procédure concernant ces biens, tels que les preuves judiciaires et les règles de prescription, doivent être réglées par les mêmes lois[1].

§ 17. Distinction quant à la procédure *in rem.*

La même règle s'applique à toute procédure civile *in rem* concernant des biens mobiliers situés dans les limites territoriales de l'État, avec cette exception cependant que les lois étrangères peuvent donner la règle de décision pour le fond, pendant que les formes de la procédure, les preuves judiciaires et les règles de prescription sont déterminées par la *lex fori.* La *lex domicilii* est la loi applicable à un testament de biens mobiliers et à la succession *ab intestat* de ces biens, si le testament est fait ou si les héritiers *ab intestat* résident dans un pays étranger; tandis que la *lex fori* de l'État où la procédure est intentée, doit déterminer ses formes aussi bien que les preuves judiciaires et les règles de prescription.

Quoique les formalités à observer dans des testaments faits en pays étranger soient réglées par les lois du pays, de tels testaments ne pourront être exécutés sur les biens situés dans un autre pays, sans être enregistrés aux bureaux ou homologués par les tribunaux de ce dernier pays[2].

§ 18. Effets des sentences *in rem* des tribunaux étrangers.

Les jugements ou sentences d'un tribunal étranger de juridiction compétente, tels que les sentences d'une cour d'amirauté *in rem*, sont regardés comme étant des preuves concluantes du droit de propriété des choses dont il s'agit, lorsque ce droit de propriété est mis en question dans les tribunaux d'un autre pays.

§ 19. Étendue du pouvoir judiciaire sur les étrangers résidants sur le territoire de l'État.

III. Le pouvoir judiciaire de chaque État peut être étendu à tous les litiges regardant les droits personnels et de propriété de toutes les personnes résidantes sur le territoire de l'État, quoique le litige ait pris son origine en pays étranger.

[1] Vide supra. § 3.
[2] *Code civil français*, art. 1,000.

Ce principe général est entièrement indépendant de la règle de décision qui doit guider le tribunal. Cette règle peut être la loi du pays où siége le tribunal, ou bien la loi d'un pays étranger dans certains cas; mais cela n'affecte pas la juridiction des tribunaux, qui peut être exercée sur toutes les personnes résidant même temporairement dans le pays. Cependant cette juridiction, fondée sur le droit international, peut être limitée par les lois civiles de l'État, et il n'y a pas d'usage constant et uniforme parmi les nations pour l'exercice de cette juridiction. Un État souverain peut refuser, à sa discrétion, de prendre connaissance des controverses entre les étrangers. Toutes les actions réelles ou possessoires doivent être nécessairement intentées dans le lieu où les biens en question sont situés, et la jurisprudence anglaise et américaine considère toutes les actions personnelles, *ex delicto* ou *ex contractu*, comme transitoires, et les attribue au for domestique, n'importe dans quel pays ces actions ont pris origine, et n'importe qui sont les parties litigantes. Cette règle est basée sur une fiction légale qui suppose que l'injure a été infligée, ou que le contrat a été fait dans les limites de la juridiction locale. Dans les pays dont la jurisprudence est fondée sur le droit romain on suit, en général, la maxime, *actor forum rei sequitur;* et il faut que les actions personnelles soient intentées devant les tribunaux du pays où le défendeur a acquis un domicile fixe.

D'après la loi française, l'étranger qui a été admis par l'autorisation du roi à établir son domicile en France, y jouit de tous les droits civils, et entre autres de celui de plaider devant les tribunaux du pays. Dans d'autres circonstances, la juridiction sur les étrangers est attribuée à ces tribunaux dans les cas suivants:

1° Dans les cas où l'obligation est contractée en France, ou en pays étranger, entre des étrangers et des Français.

2° Dans les affaires de commerce, où l'obligation est

contractée en France, et les parties contractantes y ont élu un domicile, ou expressément ou par implication résultant nécessairement des termes de l'obligation.

3° Dans le cas où les étrangers soumettent volontairement leurs litiges à la décision des tribunaux français [1].

Dans tous les autres cas où les étrangers non domiciliés en France par autorisation du roi sont intéressés, les tribunaux français refusent d'exercer leur juridiction sur les étrangers, même si l'obligation est contractée en France.

Un savant auteur qui a traité du droit international privé considère cette jurisprudence, qui refuse à l'étranger non domicilié en France la faculté d'intenter un procès contre un autre étranger, comme étant en contradiction avec le droit international européen. Le droit romain a reconnu le principe que tous les contrats les plus ordinaires parmi les hommes tirent leur origine du droit des gens, *ex jure gentium*, ou, en d'autres termes, que ces contrats sont valides, qu'ils soient faits entre des étrangers et les citoyens, ou entre les citoyens du même État. Ce principe a été incorporé dans le droit des gens moderne, qui reconnaît aux étrangers le droit de contracter des obligations dans les limites territoriales d'un autre État. De ce droit découle nécessairement, pour les tribunaux du pays, celui de contraindre les parties contractantes, qu'elles soient citoyens ou étrangers, à remplir ces obligations [2].

§ 20. Distinction entre la règle de décision et la règle de procédure en matière de contrat.

La règle de décision en matière de contrat doit nécessairement être la loi applicable au cas, qu'elle soit le code civil du pays ou un code étranger, mais la règle de procédure est en général déterminée par la *lex fori* du pays où le procès est intenté. Cependant il n'est pas toujours facile de distinguer la règle de décision de la règle de pro-

[1] PARDESSUS, *Droit commercial*, part. VI, tit. VII, chap. I, § 1. — POTHIER, *Procédure civile*, part I, chap. I, p. 2. — *Discussion sur le Code civil*, t. I, p. 48.

[2] FOELIX, *Droit international privé*, § 122 —123.

cédure. On peut affirmer en général que tout ce qui regarde l'obligation du contrat doit être réglé d'après la loi du domicile des parties contractantes, ou du pays où le contrat a été fait, tandis que tout ce qui regarde les moyens de contrainte à l'exécution doit être réglé par la *lex fori*.

Si le tribunal est appelé à appliquer au cas la loi du pays où il siége, entre des personnes domiciliées dans le pays, il n'y a nulle difficulté. Comme l'obligation du contrat et les moyens de contraindre les parties contractantes à son exécution, la règle de décision et la règle de procédure doit être cherchée dans le même code. Dans d'autres cas il faut soigneusement distinguer entre l'obligation et les moyens de contrainte.

L'obligation du contrat consiste dans les éléments suivants:

1° La capacité personnelle de contracter.

2° La volonté des parties contractantes exprimée quant aux termes et conditions du contrat.

3° La forme extérieure du contrat.

La capacité personnelle des parties contractantes dépend de ces qualités personnelles qui sont inhérentes à leur état civil d'après les lois de leur propre pays. C'est seulement ces qualités universelles personnelles qui, d'après les lois civiles de toutes les nations, sont essentielles à la capacité de contracter, qui sont exclusivement réglées par la *lex domicilii*. Telles sont les qualités de majeur et de mineur, de femme mariée ou non mariée, etc.

L'interprétation des termes et conditions expresses du contrat, ainsi que les conditions tacites qui sont annexées au contrat par l'usage et les lois du pays où il est fait, dépendent nécessairement de la *lex loci contractus*.

La forme extérieure du contrat doit être réglée par la *lex loci contractus*, qui détermine s'il doit être écrit et passé avec certaines formalités. L'omission de ces formalités annule le contrat *ab initio*, et étant nul d'après la loi du pays où il est fait, le contrat ne peut pas être exécuté par les tribunaux d'un autre pays. Mais les règlements fiscaux d'un État n'ont point d'effet exterritorial, et par conséquent le défaut de timbre exigé par la *lex loci contractus* ne peut pas être allégué devant les tribunaux d'un autre pays.

§ 21. Effet des sentences des tribunaux étrangers *in personam.*

C'est un principe généralement reconnu parmi les nations, que toute sentence définitive prononcée par le tribunal compétent d'un État, doit être respectée et tenue comme définitive par les tribunaux d'un autre État, où la sentence est invoquée comme *exceptio rei judicatæ*[1].

Mais nul État souverain n'est tenu, à moins d'une convention spéciale, à prêter la main à l'exécution dans les limites de son territoire des sentences d'un tribunal étranger. Cependant la convenance et l'utilité mutuelle des États ont établi parmi la plupart des nations, l'usage d'accorder réciproquement l'exécution des sentences définitives des tribunaux étrangers sous certaines conditions qui diffèrent dans divers pays.

D'après la jurisprudence anglaise, la sentence définitive d'un tribunal étranger est regardée comme prouvant l'existence d'une dette, à moins que le défendeur ne puisse attaquer la sentence comme étant rendue irrégulièrement. Dans le cas contraire, une nouvelle sentence est rendue par le tribunal anglais, qui confirme la première et la déclare exécutoire contre le débiteur. Mais s'il est constaté par la procédure que la sentence a été prononcée sans une citation personnelle du défendeur, ou qu'elle est fondée sur de fausses présomptions et motivée par des raisons insuffisantes de fait et de droit, l'exécution ne sera pas accordée par les tribunaux anglais.

La même jurisprudence est suivie aux États-Unis d'Amérique quant aux sentences des tribunaux étrangers à l'Union même. Entre les États composant l'Union, une sentence

[1] Vattel, *Droit des gens*, liv. II, chap. vii, § 84 et 85. — Martens, *Droit des gens*, § 93—95.

prononcée par les tribunaux d'un État est regardée comme définitive et exécutoire par tous les autres États.

La jurisprudence française ne regarde par les sentences rendues contre des Français devant les tribunaux étrangers comme définitives. Et même si un Français commence un procès devant un tribunal étranger, et est débouté de sa demande, la sentence ne peut pas être alléguée comme un *lis finita* par le défendeur dans un nouveau procès commencé pour la même cause. Mais si la sentence a été prononcée contre un étranger, elle forme une exception *rei judicatæ* contre une nouvelle demande intentée devant les tribunaux français. Dans d'autres cas les jugements prononcés en pays étranger sont examinés de nouveau par les tribunaux français avant qu'ils soient déclarés exécutoires en France [1].

[1] PARDESSUS, *Droit commercial*, part. VI, tit. VII, chap. II, § 2, n° 1488. — MERLIN, *Répertoire* t. VI, tit. *Jugement*. — *Questions de droit*, tit. *Jugement*.

CHAPITRE III.

DES DROITS D'ÉGALITÉ.

§ 1. L'égalité naturelle des États peut être modifiée par des conventions ou par l'usage.

L'égalité naturelle des États souverains peut être modifiée par un contrat positif ou par un consentement supposé fondé sur l'usage, de manière à donner à un État une supériorité sur d'autres pour ce qui regarde certains objets particuliers, tels que le rang, les titres, et d'autres distinctions relatives au cérémonial.

§ 2. Des honneurs royaux.

C'est ainsi que le droit international de l'Europe a attribué à certains États des *honneurs royaux*. Tous les empires et royaumes de l'Europe, ainsi que les États du Pape, grands-duchés allemands et les Confédérations germanique et suisse, jouissent maintenant de ces honneurs. Ils étaient autrefois accordés aussi à l'empire d'Allemagne et aux grandes républiques, telles que les Provinces-Unies et la république de Venise.

Ces honneurs royaux donnent aux États auxquels ils sont accordés droit de préséance sur tous les États qui n'ont pas le même rang, avec le droit exclusif d'envoyer aux autres États des ministres publics du premier rang, tels que des ambassadeurs, et avec d'autres titres distinctifs [1].

[1] Vattel, *Droit des gens*, t. I, liv. II, chap. iii, § 38. — Martens, *Précis du droit des gens moderne*, liv. III, chap. ii, § 129. — Klüber, *Droit des gens moderne*, part. II, tit I, chap. III, § 91 et 92. — Heffter. *das europäische Völkerrecht*, § 28.

§ 3. Préséance parmi les princes et États qui jouissent des honneurs royaux.

Parmi les princes qui jouissent de ces honneurs, les puissances catholiques accordent la préséance au Pape ou souverain-pontife; mais la Russie et les États protestants de l'Europe le considèrent seulement comme évêque de Rome et comme prince souverain en Italie, et ceux de ces États qui jouissent des honneurs royaux lui refusent par conséquent la préséance.

Sous l'ancienne constitution de l'Empire germanique, l'empereur, comme héritier de Charlemagne et des Césars dans l'empire d'Occident, avait droit de préséance sur tous les autres princes temporels; mais depuis les changements introduits dans cette constitution, et la renonciation qu'a faite l'empereur d'Autriche de ses titres et prérogatives comme chef de la Confédération, le droit de préséance de ce prince sur d'autres princes ayant le même rang peut être regardé comme douteux [1].

Les différentes disputes qui ont eu lieu entre des têtes couronnées pour le droit de préséance fourniraient matière à des recherches historiques des plus curieuses, puisqu'elles serviraient à faire connaître les mœurs des cours européennes à des époques différentes; mais l'importance pratique de ces discussions a été singulièrement diminuée par les progrès de la civilisation, qui ne permettent plus que les intérêts sérieux de l'humanité soient sacrifiés à d'aussi vaines prétentions.

Des grandes républiques.

Les publicistes ont ordinairement attribué aux *grandes républiques*, qui avaient droit aux honneurs royaux, un rang un peu inférieur à celui des têtes couronnées de la même classe; et il est de fait qu'autrefois les Provinces-Unies, Venise et la Suisse laissaient la préséance aux empereurs et aux rois régnants, quoiqu'ils la refusassent aux électeurs et aux autres princes qui avaient droit aux honneurs royaux. Mais des disputes de cette sorte ont ordinairement

[1] MARTENS, § 132. — KLÜBER, § 95.

été plutôt réglées par la puissance relative des deux parties intéressées que par des règles générales tirées de la forme même du gouvernement. Cromwell savait faire respecter par les têtes couronnées de l'Europe la dignité et l'égalité de la république d'Angleterre, et dans les divers traités entre la république française et les autres puissances de l'Europe, il a été expressément stipulé qu'à l'égard du rang et de l'étiquette, le cérémonial entre ces puissances et la république serait le même que celui observé avant la révolution [1].

Les souverains qui ne comptent pas parmi les têtes couronnées, mais qui jouissent des honneurs royaux (comme l'électeur de Hesse) cèdent le pas en toute occasion aux empereurs et aux rois.

Les souverains, au contraire, qui n'ont pas droit aux honneurs royaux, cèdent toujours le pas à ceux qui jouissent de ces honneurs.

Les États mi-souverains ou dépendants ont rang après les États souverains [2].

Il va sans dire que les États mi-souverains et ceux qui se trouvent sous la protection ou la souveraineté d'un État souverain, cèdent toujours le pas à l'État dont ils relèvent. Mais dans le cas où un tiers est intéressé, leurs rapports doivent être réglés par d'autres considérations, et ils peuvent même, comme cela est arrivé pour les électeurs sous l'ancienne constitution germanique, prendre le pas sur d'autres États qui ne jouissent pas des honneurs royaux [3].

Les questions relatives au rang qu'ont les souverains et les États entre eux, n'ont jamais été résolues par des réglements positifs ou par des conventions internationales; elles reposent plutôt sur l'usage et sur le consentement général

[1] *Traité de Campo Formio*, art. 23. — *Traité de Lunéville*, art. 17. — *Traité de Bâle avec l'Espagne et la Prusse*. — SHOELL, *Histoire des traités de paix*, t. I, p. 610.

[2] KLÜBER, § 98.

[3] HEFFTER, § 28, n° 111.

des nations. Au congrès de Vienne on fit un effort infructueux pour classer les divers États de l'Europe afin de déterminer leur rang. A la séance du 10 décembre 1814, les plénipotentiaires des huit puissances qui signèrent le traité de Paris nommèrent une commission devant laquelle on devait porter cette question. A la séance du 9 février 1815, le rapport de la commission, qui proposait d'établir trois classes de puissances, fut discuté; mais des doutes s'étant élevés au sujet de cette classification, et surtout à l'égard du rang assigné aux grandes républiques, la question fut indéfiniment ajournée, et l'on se contenta de déterminer le rang respectif des divers agents diplomatiques des têtes couronnées [1].

§ 4. De l'usage de l'alternat.

Lorsque le rang de deux États est égal ou indéterminé, on a recours à divers moyens pour éviter toute contestation et pour réserver les droits et les prétentions des deux parties. C'est ainsi que l'on fait souvent usage de ce que l'on nomme *l'alternat*, par lequel le rang et la place des diverses puissances sont changés, soit par un ordre régulier, soit par le sort. Ainsi dans la rédaction des traités, l'usage de certaines puissances est de se servir de ce moyen, c'est-à-dire de faire en sorte que dans les divers exemplaires du traité, chacune des puissances qui y prennent part occupe à son tour la première place. D'après les règlements du congrès de Vienne, dont nous avons fait mention plus haut, l'ordre à observer doit se régler par le sort [2].

On a souvent aussi adopté, pour régler cet ordre, l'alphabet *français*, c'est-à-dire que les ministres des différentes puissances doivent signer dans l'ordre que cet alphabet assigne aux noms des puissances qu'ils représentent [3].

[1] KLÜBER, *Acten des Wiener Congresses*, t. VIII, p. 98, 102, 108, 116.

[2] Annexe à l'*Acte du congrès de Vienne*, art. 7.

[3] KLÜBER, *Uebersicht der diplomatischen Verhandlungen des Wiener Congresses*, § 164.

§ 5. De la langue dont on se sert dans les actes diplomatiques.

L'égalité naturelle de toutes les nations autorise chacune d'elles à faire usage de sa propre langue dans les actes diplomatiques, et ce droit a été exercé dans certains pays. Mais on trouva de bonne heure un grand avantage à se servir dans les relations internationales d'une même langue. La langue latine fut donc d'abord adoptée. Mais vers la fin du 15e siècle la prépondérance politique de l'Espagne fit adopter la langue de ce pays pour toutes les correspondances politiques. Enfin l'usage de cette langue a fait place à celui du français, qui depuis le règne de Louis XIV est devenu la langue diplomatique du monde civilisé. Dans les États où l'on ne se sert pas de cette langue, on a pour habitude de joindre au texte du document que l'on veut communiquer une traduction dans la langue de l'État auquel on envoie le document. Tel est l'usage de la Confédération germanique, de l'Espagne et des cours d'Italie. Les États qui ont une langue commune s'en servent ordinairement dans leurs relations entre elles. C'est ainsi que cela a lieu pour les États de la Confédération germanique et pour ceux de l'Italie dans leurs rapports entre eux, et pour les relations internationales de la Grande-Bretagne et des États-Unis d'Amérique.

§ 6. Des titres des princes souverains et des États.

Tout prince souverain ou tout État peut prendre tel titre qu'il lui plaît et exiger de ses propres sujets tels honneurs qu'il veut. Mais la reconnaissance de ces titres par d'autres ne s'ensuit pas du tout, surtout dans le cas où un souverain ou un État prend des titres plus élevés que ceux qu'il possédait déjà. C'est ainsi que le titre de roi de Prusse que prit Frédéric Ier en 1701 ne fut d'abord reconnu que par l'empereur d'Allemagne, et seulement plus tard par les autres princes de l'Europe. Ce ne fut qu'en 1786, sous le règne de Frédéric-Guillaume II, que le Pape reconnut ce titre, et qu'en 1792 que l'ordre teutonique renonça à ses prétendus droits au duché de

Prusse [1]. C'est ainsi également que le titre d'empereur de toutes les Russies, qui fut pris par Pierre-le-Grand en 1701, fut successivement reconnu par la Prusse, les Provinces-Unies et la Suède en 1723, par le Danemark en 1732, par la Turquie en 1739, par l'empereur d'Allemagne en 1745, par la Confédération germanique en 1746, par la France en 1745, par l'Espagne en 1759 et par la république de Pologne en 1764. Dans la reconnaissance que fit la France de ce titre, il fut expressément stipulé que ce changement de titre n'aurait aucun effet sur les relations de cérémonial entre les deux cours. A l'avénement de l'impératrice Catherine en 1762, cette princesse refusa de renouveler sous la même forme cette stipulation, mais *déclara* que le titre impérial ne changerait rien aux cérémonies à observer entre les deux pays. La cour de Versailles répondit à cette déclaration par une contre-déclaration renouvelant la reconnaissance de ce titre, mais à la condition expresse que si la cour de Saint-Pétersbourg venait à changer quelque chose au cérémonial établi entre les deux cours, le gouvernement français cesserait de lui accorder le titre impérial [2].

Le titre d'empereur, eu égard aux souvenirs historiques qui y ont été attachés, a toujours été considéré comme le premier et le plus important de tous les titres souverains; pourtant ce titre, excepté dans le cas de l'empereur d'Allemagne, n'a jamais été regardé comme donnant à ceux qui le portaient des prérogatives ou des droits de préséance sur d'autres têtes couronnées.

§ 7. Du cérémonial maritime.

L'usage a établi parmi les nations un certain cérémonial à observer soit sur l'Océan ou sur les parties de l'Océan sur lesquelles un État particulier a droit de suprématie.

[1] WARD's *History of the law of nations*, vol. II, p. 245—248. — KLÜBER, *Droit des gens* part. II. tit. I, chap. II, § 107, note c.

[2] FLASSAN, *Histoire de la diplomatie française*, t. VI, liv. III p. 329—364.

Dans ce cérémonial est compris le salut des navires de guerre entre eux, salut qui consiste à amener ou à ferler le pavillon, ou à amener les voiles hautes, ou bien à tirer un certain nombre de coups de canon à l'approche d'une flotte ou d'un simple bâtiment de guerre ou bien à l'entrée d'un port fortifié.

Chaque État souverain a le droit exclusif, en vertu de son indépendance et de son égalité, de régler le cérémonial maritime à observer par ses propres vaisseaux entre eux ou envers ceux d'une autre nation, soit en pleine mer ou dans les limites maritimes de cet État. Il a également le droit de régler le cérémonial à observer sur cette partie de la mer qui se trouve sous sa juridiction territoriale, soit par les navires étrangers entre eux, soit envers ses propres forteresses et bâtiments de guerre, et les honneurs à rendre par ces derniers aux bâtiments étrangers. Ce cérémonial est réglé par ses propres ordonnances ou par des traités réciproques avec d'autres puissances maritimes [1].

Lorsque la juridiction réclamée par un État est contestée par des nations étrangères, comme cela arrive pour la suprématie que s'attribue la Grande-Bretagne dans les mers dites Britanniques, les honneurs à rendre au pavillon de cet État sont aussi sujets à contestation. Les disputes sur cette question ont souvent donné lieu à des guerres entre la puissance qui s'attribuait cette suprématie et celles qui la lui refusent. Les honneurs maritimes réclamés par le Danemark, par suite de la suprématie que cette puissance réclame sur le Suud et les deux Belts à l'entrée de la mer Baltique, ont été réglés par divers traités avec d'autres puissances, et notamment par la convention du 15 janvier 1829, signée entre la Russie et le Danemark.

[1] Bynkershoek, *de Domino maris*, cap. II, IV. — Martens, *Précis du droit des gens moderne de l'Europe*, liv. IV, chap. IV, § 189. — Klüber, *Droit des gens moderne de l'Europe*, part. II, tit. I, chap. III, § 117—212·

Cette convention doit demeurer en vigueur jusqu'à ce que, selon le protocole du congrès d'Aix-la-Chapelle, signé le 3 novembre 1818, un règlement général aura pu être établi entre toutes les puissances maritimes au sujet du salut de mer [1].

[1] I. H. Schlegel, *Staatsrecht des Königreichs Dänemark*, Thl. I, p. 412. — Martens, *Nouveau Recueil*, t. VIII, p. 73. — Ortolan. *Diplomatie de la mer*, t. I, liv. II, chap. xv.

CHAPITRE IV.

DES DROITS DE PROPRIÉTÉ.

§ 1. Droits de propriété nationale.

Le droit exclusif de chaque État indépendant à son territoire et à ses autres biens, est fondé sur le titre originairement établi par l'occupation, la conquète ou la cession, et postérieurement confirmé par la présomption qui résulte du laps d'un long espace de temps, ou par des traités et d'autres contrats avec des États étrangers.

§ 2. Biens publics et privés.

Ce droit exclusif comprend les biens publics ou domaine de l'État, et tous les biens qui appartiennent à des particuliers et qui se trouvent incorporés dans le territoire de l'État.

§ 3. Du domaine éminent.

Les droits de l'État aux biens publics ou à son domaine sont absolus, et excluent ceux de ses propres sujets ainsi que ceux des nations étrangères. Le droit de propriété nationale, à l'égard des biens qui appartiennent à des particuliers ou à des corporations, et qui se trouvent dans son territoire, est *absolu* pour ce qui regarde les nations étrangères, puisqu'il exclut tous leurs droits, tandis qu'à l'égard des sujets de l'État ce droit se réduit à ce que l'on nomme *domaine éminent*, c'est-à-dire le droit, en cas de nécessité ou pour le salut public, de disposer de tout bien renfermé dans les limites de l'État [1].

§ 4. De la prescription.

Les auteurs sont très-partagés sur la question de savoir jusqu'à quel point la présomption qui résulte de la longueur

[1] VATTEL, *Droit des gens,* liv. I, chap. XX, § 235—244. — RUTHERFORTH'S *Institutes of national law,* vol. II, chap. IX, § 6. — HEFFTER, *das europäische Völkerrecht,* § 64, 69, 70.

du temps écoulé, et que l'on nomme *prescription*, peut avoir lieu entre les nations: mais l'usage constant et approuvé des nations montre que, quelque soit le nom que l'on donne à ce droit, la possession non interrompue par un État d'un territoire ou de tout autre bien pendant un certain laps de temps exclut les droits de tout autre État à cet égard, de même que le droit naturel et civil de toutes les nations civilisées, assure à un particulier la propriété exclusive d'un bien qu'il a possédé pendant un certain temps sans que personne ait prétendu y avoir des droits. Cette règle est fondée sur la supposition, confirmée par l'expérience, que toute personne cherche à jouir de ce qui lui appartient, et que du silence de cette personne on peut naturellement conclure que ses titres à la propriété étaient peu valides, ou bien qu'elle y a renoncé [1].

§ 5. Des conquêtes et des découvertes confirmées par le laps de temps écoulé.

Les titres de presque toutes les nations européennes aux territoires possédés par elles en Europe sont tirés, dans l'origine, des conquêtes postérieurement confirmées par une longue possession, et par des relations internationales auxquelles toutes les nations européennes ont successivement pris part. Leurs droits sur les biens possédés par elles dans le Nouveau-Monde découvert par Christophe Colomb et d'autres aventuriers, et aux territoires qu'ils occupent en Asie et en Afrique, furent originairement tirés de la découverte, de la conquête ou de la colonisation, et ont été depuis confirmés par des contrats positifs. Indépendamment de ces sources du droit de propriété, le consentement général des hommes a établi le principe qu'une possession longue et non interrompue d'un terri-

[1] GROTIUS, *de Jure belli ac pacis*, lib. II, cap. IV. — PUFFENDORF, *de Jure naturæ et gentium*, lib. IV, cap. XII. — VATTEL, *Droit des gens*, t. I, liv. II, chap. XI. — RUTHERFORTH'S *Institutions of national law*, vol. I, chap. VIII; vol. II, chap. IX, § 3, 6.

Sic qui rem suam ab alio teneri scit, nec quicquam contradicit multo tempore, is nisi causa alia manifeste appareat, non videtur id alio fecisse animo, quam quod rem illam in suarum rerum numero esse nollet. (GROTIUS in loc. cit.)

toire par une nation, exclut les droits de toute autre nation à ce territoire. Soit que l'on considère ce consentement général comme un contrat tacite ou comme un droit positif, toutes les nations n'en sont pas moins obligées de s'y conformer, puisque toutes les nations ont pris part à ce consentement, puisque aucune nation ne peut refuser de s'y conformer sans pour cela ébranler ses propres titres à la possession de ses biens, et puisque enfin il est fondé sur l'utilité réciproque des nations, et qu'il tend à avancer les intérêts généraux de l'humanité.

Les Espagnols et les Portugais se sont mis à la tête de l'Europe dans les belles découvertes maritimes qui ont été faites pendant les quinzième et seizième siècles. D'après les idées reçues en Europe à cette époque, les nations païennes qui habitaient les contrées nouvellement découvertes étaient considérées comme appartenant légitimement aux conquérants de ces contrées. Dans le cas où s'élevaient quelques disputes au sujet du droit de possession dans ces contrées, le Pape, comme chef suprême de la chrétienté, était l'arbitre souverain de ces disputes. De là, la fameuse bulle publiée en 1493 par le pape Alexandre VI, laquelle accordait aux couronnes unies de Castille et d'Arragon toutes les terres découvertes et à découvrir, au delà d'une ligne imaginaire tracée d'un pôle à l'autre à cent lieues à l'ouest des îles Açores. Ce fut en se fondant sur cette bulle que les Espagnols prétendirent jouir seuls de la propriété de toutes les terres et mers situées à l'ouest de cette ligne dans le Nouveau-Monde. Cependant cette concession du Pape n'était pas le seul appui sur lequel se fondaient les nations qui avaient des possessions dans le Nouveau-Monde; elles faisaient reposer leurs droits à la propriété de ces pays sur la priorité de découverte. L'Espagne même n'a jamais fondé tous ses droits sur la bulle d'Alexandre VI. Le Portugal prétendait faire reposer ses droits à une partie de l'Amérique du Sud sur une découverte et conquête; cet État avait pourtant toujours soin de se tenir à l'est de la ligne tracée dans la bulle du Pape. Quant à l'Angleterre, la France et la Hollande, sans faire attention aux concessions faites par le Pape, ils poussèrent leurs découvertes, leurs conquêtes et même leurs colonies jusque dans les Indes occidentales, et occasionnèrent ainsi de longues guerres avec l'Espagne et le Portugal, qui semblaient s'être partagé entre eux la terre. Il y avait cependant un point sur lequel toutes ces nations paraissaient s'entendre; à savoir sur le mépris complet des droits des peuples de ces contrées. C'est ainsi que la bulle du pape Alexandre VI accordait à l'Espagne toutes les terres ayant déjà été occupées par des *nations chrétiennes;* et les lettres patentes données par Henri VII d'Angleterre à Jean Cabot et à ses fils les autorisaient «à chercher et à découvrir toutes les îles, pays ou provinces quelconques appartenant à des païens et des infidèles, et d'assujettir et d'occuper ces territoires comme ses vassaux et lieutenants.» C'est ainsi que la reine Élisabeth donna également à Sir Humphrey Gilbert, l'autorisation de découvrir toutes les contrées païennes et barbares non possédées par des princes ou des peuples chrétiens, et de les occuper. Subordonner les droits des sauvages indigènes à ceux du premier conquérant chrétien, devint ainsi une maxime de politique et de droit. Dans toutes les guerres, traités et négociations auxquels les prétentions rivales des différents États de l'Europe à des territoires sur le continent américain ont donné lieu, les droits des Indiens ont été complétement laissés de côté, ou bien abandonnés au bon plaisir des États auxquels les conventions des différentes puissances européennes les avaient livrés. Leurs titres à leur propre territoire se sont ainsi trouvés presque complétement abolis par la force des armes ou bien par des contrats, à mesure que les progrès de leurs ennemis forçaient les pauvres sauvages à se retirer de plus en plus des pays occupés par ceux-ci.

Dans les discussions qui s'élevèrent en 1790 entre la Grande-Bretagne et l'Espagne au sujet de Nostka-Sund, cette dernière puissance réclama toutes les côtes nord-ouest de l'Amérique jusqu'au détroit du Prince William, en se basant sur une priorité de découverte et sur une longue possession confirmées par l'article 8 du traité d'Utrecht. Le gouvernement anglais s'opposa à cette prétention, en déclarant que la terre étant l'héritage commun de tous les hommes, chaque individu et chaque nation a le droit de s'en approprier une portion en la cultivant et en l'occupant. Cette discussion se termina par une convention entre les deux puissances, dans laquelle il fut stipulé que leurs sujets respectifs pourraient librement naviguer et pêcher dans l'Océan Pacifique et dans la mer du Sud, et aborder sur les rivages de ces mers afin de faire le commerce avec les indigènes et pour s'y établir, en se soumettant toutefois aux conditions suivantes:

1° Que la navigation et la pêche des sujets de la Grande-Bretagne dans ces mers ne devaient pas servir de prétexte à un commerce illicite avec les établissements espagnols, et qu'ils ne pourraient naviguer ou pêcher à une distance de moins de dix lieues marines des côtes déjà occupées par les Espagnols.

2° Que dans toutes les parties des côtes nord-ouest de l'Amérique septentrionale où l'une ou l'autre des deux puissances aurait établi des colonies à partir du mois d'avril 1789, les sujets de l'autre auraient libre accès et pourraient y faire leur commerce en toute sûreté.

3° Qu'à l'égard des côtes est et ouest de l'Amérique méridionale, aucun établissement ne pourrait être formé par les sujets des deux États dans la partie de ces côtes située au midi des établissements déjà formés par les Espagnols; mais que les sujets respectifs des deux puissances continueraient à avoir le droit d'arborder sur ces côtes pour la pêche, et qu'ils auraient même le droit d'y établir des cabanes ou d'autres habitations temporaires pour les besoins de la pêche[1].

Discussions entre les États-Unis et la Russie au sujet de la côte nord-ouest de l'Amérique.

Par un ukase de l'empereur Alexandre de Russie en date du 4/16 septembre 1821, le gouvernement russe déclara avoir un droit territorial exclusif à la côte nord-ouest de l'Amérique, depuis le détroit de Béring jusqu'au 54e degré de latitude, et aux îles Aléoutes sur la côte orientale de la Sibérie, et dans les îles Kouriles depuis le même détroit jusqu'au cap Sud dans l'île d'Oozoop, au 15° 51′ de latitude nord. La navigation et la pêche étaient défendues à toute autre nation dans les îles et ports contenus dans les limites susdites. Il était également défendu à tout vaisseau étranger d'aborder dans les établissements russes ou d'en approcher à 100 lieues italiennes, sous peine de confiscation de leurs marchandises. Les droits de la Russie à ce territoire reposaient, selon le décret, sur les trois principes sur lesquels, d'après le droit des gens, repose tout droit de propriété, à savoir: sur la priorité de découverte; sur la priorité d'occupation, et enfin sur une possession paisible et incontestée pendant près d'un demi-siècle. Il y était de plus dit que toutes les conditions qui s'appliquent aux mers fermées, devaient s'étendre aux mers qui baignaient les possessions russes sur les continents de l'Asie et de l'Amérique, et que par suite le gouvernement russe pourrait exercer dans ces mers les droits de la souveraineté, et surtout celui de les interdire entièrement aux étrangers. Il se contenterait cependant de l'exercice de ses droits essentiels, pour empêcher la contrebande dans les limites de la compagnie russo-américane.

[1] *Annual Register*, an, 1790; *State Papers*, p. 285—305; an. 1791, p. 208—214, 222—227.

Tous ces principes furent contestés par le gouvernement des États-Unis, tant en fait qu'en droit. Le secrétaire d'État pour les affaires étrangères, M. John Quincy Adams, dans sa réponse à la communication du ministre russe à Washington, déclarait que depuis que les États-Unis existaient comme nation indépendante, leurs vaisseaux avaient librement navigué dans ces mers, et que le droit d'y naviguer leur était accordé par cette indépendance même, ainsi que le droit de leurs citoyens de trafiquer avec les natifs du pays qui ne se trouvaient pas soumis à la juridiction territoriale d'une autre nation. Il niait que les Russes eussent droit à aucune portion de l'Amérique au midi du 55e degré de latitude, en se fondant sur ce que dans la charte de la société russo-américaine cette ligne était la limite méridionale des découvertes faites par les Russes en Amérique jusqu'en 1799, et que depuis cette époque ils n'avaient fait aucune nouvelle découverte. A l'égard de la prétention du gouvernement russe à considérer les mers comprises entre les possessions en Amérique et en Asie comme une mer fermée (*mare clausum*), M. Adams se borne à faire observer que la distance entre ces deux continents sur la parallèle du 51° n'était pas moindre que de *quatre mille milles;* M. Adams terminait sa dépêche en exprimant l'espérance que les citoyens des États-Unis pourraient continuer paisiblement à se livrer au commerce [1].

Les négociations sur ce sujet se terminèrent par une convention signée à Saint-Pétersbourg le 5/17 avril 1824, contenant les stipulations suivantes: que dans toutes les parties de l'Océan Pacifique les citoyens des États-Unis et les sujets de la Russie pourront naviguer librement et exercer la pêche, mais toutefois avec les restrictions suivantes, à savoir: que les citoyens des États-Unis ne pour-

[1] *Annual Register*, vol. LXIV, p. 576—584. — *Correspondance entre M. Adams et M. Poleticar.*

ront aborder dans un établissement russe sans la permission du gouverneur ou commandant de cet établissement, et que pareillement les sujets russes ne pourront se rendre sans permission dans aucun établissement américain sur les côtes nord-ouest. Il fut de plus stipulé qu'il ne serait formé aucun établissement des États-Unis au nord du 54° 40′ de latitude, et aucun établissement russe au midi de cette ligne. Enfin, il fut convenu que pendant dix ans, à compter de la signature de la convention, les vaisseaux des deux puissances pourraient naviguer et exercer la pêche librement, dans toutes les mers comprises entre ces côtes.

Convention de 1825 entre la Grande-Bretagne et la Russie.

La Grande-Bretagne avait aussi de son côté protesté contre les principes exposés dans l'ukase russe de 1821 dès qu'il eut été promulgué, et de nouveau au congrès de Vérone. Les discussions qui s'élevèrent entre les deux gouvernements à ce sujet furent terminées par la convention signée à Saint-Pétersbourg le 16/28 février 1825, qui établit une frontière définitive entre les possessions de ces deux puissances sur le continent de l'Amérique septentrionale. La ligne de frontière devait commencer à l'extrémité méridionale de l'île du Prince de Galles, à 54° 40′ et jusqu'au détroit de Portland, 56° de latitude, de là le long des côtes, jusqu'au mont Saint-Élie, et de là vers le nord, suivant le 141° de longitude, d'après le méridien de Greenwich, jusqu'à l'Océan glacial.

La convention entre la Russie et les États-Unis a expiré en 1834, et n'a pas été renouvelée depuis cette époque.

Prétentions du gouvernement des États-Unis au territoire de l'Orégon.

Les prétentions des États-Unis au territoire situé entre les *Rocky-Mountains* et l'Océan Pacifique et le 42e degré et le 54e degré 40′ de latitude nord, reposent sur les considérations et faits suivants:

1° La première découverte de la rivière Colombie par le capitaine Gray, de Boston, en 1792; la première découverte de la source de cette rivière, et l'exploration de son cours jusqu'à la mer par les capitaines Lewis et Clarke en 1805—1806, et enfin l'occupation première des ports de ce territoire par des citoyens des États-Unis.

2° La reconnaissance tacite des titres des États-Unis, par le gouvernement britannique, au moyen de la restitution de l'établissement d'Astoria ou du fort Georges, à l'embouchure de la Colombie, après la dernière guerre entre la Grande-Bretagne et les États-Unis.

3° L'acquisition par les États-Unis de tous les titres de l'Espagne à ce territoire, titres qui étaient fondés sur la découverte de ce pays par des sujets espagnols avant qu'il n'eût été connu d'aucun autre peuple. Cette acquisition fut faite en vertu du traité de 1819 signé entre l'Espagne et les États-Unis.

Le gouvernement anglais opposait à ces raisons les objections suivantes:

1° Que la Colombie n'avait pas été découverte par le capitaine Gray, mais bien par le lieutenant Meases, de la marine anglaise, et que l'exploration du cours de la rivière par les capitaines Clarke et Lewis n'était d'aucune importance, puisque le gouvernement anglais avait, la même année, établi des agents sur le cours de cette rivière.

2° Que la restitution d'Astoria avait eu lieu moyennant certaines restrictions au sujet des droits du gouvernement anglais à ce territoire.

3° Que les titres dérivés de l'Espagne par le traité de 1819 assuraient seulement aux États-Unis les mêmes droits que ceux accordés à l'Espagne par la convention, c'est-à-dire les droits de s'établir dans toutes les portions du territoire, de naviguer et de pêcher dans les mers qui l'avoisinent et de trafiquer avec les indigènes.

Pendant les négociations qui eurent lieu en 1827, les plénipotentiaires anglais, MM. Huskinson et Addington, présentèrent dans un mémoire les titres de leur gouvernement au territoire de l'Orégon. Voici les points principaux de ce mémoire. «Le gouvernement anglais ne réclamait aucune portion du territoire entre les 42e et 49e degrés de latitude. Ses prétentions se bornaient à demander le droit d'occuper le territoire en commun avec d'autres nations, laissant tout à fait de côté le droit de domination exclusive; elles ne consistaient donc que dans le maintien de ses droits en opposition aux prétentions exclusives du gouvernement américain. Les droits de la Grande-Bretagne avaient été indiqués et définis dans la convention de 1790; ils comprennent celui de naviguer dans toutes les eaux de ce territoire, de s'y établir et de trafiquer avec les indigènes ou avec les autres nations qui y ont des possessions. Ces droits ont été exercés paisiblement par la Grande-Bretagne depuis l'époque de la signature de la convention, c'est-à-dire pendant près de quarante ans. Le gouvernement anglais admet que les États-Unis possèdent des droits semblables, quoiqu'ils n'aient été exercés qu'en une seule occasion, mais qu'au delà de ces droits ils n'en possèdent aucun. Les sujets de la Grande-Bretagne ont eu depuis plusieurs années des établissements dans le territoire de l'Orégon; le gouvernement anglais doit protection à ces établissements, et elle leur sera accordée ainsi que la liberté du commerce et de la navigation. Le gouvernement anglais veillera aussi à ce que les droits semblables des États-Unis ne soient pas lésés, le désir du gouvernement anglais étant de régler ses propres obligations sur celles des autres États qui ont des possessions sur ce territoire, tant que subsistera l'occupation en commun [1].»

Les conventions de 1818 et de 1827 entre les gouvernements anglais et américain stipulèrent toutes deux que tout le territoire réclamé par les deux gouvernements

[1] *Congress documents*, 20th congress and Ist sess., n° 199. — GREENHOW, *History of Oregon and California*. Proofs and illustrations. H.

sur la côte nord-ouest de l'Amérique, à l'ouest des montagnes Rocheuses, restera ouvert pendant l'espace de dix ans aux deux puissances. Il était d'ailleurs bien entendu que cet arrangement ne devait en rien faire tort aux prétentions des deux puissances; chacune des deux parties contractantes pouvait du reste faire cesser cette stipulation au moyen d'une notification faite un an d'avance. Cette notification ayant été donnée par le gouvernement américain, de nouvelles discussions eurent lieu entre les deux gouvernements. Ces discussions furent terminées par un traité signé à Washington en 1846. Par l'article 1er de ce traité il fut stipulé que la limite actuelle entre le territoire possédé par chacun des deux gouvernements serait continuée sur la parallèle du 49e degré de latitude nord vers l'occident, jusqu'au milieu du canal qui sépare le continent de l'île de Vancouver, et de là vers le midi du même canal et du détroit de Fuca, jusqu'à l'Océan Pacifique, à condition que la navigation dudit canal serait libre aux bâtiments des deux puissances contractantes. L'article 2 stipulait la libre navigation de la rivière Colombie par la compagnie de la baie d'Hudson et les sujets anglais faisant le commerce avec cette compagnie, depuis le 49e degré de latitude nord jusqu'à son embouchure. Le 3e article enfin garantissait les droits de possession déjà acquis par la compagnie et par d'autres sujets anglais dans le territoire au midi de la parallèle du 49e degré de latitude nord[1].

§ 6. Juridiction territoriale maritime.

Le territoire maritime de tout État s'étend aux ports, aux rades, aux baies, aux golfes, embouchures des fleuves, et à certaines mers resserrées dans les terres, qu'on appelle mers enclavées. L'usage général des nations a ajouté à cette étendue de la juridiction maritime d'un État, les parties de la mer voisines des côtes jusqu'à une distance d'une lieue marine, ou bien aussi loin que peut porter un

[1] *Congress documents.*

coup de canon tiré du rivage. Dans ces limites les droits de propriété et de juridiction territoriale sont absolus et excluent ceux de toutes les autres nations[1].

Les expressions côtes et rivages comprennent les parties de terre qui s'élèvent au-dessus de la mer quand même elles ne sont pas assez fermes pour pouvoir être habitées, mais ne s'étendent nullement aux parties de terre qui sont perpétuellement couvertes d'eau, quoique ces parties de terres puissent être considérées comme un prolongement des côtes. La règle du droit des gens à cet égard est celle-ci; *terræ potestats finitur ubi finitur armorum vis.* Depuis que l'on se sert d'armes à feu, cette distance a ordinairement été considérée comme de trois milles. Il est entendu que cette distance ne commence à compter que depuis le point où la mer est navigable[2]. § 7. Étendue à donner aux termes côtes et rivages.

Dans une cause soumise à sir W. Scott (lord Stowell), juge de la cour d'amirauté d'Angleterre, au sujet de la légalité d'une prise faite sur le territoire neutre des États-Unis à l'embouchure du Mississipi, la question s'est élevée de savoir quel était le rivage à l'embouchure du fleuve, puisqu'il se trouve à cet endroit une foule de petites îles formées de boue et de troncs d'arbres, qui

[1] GROTIUS, *de jure belli ac pacis,* lib. II, cap. III, § 10. — BYNKERSHOEK, *Quæstionum juris publici,* lib. I, cap. VIII. — Idem, *de Dominio maris,* cap. II. — VATTEL, liv. I, chap. XXIII, § 289. — VALIN, *Commentaire sur l'ordonnance de la marine,* liv. V, tit. I. — AZUNI, *Diritto marittimo,* pt. I, cap. II, art. 3, § 15. — GALIANI, *dei Doveri dei principi neutrali in tempo di guerra,* liv. I. — *Life and works of Sir L. Jenkins,* vol. II, p. 780.

[2] Unde dominium maris proximi non ultra concedimus, quam e terra illi imperari potest, et tamen eo usque; nulla siquidem sit ratio, cur mare, quod in alicujus imperio est et potestate, minus ejusdem esse dicamus, quam fossam in ejus territorio...... Quare omnino videtur rectius, eo potestatem terræ extendi, quousque tormenta explodiuntur, eatenus quippe cum imperare, tum possidere videmur. Loquor autem de his temporibus, quibus illis machinis utimur: alioquin generaliter dicendum esset, potestatem terræ finiri, ubi finitur armorum vis; etenim hæc, ut diximus, possessionem tuetur. (BYNKERSHOEK, de *Dominio maris,* cap. II.) — Vide ORTOLAN, *Diplomatie de la mer,* liv. II, chap. VIII.

semblent faire partie de la terre ferme. Il fut prétendu que ces portions de territoire ne faisaient pas partie du continent américain, et qu'elles n'appartenaient à personne, qu'elles n'étaient d'ailleurs pas assez solides pour pouvoir être habitées, et que l'on ne s'y rendait que pour prendre des nids d'oiseaux. Il fut de plus prétendu que le territoire américain ne commençait qu'à la Balise, fort qui avait été élevé sur la terre ferme à l'entrée du fleuve, par les Espagnols. Lord Stowell décida cependant que ces portions de terre étaient sous la juridiction du territoire américain, puisqu'elles se formaient de fragments de la terre ferme elle-même. C'était sur le principe du droit romain: *Quod vis fluminis de tuo prædio detraxerit, et vicino prædio attulerit, palam tuum remanet*, que le savant magistrat basait sa décision [1].

La juridiction territoriale de la couronne britannique s'est de temps immémorial étendue à ces baies qui se trouvent le long de la côte de la Grande-Bretagne, et qui sont connues sous le nom de *King's Chambers*. Le gouvernement des États-Unis prétend avoir droit à une juridiction semblable sur la baie de Delaware et sur d'autres baies qui font partie de son territoire. D'après sir L. Jenkins, il paraît que pendant les règnes de Jacques Ier et de Charles II, l'approche des vaisseaux étrangers des côtes de l'Angleterre, de manière à entraver le commerce anglais, était défendue, et que si des prises étaient faites par des vaisseaux étrangers dans les limites des *King's Chambers*, la cour d'amirauté exigeait leur restitution. Par un acte adopté en 1736 (9 Geo. II. cap. 35), il fut décidé que la juridiction territoriale s'étendrait jusqu'à une distance de quatre lieues marines des côtes, pour ce qui regarde les lois de navigation et de douane. Une semblable disposition se trouve dans les règlements de douane aux États-

[1] ROBINSON'S *Admiralty Reports*, vol. V, p. 385.

Unis, et dans les deux pays ces dispositions ont été reconnues conformes au droit des gens[1].

Le droit de pêche dans les eaux voisines des côtes d'un État appartient exclusivement aux sujets de cet État. L'exercice de ce droit entre la France et l'Angleterre a été réglé par une convention faite en 1839. L'article 9 de cette convention porte que: «Les sujets de S. M. le roi des Français jouiront du droit exclusif de pêche dans le rayon de 3 milles, à partir de la laisse de basse mer, le long de toute l'étendue des côtes de France, et les sujets de S. M. Britannique jouiront du droit exclusif de pêche dans un rayon de 3 milles de la laisse de basse mer, le long de toute l'étendue des côtes des îles Britanniques. § 8. Droit de pêche.

«Bien entendu que, sur cette partie des côtes de France qui se trouve entre le cap Carteret et la pointe de Monga, le droit exclusif de pêche n'appartiendra qu'aux sujets français en dedans des limites mentionnées en l'article 1er de la convention.

»Il est également entendu que le rayon de 3 milles, fixant la limite générale du droit exclusif de pêche sur les côtes des deux pays, sera mesuré, pour les baies dont l'ouverture n'excédera pas 10 milles, à partir d'une ligne droite allant d'un cap à l'autre[2].»

Par l'article 1er de la convention faite en 1818 entre la Grande-Bretagne et les États-Unis, certaines limites furent assignées à la pêche des citoyens des États-Unis sur les côtes des possessions britanniques en Amérique; hors de ces limites il était défendu auxdits citoyens de pêcher dans un rayon de 3 milles de ces côtes[3].

[1] *Life and works of Sir L. Jenkins*, vol. II, p. 727, 728, 780. — — *Opinion of the United-States Attorney-General on the capture of the British ship Grange in the Delaware bay*, 1793. — Waite's *American State papers* vol. I, p. 75. — Dodson's *Admiralty reports*, vol. II, p. 245. Le Louis. — Cranch's *Reports*, vol. II, p. 187. — Vattel, *Droit des gens*, liv. I, chap. xx. §. 281.

[2] *Annales maritimes et coloniales*, 1839, 1re partie, p. 281.

[3] Elliot's *Diplomatic code*, vol. I, p. 281.

§ 9. Prétentions à certaines parties de la mer, fondées sur la prescription.

Outre les baies, les golfes, les embouchures de fleuves et les détroits qui se trouvent sur les côtes d'un État, certaines nations ont prétendu avoir droit à une juridiction sur certaines parties de la mer, en se fondant pour cela sur un long usage. Telle était, par exemple, la souveraineté que réclamait la république de Venise sur la mer Adriatique. La suprématie maritime réclamée par la Grande-Bretagne sur les mers qui baignent ses côtes (*Narrow seas*) a seulement consisté à demander certains honneurs pour le pavillon anglais dans ces mers. Cette suprématie n'a du reste jamais été généralement reconnue [1].

Si la navigation de deux mers, unies par un détroit, est libre, la navigation de ce détroit doit l'être aussi. Quand même les deux rivages du détroit sont formés par le territoire d'un même souverain, et que le détroit est si peu large, qu'il soit à portée de canon des deux rives, la juridiction territoriale absolue du souverain sur ce détroit est limitée par le droit qu'ont d'autres nations de communiquer librement d'une mer à l'autre. Ce droit peut cependant être modifié par une convention spéciale dans les cas où le passage libre dans un détroit mettrait en danger la sûreté de l'État dans lequel il se trouve. C'est ainsi que le passage du détroit peut rester libre aux bâtiments marchands des nations ayant droit de naviguer dans les mers entre lesquelles il sert de voie de communication, tandis qu'il peut rester fermé aux bâtiments de guerre en temps de paix.

La mer Noire, le Bosphore et les Dardanelles.

Tant que les rivages de la mer Noire étaient exclusivement soumis à la Turquie, cette mer pouvait à bon droit être appelée *mare clausum*, et la Porte ottomane avait donc le droit incontestable d'empêcher les bâtiments étrangers de passer par le détroit qui la lie à la mer Méditer-

[1] Vattel, *Droit des gens*, liv. I, chap. xxiii, § 289. — Martens, *Précis du droit des gens moderne de l'Europe*, liv. II, chap. i, § 42. — *Edinburgh Review*, vol. XI, art. i, p. 17—19.

ranée. Mais depuis les acquisitions territoriales faites par la Russie et les établissements de commerce formés par elle dans ces contrées, cet empire, ainsi que d'autres puissances européennes, ont acquis le droit de naviguer librement dans les Dardanelles et le Bosphore. Ce droit fut expressément reconnu dans le 7e article du traité d'Andrinople signé en 1829, entre la Russie et la Porte, tant à l'égard des bâtiments russes qu'à l'égard de ceux des autres puissances en paix avec la Porte[1].

Le droit qu'ont les bâtiments étrangers de naviguer dans ces mers ne s'étend pas aux bâtiments de guerre. L'ancienne règle de l'empire ottoman qui défend l'entrée du Bosphore et des Dardanelles aux bâtiments de guerre étrangers fut expressément indiquée dans le traité signé à Londres le 13 juillet 1841, entre les cinq grandes puissances.

L'article 1er de cette convention déclarait, d'une part, la résolution du sultan de maintenir à l'avenir cette règle de l'empire ottoman, et de ne permettre, en temps de paix, à aucun bâtiment de guerre d'entrer dans les deux détroits, et, d'autre part, l'engagement que prenaient les cinq grandes puissances de respecter la détermination du sultan et de se conformer au principe ci-dessus indiqué.

L'article 2 stipulait que, tout en déclarant l'inviolabilité de cette ancienne règle de son empire, le sultan se réservait le droit d'accorder des firmans pour l'entrée des détroits aux petits navires armés qui se trouvaient au service des légations des puissances amies de la Porte[2].

Souveraineté du roi de Danemark sur le Sund et les Belts.

La suprématie réclamée par le roi de Danemark sur le Sund et les deux Belts, détroits entre la mer Baltique et l'Océan, repose, selon les publicistes danois, sur la prescription sanctionnée par une longue succession de traités avec d'autres puissances. Selon ces écrivains, la prétention

[1] MARTENS, *Nouveau Recueil*, t. VIII, p. 143.

[2] WHEATON, *Histoire du droit des gens*, t. II, p. 260.

à la souveraineté soutenue par le roi de Danemark a été exercée depuis les temps les plus reculés pour la protection du commerce contre les pirates et d'autres ennemis, au moyen de bâtiments armés sur les côtes, et contre les dangers de la mer par l'établissement de phares. Les Danois demeurèrent pendant plusieurs siècles maîtres des deux rives du Sund, la province de Scanie n'ayant été cédée à la Suède que par le traité de Roeskild en 1658, traité confirmé par celui de 1660, dans lequel il fut de plus stipulé que la Suède ne devait jamais réclamer les droits du Sund, mais se contenter d'une compensation pour le maintien des phares sur les côtes de la Scanie. Le droit exclusif du Danemark fut reconnu dès 1368, par un traité entre cet État et les villes anséatiques, et par celui de 1490 avec Henri VII, roi d'Angleterre, dans lequel il était défendu aux bâtiments anglais de passer dans le grand Belt et le Sund, sauf dans des cas de nécessité absolue, et dans ces cas même ils devaient payer les droits à Wiborg, comme s'ils avaient passé le Sund à Elseneur. Le traité conclu à Spire en 1544 avec l'empereur Charles-Quint, et qui est ordinairement considéré comme le premier acte reconnaissant le droit du Danemark à lever cet impôt sur le Sund, stipule seulement que les négociants flamands passant par le Sund payeront le même droit que par le passé.

Le traité signé en 1645, à Christianople, entre les Pays-Bas, est la convention la plus ancienne qui indique d'une manière certaine le tarif des droits à prélever sur les bâtiments hollandais passant par le Sund et le grand Belt. Ce tarif fixait aussi les droits à payer sur chaque objet indiqué dans la liste, et ordonnait que «les marchandises non énumérées devaient payer suivant l'usage du commerce et ce qui avait été pratiqué depuis les temps anciens[1].»

[1] Scherer, *der Sundzoll, seine Geschichte, sein jetziger Bestand und seine staatsrechtlich-politische Lösung*, § 205.

En 1701 un traité fut conclu entre les deux États, pour éclaircir l'obscurité du traité de Christianople à l'égard des marchandises non énumérées dans le tarif. D'après l'article 3 du nouveau traité, il fut déclaré que quant aux objets non spécifiés dans le premier traité, «les droits du Sund seront payés d'après leur valeur, c'est-à-dire d'après les lieux d'où ils viennent, et il sera payé un droit fixe d'un pour cent de leur valeur[1].»

Dès lors les deux traités de 1645 et de 1701 constituèrent la loi conventionnelle sur les droits du Sund. Ils sont constamment cités dans les traités postérieurs entre le Danemark et d'autres puissances, comme établissant l'échelle normale d'après laquelle ces droits doivent être réglés à l'égard des nations *privilégiées*. Celles qui ne le sont pas payent l'ancien droit sur les articles énumérés, et un quart pour cent de la valeur des marchandises non énumérées[2].

Convention de 1841.

Une révision de l'ancien tarif des droits du Sund de 1645 a eu lieu par suite des conventions conclues à Londres et à Elseneur en 1841, entre le Danemark et la Grande-Bretagne. D'après cet arrangement, les droits sur les marchandises non-énumérées furent fixés, et ceux sur les autres réduits; quelques abus qui s'étaient introduits dans la manière de lever ces droits furent rectifiés[3].

La mer Baltique est-elle une mer fermée?

La mer Baltique est considérée par les puissances maritimes qui ont des possessions sur les côtes, comme une mer fermée, en temps de guerre, à toutes les puissances qui n'y ont pas de possessions. Ce principe fut énoncé dans les traités de neutralité armée de 1780 et de 1800, et par le traité de 1794 entre le Danemark et la Suède.

[1] SCHERER, *der Sundzoll, etc.*, § 205.

[2] SCHLEGEL, *Staatsrecht des Königreichs Dänemark*, Thl. 1, Cap. VII, § 27—29.

[3] SCHERER, *der Sundzoll etc.*, Beilage, Nr. 8—9. — WHEATON, *Histoire du droit des gens*, t. I, p. 205—213.

Lors de la déclaration de guerre en 1807, de la Russie contre la Grande-Bretagne, l'inviolabilité de la mer Baltique et les garanties réciproques faites par les puissances baltiques furent regardées par la Russie comme aggravant les torts de la Grande-Bretagne lors de l'entrée de ses vaisseaux dans le Sund et le bombardement de Copenhague. Le gouvernement anglais, de son côté, niait qu'il eût jamais admis les principes sur lesquels on fait reposer l'inviolabilité de la mer Baltique, quoique dans certaines circonstances il avait pu sembler les reconnaître.

§ 10. Controverse au sujet de la souveraineté des mers.

La question de la souveraineté des mers, qui, à vrai dire, n'en est pas une aujourd'hui, a été traitée par les publicistes les plus distingués. Grotius, dans son traité sur les lois de la paix et de la guerre, n'admet guère que la possibilité de s'approprier les eaux voisines du territoire, quoiqu'il cite une foule d'auteurs anciens, pour prouver qu'une souveraineté plus étendue a souvent été sanctionnée par l'usage et par l'opinion. Mais Grotius a toujours limité cette souveraineté à des bornes restreintes; aussi parle-t-il toujours à ce sujet de partie de la mer (*pars maris*), et jamais de l'Océan tout entier[1]. Dans son ouvrage *de Mare libero,* publié en 1609, il avait déjà soutenu le droit commun des hommes à la libre navigation, au commerce et à la pêche dans l'Atlantique et dans la mer Pacifique contre les prétentions exclusives de l'Espagne et du Portugal, fondées sur la priorité de découverte. La prétention à la souveraineté des mers qui avoisinent les îles Britanniques, soutenue par le souverain de ces îles, fut défendue par Albericus Gentilis dans son *Advocatio hispanica*, publiée en 1613. Dans l'ouvrage intitulé *Mare clausum,* publié par Selden en 1635, les principes généraux adoptés par Grotius furent mis en question, et les prétentions de l'Angleterre furent encore plus fortement défen-

[1] Grotius, *de Jure belli ac pacis,* lib. II, cap. III, § 8—13.

dues que par Gentilis. Fra Paoli Sarpi, le célèbre historien du concile de Trente, écrivit également une défense des prétentions de la république de Venise à la souveraineté de la mer Adriatique [1]. Bynkershoek a examiné la question dans un de ses premiers ouvrages, avec cette clarté et cette vigueur qui caractérisent tous les ouvrages de cet illustre publiciste. Il admet que les parties de la mer peuvent être soumises à une souveraineté exclusive, quoiqu'il nie la validité des prétentions du souverain de l'Angleterre à la souveraineté des mers qui entourent cet État, parce que, dit-il, ces mers n'ont pas été soumises sans interruption à cette domination[2]. Puffendorf pose en principe que dans une petite mer la souveraineté appartient au souverain du pays qui l'entoure, ou bien est partagée, s'il y a plusieurs souverains habitant sur ses côtes, comme cela arrive dans le cas d'un lac sur les bords duquel résident plusieurs propriétaires. Quant à l'idée que la pleine mer puisse jamais devenir propriété, il la repousse avec indignation[3]. On pourrait regarder l'autorité de Vattel comme explicite dans le même sens, s'il ne l'avait affaiblie en admettant que quoique le droit de pêche ne puisse pas être réclamé par un État sous le prétexte d'un usage immémorial, ni perdu pour les autres en vertu du principe

[1] PAOLO SARPI, *Del Dominio del mare Adriatico e sui regsioni per il* jns belli *della serenissima republica di Venezia.* Venet. 1676. In-12.

[2] *De domino maris.* Opero minora. Dissert. V. Publié pour la première fois en 1702.

Nihil addo, quam sententiæ nostræ hanc conjectionem: Oceanus, qua patet, totus imperio subjici non potest; pars potest, possunt et maria mediterranea, quotquot sunt, omnio. Nullum tamen mare mediterraneum, neque ulla pars Oceani ditione alicujus principis tenetur, nisi qua in continentis sit imperio. Pronunciamus *mare liberum,* quod non possidetur vel universum possideri nequit, *clausum,* quod post justam occupationem navi una pluribusve olim possessum fuit, et si est in fatis, possidebitur posthac; nullum equidem nunc agnoscimus subditum, cum non sufficiat id affectasse, quin vel aliquando occupasse et possedisse, nisi etiamnum duret pessessio, quæ gentium hodie est nullibi; ita libertatem et imperium, quæ haud facile miscentur, una sede locamus. (*Ibid.,* cap. VII ad finem.)

[3] *De Jure naturæ et gentium,* lib. IV, cap. v, § 7.

de prescription ou par le non-usage; cependant cela peut arriver lorsque le non-usage revêt la nature d'un consentement, et devient ainsi un titre en faveur d'une nation envers une autre. [1].

Les raisonnements dont on s'est servi de part et d'autre dans cette discussion sont souvent vagues et peu concluants. C'est qu'en effet il n'y a que deux raisons décisives dans la question. La première, qui est toute physique suffirait à elle seule; sí donc on y ajoute la seconde, qui est d'une nature morale, toute la question sera décidée.

I. Une chose ne peut devenir la propriété d'un homme à moins de passer en sa possession. Pour que la mer pût devenir la propriété d'une nation, il faudrait donc que cette nation pût en prendre possession et la conserver. Cela n'est pas possible pour la mer.

II. En second lieu, la mer est un élément qui appartient également à tous les hommes de même que l'air. Aucune nation n'a donc le droit de s'en approprier, quand même cela lui serait physiquement possible.

Il est donc démontré que la mer est libre, et que par suite l'usage de la mer reste ouvert et commun à tous[2].

Nous avons déjà vu que, par l'usage général des nations, qui forme la base du droit international, le territoire maritime de chaque État s'étend:

1° Aux ports, aux hâvres, aux baies, aux embouchures de fleuves et aux parties de mer réservées dans le territoire de cet État.

2° A une étendue d'une lieue marine des côtes ou bien aussi loin que peut porter un coup de canon.

3° Aux détroits qui lient deux mers, et qui sont à portée de canon des deux rives [3].

[1] Vattel, *Droit des gens*, liv. I, chap. xxiii, § 279—286.

[2] Ortolan, *Règles internationales de la mer*, vol. I, p. 123—126.

[3] Vide supra § 6—9.

Les considérations qui font qu'aucun État ne peut s'attribuer un droit de propriété absolue sur la pleine mer ne sauraient s'appliquer aux parties de mer comprises dans l'énumération précédente.

1° Ainsi, par rapport aux ports, aux hâvres, aux baies, aux embouchures de fleuves, le droit de propriété exclusif d'un État peut être maintenu, sans que pour cela les deux principes énoncés au sujet de la liberté de la pleine mer soient ébranlés. En effet l'État dont le territoire est baigné par ces eaux a le pouvoir physique d'agir perpétuellement sur elles, et en même temps le droit d'en exclure tout autre État, deux choses qui, comme nous l'avons déjà vu, constituent la possession. Ces eaux ne peuvent être regardées comme appartenant au genre humain en général, pas plus que le territoire qui les avoisine. Tout État possède donc le droit d'exclure tout autre État de ces eaux: ce droit peut cependant être modifié par des conventions, soit tacites, soit expresses, mais son existence est fondée sur l'indépendance réciproque des nations, qui autorise chaque État à juger par lui-même de la manière dont ce droit doit être exercé.

2° Il peut sembler au premier abord que ces considérations ne s'appliquent pas également aux parties de la mer qui baignent les côtes d'un État. Le pouvoir physique d'exercer un droit de propriété exclusive dans ces limites existe dans une certaine mesure; mais le pouvoir moral semble ne s'étendre qu'à exclure l'action de tout autre État qui pourrait être nuisible à l'État auquel appartient ce droit. C'est en se fondant sur cette considération, que l'on est convenu d'exempter un État neutre, en temps de guerre, de tout acte d'hostilité dans les limites d'une lieue marine de ses côtes. On a quelquefois aussi étendu l'exercice de ce droit à l'exclusion des autres nations de l'usage de ces eaux, tant en temps de guerre qu'en temps de paix, comme par exemple pour la pêche. Cette prétention est consacrée tant par l'usage que par des conventions spéciales et peut être regardée maintenant comme faisant partie du droit positif des gens [1].

3° A l'égard des détroits qui servent de voie de communication entre deux mers, le droit de propriété et de juridiction de l'État qui a des possessions sur le deux rives du détroit, peut être modifié par le droit qu'ont toutes les nations de naviguer dans les mers entre lesquelles se trouve le détroit. Ainsi, par exemple, si les deux rives du détroit de Gibraltar étaient soumises à une même puissance, la navigation de ce détroit n'en serait pas moins libre puisqu'il sert de voie de communication entre l'Océan Atlantique et la mer Méditerranée. C'est ainsi que, comme nous l'avons déjà vu, la navigation des Dardanelles et du Bosphore est libre à toutes nations, sauf qu'elles doivent se soumettre à certains règlements indispensables pour le maintien de la sûreté de l'empire ottoman [2].

§ 11. Des fleuves qui font parti du territoire d'un État.

Le territoire d'un État comprend les lacs, les mers et les fleuves entièrement renfermés dans ses limites. Les rivières qui coulent à travers un État font aussi partie du territoire de cet État. Lorqu'une rivière navigable forme la frontière entre deux États, le milieu du lit de cette rivière (*Thalweg)* est considéré comme la ligne de frontière des deux États, comme il est à présumer que la navigation est libre aux deux États limitrophes. Cependant cette présomption peut être détruite, s'il existe des preuves que l'un des États a exercé depuis fort longtemps des droits de souveraineté sur la rivière en question.

§ 12. Droit de passage innocent des fleuves qui coulent

Des choses dont l'usage est inépuisable, telles que la mer et l'eau courante, ne peuvent appartenir en propre à personne de manière à exclure les autres du

[1] Vattel. *Droit des gens*, liv. I, chap. xxiii, § 287. — Martens, *Précis du droit des gens moderne de l'Europe,* § 153.

[2] Voir, dans mon *Histoire du droit des gens*, les discussions qui eurent lieu, à ce sujet, entre la Turquie et la Grand-Bretagne, t. II, p. 256—260.

droit de se servir de ces choses, si toutefois cet usage n'incommode pas le propriétaire légitime. C'est ce que l'on nomme *l'usage innocent*. C'est ainsi que nous avons vu que la juridiction d'un État sur des détroits ou sur d'autres bras de mer passant par cet État et communiquant avec un autre État ou avec des mers communes à tous les hommes, n'exclut pas d'autres nations du droit de passer librement dans ces détroits. Le même principe s'applique aux fleuves qui coulent d'un État à travers un autre État dans la mer, ou dans le territoire d'un troisième État. Le droit de naviguer, pour des objets de commerce, sur un fleuve qui coule dans le territoire de plusieurs États, est commun à toutes les nations qui habitent ses rives; mais ce droit étant un *droit imparfait*, son exercice peut être modifié pour la sûreté des États intéressés, et ne peut être assuré d'une manière efficace par des conventions réciproques [1]. à travers plusieurs États différents.

§ 13. Droit incident à l'usage des rives d'un fleuve.

L'exercice de ce droit entraîne celui du droit incident de se servir de tous les moyens nécessaires à la jouissance du droit principal. C'est ainsi que le droit romain, qui considérait les fleuves navigables comme propriété publique et commune, déclarait que le droit de se servir des rives d'un fleuve entraînait aussi celui de se servir de ses eaux, et que le droit de naviguer entraînait celui d'amarrer des bâtiments sur ses rives et de les y décharger. Les publicistes appliquent ce principe du droit romain aux relations des nations, et prétendent que ce droit est une conséquence nécessaire du droit de libre navigation [2].

[1] GROTIUS, *de Jure belli ac pacis*, lib. II, chap. II, § 12—14; cap. III, § 7—12. — VATTEL, *Droit des gens*, liv. II, chap. IX, § 126—130; chap. X, § 132—134. — PUFFENDORF, *de Jure naturæ et gentium*, lib. III, cap. III, § 3—6.

[2] GROTIUS, *de Jure belli ac pacis*, lib. II, chap. II, § 2. — PUFFENDORF, *de Jure naturæ et gentium*, lib. III, cap. III, § 8. — VATTEL, *Droit des gens*, liv II, chap. IX, § 129.

§ 14. Ces droits sont imparfaits de leur nature.

Le droit incident, comme le droit principal, est imparfait de sa nature, et l'avantage des deux parties doit être consulté pour l'exercice de ces droits.

§ 15. Modification de ces droits au moyen de conventions.

Ceux qui sont intéressés dans l'exercice ou la jouissance de ces droits, peuvent y renoncer entièrement, ou les modifier de telle manière qu'il leur plaira en vertu de conventions réciproques. Un exemple frappant d'une semblable renonciation se trouve dans le traité de Westphalie de 1648, confirmé par d'autres traités postérieurs. Par ces traités la navigation de l'Escaut fut fermée aux provinces belges en faveur des Hollandais. La violation de ces stipulations par la France lors de son intervention dans les affaires des Pays-Bas en 1792, fut un des principaux motifs de la guerre entre la France et la Grande-Bretagne et la Hollande. Les traités de Vienne placèrent la navigation de l'Escaut sur le même pied que celle du Rhin et des autres grands fleuves de l'Europe; et dans le traité de 1831, qui proclamait la séparation de la Belgique et de la Hollande, la libre navigation de l'Escaut fut stipulée, sauf certains droits à lever par la Hollande [1].

§ 16. Traités de Vienne par rapport à la navigation des grands fleuves de l'Europe.

Par le traité de Vienne de 1815, la navigation commerciale des fleuves qui séparent différents États ou qui coulent à travers leur territoire fut déclarée libre dans toute l'étendue de leur cours, à condition que la police de navigation serait observée.

Par l'annexe XVI de l'acte final du congrès de Vienne, la libre navigation du Rhin est accordée dans tout son cours, et des règlements particuliers sont faits pour ce qui regarde ce fleuve, ainsi que le Necker, le Mein, la Meuse et l'Escaut, qui sont tous déclarés libres depuis l'endroit où ils commencent à devenir navigables jusqu'à leurs embouchures. Des règlements semblables furent faits pour la navigation de l'Elbe par les États riverains de ce

[1] Wheaton, *Histoire du droit des gens,* t. I, p. 345.

fleuve, par un acte signé à Dresde en date du 12 décembre 1821. Les stipulations par lesquelles les puissances qui y étaient intéressés garantirent la libre navigation de la Vistule et des autres fleuves de la Pologne, stipulations qui avaient été insérées dans le traité signé le 3 mai 1815 entre l'Autriche et la Russie, et dans celui signé le même jour par la Russie et la Prusse, furent confirmées aussi par l'acte final du congrès de Vienne. L'acte étend aussi les mêmes principes à la navigation du Pô [1].

§ 17. Navigation du Rhin.

L'interprétation de ces stipulations, relatives à la libre navigation du Rhin, est devenue ensuite l'objet d'un litige entre le gouvernement des Pays-Bas et les autres États riverains intéressés dans le commerce de ce fleuve. Le gouvernement néerlandais a réclamé le droit exclusif de régler et d'imposer le commerce dans les limites de son territoire aux endroits où les diverses branches du Rhin se divisent en tombant dans la mer. Pour soutenir cette prétention, on alléguait que l'expression, dans les traités de Paris et de Vienne, *jusqu'à la mer*, n'était pas synonyme du terme *dans la mer*; et que même si l'on interprétait la lettre des traités dans ce sens, il fallait la restreindre au cours du véritable Rhin, qui n'était pas même navigable à son embouchure. La masse des eaux formant ce fleuve se divise près de Nimègue en trois grands canaux naturels, le Waal, le Lech, et l'Yssel: le premier descendant par Gorcum, où il prend le nom de la Meuse; le second approchant la mer à Rotterdam; et le troisième, se dirigeant vers le nord par Zütphen et Deventer, tombe dans le Zuydersée. De ces trois canaux aucun n'est connu sous le nom de Rhin, nom qui est conservé à un petit fleuve qui laisse le Lech à Wycle, prend son cours par Utrecht et Leyde, et dispersant peu à peu ses eaux, les perd entre les dunes de sable à Kulwyck. Le propre fleuve du Rhin

[1] *Acte final de congrès du Vienne,* art. 96, 114, 118.

devenant de cette manière sans utilité pour la navigation le Lech y a été substitué pour cet objet, avec le consentement commun de toutes les puissances intéressées dans la question; et le gouvernement néerlandais a ensuite consenti à ce que le Waal fût substitué au Lech.

D'un autre côté, les puissances qui demandaient la libre navigation du fleuve soutinrent que les stipulations du traité de Paris de 1814, par lesquelles la Hollande, placée sous la souveraineté de la maison d'Orange, devait recevoir un accroissement de territoire, et celles par lesquelles, en même temps, la navigation du Rhin devait être libre, du point où il devient navigable jusqu'à la mer et réciproquement, étaient essentiellement liées ensemble dans l'intention des puissances alliées, parties contractantes de ce traité. Cette intention fut remplie par le congrès de Vienne, qui réunit la Belgique à la Hollande, et qui en même temps confirma la libre navigation du Rhin comme une condition de l'augmentation de territoire acceptée par le gouvernement hollandais. Le droit de libre navigation sur le fleuve, disait-on, impliquait nécessairement le droit de faire usage des eaux diverses qui l'unissent à la mer, et l'expression *jusqu'à la mer* pourrait être regardée, sous ce rapport, comme équivalent de l'expression *dans la mer*. La prétention donc du gouvernement hollandais de lever des droits sur les passages principaux de la rivière dans la mer rendrait parfaitement inutile aux autres États le privilége de naviguer sur le Rhin dans les limites du territoire des Pays-Bas [1].

Après une négociation prolongée, cette question fut enfin décidée par la convention conclue à Mayence, le 31 mars 1831, entre tous les États riverains du Rhin, d'après laquelle la navigation de ce fleuve fut déclarée libre depuis le point où il devient navigable jusque dans

[1] *Annual Register*, 1862, vol, LXXVIII, p. 259—263.

la mer *(bis in die See)*, en y comprenant ses deux principales embouchures dans les limites du royaume des Pays-Bas, le Lech et le Waal, comme prolongation du Rhin, en passant par Rotterdam et Briel par le premier de ces passages, et par Dordrecht et Helvœtsluys par le dernier, avec le droit de faire usage du canal de Vœrne pour communiquer avec Helvœtsluys. Dans ce traité, il est stipulé de la part du gouvernement néerlandais, que dans le cas où les passages à la mer par Briel et Helvœtsluys deviendraient innavigables, par suite de causes naturelles ou d'obstructions artificielles, ce gouvernement est tenu à indiquer d'autres communications aussi commodes que celles qui sont ouvertes à ses propres sujets. Cette convention contient aussi des règlements détaillés pour le maintien de la police du fleuve, et pour fixer le tarif des droits à prélever sur les vaisseaux et les marchandises passant à travers le territoire néerlandais en allant à la mer, ou en revenant, pour remonter le fleuve, comme aussi par les divers ports des États riverains du Haut-Rhin [1].

§ 18. Navigation du Mississipi.

Par le traité de pays signé à Paris en 1763, entre l'Angleterre, la France et l'Espagne, le Canada fut cédé à l'Angleterre par la France et la Floride par l'Espagne; la frontière entre les possessions anglaises et françaises fut alors établi par une ligne imaginaire tracée par le milieu du Mississipi, depuis sa source jusqu'à l'Iberville, et à travers ce dernier fleuve et les lacs Maurepas et Pontchartrain jusqu'à la mer. Le droit de navigation du Mississipi fut accordé aux Anglais dans toute son étendue, sans qu'ils fussent soumis à aucun payement. Peu après, la Louisiane fut cédée à l'Espagne par la France, et par le traité de Paris de 1783 la Floride fut rendue à l'Espagne. En attendant, l'indépendance des États-Unis avait été reconnue, et la navigation du Mississipi avait été permise

[1] CH. DE MARTENS, *Recueil manuel et pratique*, t. IV. p. 271.

à leurs citoyens par le traité conclu entre eux et l'Angleterre. Mais l'Espagne, qui possédait les deux rives du fleuve à son embouchure, et même plus haut qne son embouchure, prétendit avoir un droit exclusif à la navigation depuis l'embouchure jusqu'au point où la frontière méridionale des États-Unis touchait le fleuve. Les États-Unis résistèrent à cette prétention, et soutinrent leur droit de participation dans la navigation du Mississipi, se fondant pour cela sur les traités de 1763 et de 1783, aussi bien que sur le droit naturel et le droit des gens. Les discussions entre les deux gouvernements furent terminées par le traité de 1835, signé à San-Lorenzo et Real, qui déclara (art. 4) que la navigation du Mississipi serait libre dans toute sa largeur et dans toute sa longueur pour les citoyens des États-Unis, et dont le 22e article leur permettait de déposer des marchandises dans le port de la Nouvelle-Orléans et de les exporter de là sans payer d'autre droit que le loyer des dépôts. L'acquisition que firent les États-Unis, dans la suite, de la Louisiane et de la Floride ayant renfermé le fleuve tout entier dans le territoire de la république, et la stipulation qui assurait aux sujets de la Grande-Bretagne la navigation du Mississipi (traité de 1783) n'ayant pas été renouvelée dans le traité de Gand de 1814, le droit de navigation sur le Mississipi appartient exclusivement aux États-Unis.

Nous avons donné dans un autre ouvrage [1], une analyse de la discussion qui eut lieu entre les gouvernements américain et espagnol, relativement à la navigation du Mississipi; nous n'y reviendrons donc pas ici. Il nous suffira de rapporter que le gouvernement américain faisait surtout reposer son droit à la participation avec l'Espagne dans la navigation du Mississipi, sur ce principe que l'Océan est ouvert à tous les hommes, et que les fleuves le sont à tous leurs riverains.

[1] WHEATON, *Histoire du progrès du droit des gens*, t. II, p. 191—195.

§ 19. Navigation du Saint-Laurent.

La position relative des gouvernements anglais et américain, au sujet de la navigation des grands lacs et du Saint-Laurent, était à peu près la même que celle des gouvernements espagnol et américain relativement au Mississipi. Les États-Unis possèdent les rivages du midi des grands lacs et ceux du Saint-Laurent jusqu'à l'endroit où les frontières septentrionales de la république viennent toucher le fleuve, tandis que l'Angleterre possède les rivages septentrionaux des lacs et du fleuve dans toute son étendue, ainsi que les rives méridionales depuis le 45e degré de latitude jusqu'à son embouchure. La prétention qu'avançait le gouvernement des États-Unis à la libre navigation du fleuve, depuis sa source jusqu'à la mer, devint en 1828 le sujet de discussions diplomatiques avec le gouvernement anglais, discussions que nous avons analysées dans notre ouvrage sur l'histoire du droit des gens [1].

WHEATON. *Histoire du droit des gens,* t. II, p. 195—199.

TROISIÈME PARTIE.

DROITS INTERNATIONAUX DES ÉTATS DANS LEURS RELATIONS PACIFIQUES.

CHAPITRE PREMIER.

DROITS D'AMBASSADE.

---

§ 1. Usage de missions diplomatiques permanentes.

Il n'est pas de circonstance qui marque plus clairement les progrès de la civilisation moderne, que l'institution des missions diplomatiques permanentes entre les différents États. Les droits des ambassadeurs étaient connus et jusqu'à un certain point respectés des nations classiques de l'antiquité. Durant le moyen âge ils ne furent pas reconnus d'une manière aussi distincte, et ce ne fut qu'au dix-septième siècle qu'ils furent solidement établis. L'institution de légations résidentes permanentes dans toutes les cours de l'Europe s'établit après la paix de Westphalie, et devint indispensable par la part plus grande d'intérêt que les différents États prirent à leurs affaires respectives, intérêt qui prenait sa source dans les relations commerciales et politiques plus étendues, et aussi à cause des théories plus profondes et plus développées sur l'équilibre des puissances, qui donnèrent aux États le droit d'inspection mutuelle sur toutes les transactions qui pouvaient toucher à cet équilibre. Depuis cette époque les droits de légation sont devenus définitivement fixés et incorporés au code international.

Chaque État indépendant a le droit d'envoyer des ministres publics à tout autre État souverain avec lequel il désire maintenir des relations de paix et d'amitié, et d'en recevoir de lui. Aucun État n'est, strictement parlant, obligé par le droit positif des nations d'envoyer ou de recevoir des ministres publics, quoique l'usage et la politesse des nations semblent avoir établi à cet égard une sorte de devoir réciproque. Il est évident cependant que ce devoir ne peut être autre chose qu'une obligation imparfaite, et doit recevoir des modifications en raison de la nature et de l'importance des relations à maintenir entre les différents États par le moyen des rapports diplomatiques [1]. § 2. Droit d'envoyer et obligation de recevoir des ministres publics.

L'étendue des droits d'ambassade appartenant à des États dépendants ou mi-souverains dépend de la nature de leurs rapports particuliers avec l'État supérieur sous la protection duquel ils sont placés. Ainsi, par le traité conclu à Kainardgi, en 1774, entre la Russie et la Porte, les provinces de Moldavie et de Valachie, placées sous la protection de la première de ces puissances, ont le droit d'envoyer des chargés d'affaires de la communion grecque pour les représenter à la cour de Constantinople [2]. § 3. A quels États appartient le droit de légation.

Il en est de même des États confédérés; leur droit de s'envoyer des ministres publics les uns aux autres ou à des États étrangers dépend de la nature particulière et de la constitution de l'union par laquelle ils sont liés ensemble. Sous la constitution de l'ancien empire d'Allemagne, et celle de la Confédération germanique actuelle, ce droit est réservé à tous les princes et à tous les États composant l'union fédérale. Telle était aussi l'ancienne constitution des provinces unies des Pays-Bas, et telle est

[1] VATTEL, *Droit des gens*, lib. IV, chap. v, § 55—65. — RUTHERFORTH'S *Institutes*, vol. II, b. II, chap. IX, § 20. — MARTENS, *Précis du droit des gens moderne de l'Europe*, liv. VII, chap. I. § 187—190.

[2] VATTEL, liv. IV, chap. v, § 60. — KLÜBER, *Droit des gens moderne de l'Europe*, st. II, tit. II, chap. III, § 175. — MERLIN, *Répertoire*, tit. *Ministre public*, sect. II, § 1, n° 3 et 4.

maintenant celle de la Confédération helvétique. Par la constitution des États-Unis d'Amérique, il est expressément défendu à chaque État d'entrer, sans le consentement du congrès, dans aucun traité d'alliance, ou confédération avec aucun autre État de l'Union ou avec un État étranger, ni d'entrer, sans le même consentement, dans aucun accord ou convention avec un autre État, ou avec une puissance étrangère. Le pouvoir originaire d'envoyer et de recevoir des ministres publics est essentiellement modifié, s'il n'est pas entièrement supprimé, par cette prohibition [1].

§ 4. Dans le cas de guerre civile ou de contestation de souveraineté, à qui appartient ce droit ?

La question de savoir à qui dans un gouvernement appartient le droit d'envoyer et de recevoir des ministres publics, dépend aussi, de la constitution intérieure de l'État. Dans les monarchies, soit absolues, soit constitutionnelles, cette prérogative réside habituellement dans le souverain. Dans les républiques, elle repose ou sur le magistrat, chef de l'État, ou sur un sénat ou un conseil, conjointement avec ce magistrat ou sans lui. Dans le cas de révolution, de guerre civile, ou d'autre contestation de souveraineté, quoique, strictement parlant, la nation ait le droit exclusif de déterminer en qui réside l'autorité légitime du pays, les États étrangers doivent nécessairement décider pour eux-mêmes s'ils reconnaîtront le gouvernement *de facto,* en lui envoyant des ambassadeurs et en en recevant de lui; ou s'ils continueront leurs relations diplomatiques habituelles avec le prince qu'ils considèrent comme le souverain légitime, ou s'ils suspendront également ces relations avec la nation en question. De même aussi, pour le cas où un empire est démembré par la révolte d'une province ou d'une colonie qui proclame et maintient son indépendance, les États étrangers doivent se guider sur l'utilité pour commencer des rap-

[1] HEFFTER, *das europäische Völkerrecht,* § 200. — MERLIN, *Répertoire* tit. *Ministre public,* sect. II, § 5.

ports diplomatiques avec le nouvel État, ou pour attendre qu'il soit reconnu par le pays métropolitain [1]. Afin d'éviter les difficultés qui s'élèveraient d'une décision formelle et positive à ces questions, on substitue fréquemment des agents diplomatiques qui sont revêtus des pouvoirs et jouissent des immunités des ministres, quoiqu'ils ne soient ni investis du caractère représentatif, ni mis en droit de prétendre aux honneurs diplomatiques.

§ 5. Réception conditionnelle de ministres étrangers.

Comme aucun État n'est dans l'obligation *parfaite* de recevoir des ministres d'un autre État, il peut ajouter à leur réception telles conditions qu'il juge convenables. Mais une fois reçu, les ministres sont à tous autres égards admis à jouir des privilèges accordés par le droit des gens à leur caractère public. Ainsi quelques gouvernements ont établi comme règle de ne pas recevoir un de leurs propres sujets nationaux comme ministre d'une puissance étrangère; et un gouvernement peut recevoir un de ses propres sujets sous la condition expresse qu'il continuera à être justiciable des lois et de la juridiction locales. De même aussi une cour peut refuser absolument de recevoir un certain individu comme ministre d'une autre cour, en alléguant les motifs sur lesquels un tel refus est fondé.

§ 6. Classification des ministres publics.

Le droit des gens primitif ne fait d'autre distinction entre les différentes classes de ministres publics que celles résultant de la nature de leurs fonctions: mais l'usage moderne de l'Europe ayant introduit dans le droit des gens volontaire certaines distinctions à cet égard, qui faute de définition exacte devinrent une source perpétuelle de controverses, le congrès de Vienne et celui d'Aix-la-Chapelle adoptèrent enfin des règles uniformes qui mirent fin à ces disputes. Par les règles ainsi établies, les ministres publics sont divisés en quatre classes, qui suivent:

1° Les ambassadeurs et légats du pape ou nonces.

[1] Vide supra, pt. I, chap. II, § 7–10, p. 57–60. — MERLIN, *Répertoire,* tit. *Ministre public,* sect. II, § 6.

2° Les envoyés, ministres, ou autres accrédités auprès des souverains.

3° Les ministres résidents accrédités auprès des souverains.

4° Les chargés d'affaires accrédités auprès des ministres chargés des affaires étrangères [1].

Les ambassadeurs et les autres ministres publics de première classe sont exclusivement revêtus de ce qu'on appelle le caractère *représentatif*. On les considère comme représentant spécialement le souverain ou l'État qui les envoie, et ils ont droit aux mêmes honneurs qui seraient accordés à leur mandant en personne. Ceci cependant doit être pris dans un sens général, comme indiquant l'es-

[1] Le recès du congrès de Vienne du 19 mars 1815 arrête que:

«Art. I. Les employés diplomatiques sont partagés en trois classes:

«Celle des ambassadeurs, légats ou nonces;

«Celle des envoyés, ministres ou autres accrédités auprès des souverains;

«Celle des chargés d'affaires accrédités auprès des ministres chargés des affaires étrangères.

«Art. II. Les ambassadeurs, légats ou nonces, ont seuls le caractère représentatif.

«Art. III, Les employés diplomatiques en mission extraordinaire, n'ont à ce titre aucune supériorité de rang.

«Art. IV. Les employés diplomatiques prendont rang, entre eux, dans chaque classe, d'après la date de la notification officielle de leur arrivée.

«Le présent règlement n'apportera aucune innovation relativement aux représentants du pape.

«Art. V. Il sera déterminé dans chaque État un mode uniforme pour la réception des employés diplomatiques de chaque classe.

«Art. VI. Les liens de parenté ou d'alliance de famille entre les cours ne donneront aucun rang à leurs employés diplomatiques.

«Il en est de même des alliances politiques.

«Art. VII. Dans les actes ou traités entre plusieurs puissances qui admettent l'alternat, le sort décidera, entre les ministres, de l'ordre qui devra être suivi dans les signatures.»

Le protocole du congrès d'Aix-la-Chapelle, le 21 novembre 1818, déclare:

«Pour éviter les discussions désagréables qui pourraient avoir lieu à l'avenir sur un point d'étiquette diplomatique que l'annexe du recès de Vienne, par lequel les questions de rang ont été réglées, ne paraît pas avoir prévu, il est arrêté entre les cinq cours que les ministres résidents, accrédités auprès d'elles, formeront, par rapport à leur rang, une classe intermédiaire entre les ministres du second ordre et les chargés d'affaires.»

pèce d'honneurs auxquels ils ont droit de prétendre; mais le cérémonial exact à observer envers cette classe de ministres dépend de l'usage, qui a varié aux différentes époques de l'histoire de l'Europe.

Il existe une légère différence entre les ambassadeurs ordinaires et extraordinaires. La première de ces désignations est exclusivement appliquée à ceux envoyés en missions permanentes, la seconde à ceux employés dans une occasion particulière ou extraordinaire, quoiqu'on l'étende aussi quelquefois aux ambassadeurs résidant dans une cour étrangère pour un temps indéterminé[1].

Le droit d'envoyer des ambassadeurs appartient exclusivement aux têtes couronnées, aux grandes républiques, et aux autres États jouissant des honneurs royaux[2].

Tous les autres ministres publics sont dépourvus de ce caractère spécial qu'on suppose dériver de ce qu'ils représentent généralement la personne et la dignité du souverain. Ils ne le représentent qu'eu égard aux affaires particulières dont ils sont chargés à la cour auprès de laquelle ils sont accrédités[3].

Les ministres de seconde classe sont: les envoyés, les envoyés extraordinaires, les ministres plénipotentiaires, et les internonces du Pape[4].

Tant que le rang relatif des agents diplomatiques peut être déterminé par la nature de leurs fonctions respectives, il n'y a pas de différence essentielle entre les ministres de première classe et ceux de seconde classe. Ils sont également accrédités par le souverain, ou par le pouvoir suprême exécutif de l'État, auprès d'un souverain étranger.

[1] VATTEL, *Droit des gens*, liv. IV, chap. VI, § 70—79. — MARTENS, *Précis du droit des gens moderne de l'Europe*, liv. VII, chap. IX, § 192. — MARTENS, *Manuel diplomatique*, chap. I, § 9.

[2] MARTENS, *Précis*, etc., liv. VII, chap. II, § 198. — Vide ante, pt. II, chap. III, § 2.

[3] MARTENS, *Manuel diplomatique*, chap. I, § 10.

[4] *Ibid.*

La distinction entre les ambassadeurs et les envoyés était fondée dans l'origine sur la supposition que les premiers sont autorisés à traiter directement avec le souverain lui-même, tandis que les seconds, quoique accrédités auprès de lui, ne peuvent traiter qu'avec le ministre des affaires étrangères ou autre chargé des pouvoirs du souverain. L'autorisation de traiter directement avec le souverain semblait comprendre un plus haut degré de confiance et mériter à la personne revêtue de cette autorisation les honneurs dus aux ministres publics du plus haut rang. Cette distinction, en tant qu'elle n'est basée sur aucune différence essentielle entre les fonctions des deux classes d'agents diplomatiques, a plus d'apparence que de réalité. L'usage de tous les temps, et surtout des temps modernes, autorise les ministres publics de toute classe à conférer, en toutes occasions, avec le souverain à la cour duquel ils sont accrédités, sur les relations politiques entre les deux États. Mais même à l'époque où l'étiquette des cours de l'Europe attribuait exclusivement le privilége aux ambassadeurs, de semblables conférences verbales avec le souverain ne furent jamais considérées comme emportant des actes officiels. Les négociations étaient alors comme à présent conduites et conclues avec le ministre des affaires étrangères, et c'est par son canal que les déterminations du souverain étaient portées à la connaissance des ministres étrangers de toute classe. Si cette observation est applicable entre États dont les constitutions permettent dans certaines circonstances à leurs souverains respectifs de conduire des négociations directement entre eux, elle s'applique encore davantage aux gouvernements représentatifs, monarchies constitutionnelles ou républiques. Dans les premières le souverain n'agit, ou n'est supposé agir que par l'intermédiaire de ses ministres responsables, et ce n'est que par eux qu'il peut lier l'État et engager la foi de la nation. Dans les autres il est impossible de supposer que le magistrat revêtu de la toute-puissance exécutive puisse avoir avec un souverain étranger des relations exigeant ou autorisant des négociations directes entre eux, ayant trait aux intérêts mutuels des deux États[1].

Dans la troisième classe sont compris les ministres, ministres résidents, et ministres chargés d'affaires accrédités auprès des souverains[2].

Les chargés d'affaires accrédités auprès du ministre des affaires étrangères de la cour où ils résident sont ou des chargés d'affaires *ad hoc*, qui sont originairement envoyés et accrédités par leurs gouvernements, ou des chargés d'affaires par intérim qui remplacent le ministre de leurs nations respectives pendant son absence[3].

D'après la règle prescrite par le congrès de Vienne, et qui depuis a été généralement adoptée, les ministres publics prennent rang entre eux dans chaque classe d'après la date de la notification officielle de leur arrivée à la cour auprès de laquelle ils sont accrédités[4].

La même décision du congrès de Vienne a aussi aboli entre les ministres publics toutes distinctions de rang naissant de la parenté et des relations de famille ou de politique entre leurs différentes cours[5].

Un État qui a le droit d'envoyer des ministres publics de différentes classes doit déterminer lui-même le rang qu'il veut conférer à ses agents diplomatiques. Mais l'usage exige généralement que les gouvernements qui entretiennent des missions permanentes auprès les uns des autres, s'envoient et reçoivent des ministres de même rang. Un ministre peut représenter son souverain à diffé-

[1] Pinheiro-Ferreira, *Notes à* Martens, *Précis du droit des gens*, t. II, notes 12—14.

[2] Martens, *Précis*, etc., liv., VII, chap. ii, § 194.

[3] Martens, *Manuel diplomatique*, chap. i, § 11.

[4] *Recès du congrès de Vienne du* 19 *mars* 1815, art. 4.

[5] *Ibid.*, art. 6.

rentes cours, et un État peut envoyer plusieurs ministres à la même cour. Un ou plusieurs ministres peuvent aussi avoir des pleins pouvoirs pour traiter avec des gouvernements étrangers, comme à un congrès de différentes nations, sans être accrédités auprès d'aucune cour particulière[1].

Les consuls et les autres agents commerciaux n'étant pas accrédités auprès du souverain ou du ministre des affaires étrangères, ne sont pas en général considérés comme ministres publics; mais les consuls entretenus par les puissances chrétiennes de l'Europe et de l'Amérique auprès des États Barbaresques sont accrédités et traités comme ministres publics[2].

§ 7. Lettres de créance.

Tout agent diplomatique, pour être reçu sous ce caractère et jouir des honneurs attachés à son rang, doit être pourvu d'une lettre de créance. Dans le cas d'ambassadeur, d'envoyé ou ministre de l'une ou de l'autre des trois premières classes, cette lettre de créance est adressée par le souverain ou le magistrat chef de son État au souverain ou à l'État auquel le ministre est envoyé. Dans le cas de chargé d'affaires, elle est adressée par le secrétaire ou ministre d'État chargé du département des affaires étrangères au ministre des affaires étrangères de l'autre gouvernement. Elle peut être sous forme de *lettre de cabinet*, mais elle est plus généralement sous celle de *lettre de conseil*. Dans le dernier cas elle est signée du souverain ou du chef de l'État et scellée du grand sceau de l'État. Le ministre est pourvu d'une copie authentique qu'il délivre au ministre des affaires étrangères pour demander audience, afin de remettre l'original au souverain ou chef de l'État à qui il est envoyé. La lettre de créance fixe

[1] Martens, *Précis*, etc., liv. VII, chap. II, § 199, 204.

[2] Bynkershoek, *de Foro competenti legatorum*, cap. XIII, § 1-6. — Martens, *Manuel diplomatique*, chap. I, § 13. — Vattel, liv. II, chap. II, § 34. — Wicquefort, *de l'Ambassadeur*, liv. I, § 1, p. 63.

l'objet général de sa mission, et réclame foi pleine et entière à ce qu'il dira de la part de son gouvernement[1].

§ 8. Pleins pouvoirs.

Les pleins pouvoirs autorisant le ministre à négocier doivent être insérés dans la lettre de créance, mais ils sont plus ordinairement dressés sous forme de lettres-patentes. En général les ministres envoyés à un congrès ne sont pas munis de lettres de créance, mais seulement de pleins pouvoirs dont ils échangent réciproquement les copies les uns avec les autres, ou les déposent entre les mains d'une puissance médiatrice, ou d'un ministre président[2].

§ 9. Instructions.

Les instructions du ministre sont seulement pour sa direction personnelle, et ne doivent pas être communiquées au gouvernement auprès duquel il est accrédité, à moins qu'il n'ait reçu de son propre gouvernement l'ordre de les communiquer *in extenso* ou partiellement, à moins encore qu'à son gré il ne juge utile de faire une telle communication[3].

§ 10. Passeport.

Un ministre public qui part pour sa destination en temps de paix n'a besoin d'autre protection qu'un passeport de son gouvernement. En temps de guerre il doit être muni d'un sauf-conduit ou passeport du gouvernement de l'État avec lequel son pays est en hostilité, pour lui permettre de traverser en sécurité le territoire ennemi[4].

§ 11. Devoirs d'un ministre public en arrivant à son poste.

C'est le devoir de tout ministre public, en arrivant au poste qui lui est destiné, de notifier son arrivée au ministre des affaires étrangères. Si le ministre étranger est un ministre de première classe, cette notification est ordinai-

[1] MARTENS, *Précis*, etc., liv. VII, chap. III, § 202. — WICQUEFORT, *de l'Ambassadeur*, liv. I, § 15.

[2] WICQUEFORT, *de l'Ambassadeur*, liv. I, § 16. — MARTENS, *Précis*, etc., liv. VII, chap. III, § 204. — *Manuel diplomatique*, chap. II, § 16.

[3] MARTENS, *Manuel diplomatique*, chap. II, § 16.

[4] VATTEL, liv. IV, chap. VII, § 85. — MARTENS, *Manuel diplomatique*, chap. II, § 19. — FLASSAN, *Histoire de la diplomatie française*, t. V, p. 246.

rement communiquée par un secrétaire d'ambassade ou de légation, ou par une autre personne attachée à la mission, qui présente au ministre des affaires étrangères une copie de la lettre de créance en même temps qu'il demande une audience du souverain pour son ambassadeur. Les ministres de seconde et de troisième classe notifient généralement leur arrivée par lettre au ministre des affaires étrangères, en le requérant de prendre les ordres du souverain pour la remise de leurs lettres de créance. Les chargés d'affaires qui ne sont pas accrédités auprès du souverain, notifient leur arrivée de la même manière, en demandant en même temps une audience au ministre des affaires étrangères, dans le but de lui présenter leurs lettres de créance.

§ 12. Audience du souverain ou du chef de l'Etat.

Les ambassadeurs et autres ministres de première classe ont droit à une audience *publique* du souverain; mais cette cérémonie n'est pas nécessaire pour les mettre à même d'entrer en fonctions, et en même temps la cérémonie de *l'entrée solennelle* qu'on pratiquait autrefois à l'égard de cette classe de ministres est actuellement hors d'usage. Ils sont reçus en audience *privée* de la même manière que les autres ministres. A cette audience on présente la lettre de créance, et le ministre prononce un discours d'apparat auquel le souverain répond. Dans les États républicains le ministre étranger est reçu de la même manière par le chef de l'État ou par le conseil chargé des affaires étrangères de la nation[1].

§ 13. Étiquette diplomatique.

L'usage des nations civilisées a établi une certaine étiquette que doivent observer les membres des corps diplomatiques résidant à la même cour, les uns envers les autres, et envers les membres du gouvernement auprès duquel ils sont accrédités. Les devoirs dont la bienséance réclame l'observation à cet égard appartiennent plutôt au code des mœurs qu'à celui des lois, et c'est à peine si l'on

[1] MARTENS, *Manuel diplomatique*, chap. IV, § 33—36.

en peut faire l'objet d'une mention positive. Il y a cependant certaines règles établies qui s'y rapportent, et de la non-observation desquelles il peut résulter des inconvénients dans l'accomplissement de devoirs plus sérieux et plus importants, Telles sont les visites d'étiquette que le cérémonial diplomatique de l'Europe oblige les ministres publics résidant à la même cour à se faire et à se rendre réciproquement[1].

§ 14. Priviléges du ministre public.

Dès qu'un ministre public entre sur le territoire de l'État auquel il est envoyé, pendant le temps de sa résidence et jusqu'à ce qu'il quitte le pays, il jouit d'une exemption entière de la juridiction locale civile et criminelle. Représentant les droits, les intérêts et la dignité du souverain ou de l'État qui l'envoie, sa personne est inviolable et sacrée. Pour donner une idée plus frappante de cette complète exemption de la juridiction locale, on a inventé la fiction de l'exterritorialité, par laquelle on suppose que le ministre, quoique résidant actuellement en pays étranger, demeure encore sur le territoire de son propre souverain. Il reste toujours soumis aux lois de sa patrie, lesquelles gouvernent l'état de sa personne et ses droits de propriété, qu'ils viennent de contrats, d'héritage ou de testament. Nés en pays étranger, ses enfants sont considérés comme natifs de son pays même. Cette exemption des lois et de la juridiction locales est fondée sur l'utilité mutuelle commandée par la nécessité que les ministres publics soient entièrement indépendants de l'autorité locale, afin de remplir les devoirs de leur mission. Le fait de l'envoi du ministre, d'un côté, et de sa réception, de l'autre, équivaut à la convention tacite entre les deux États, qu'il ne sera soumis qu'à l'autorité de sa propre nation[2].

[1] MARTENS, *Manuel diplomatique*, chap. IV, § 37.

[2] GROTIUS, *de Jure belli ac pacis*, lib. II, chap. XVIII, § 1—6. — RUTHERFORTH'S *Institutes*, vol. II, b. II. chap. IX, § 20. — WICQUEFORT,

Les passeports ou sauf-conduits délivrés au ministre public par son gouvernement en temps de paix, ou en temps de guerre par le gouvernement près duquel il est envoyé, sont des preuves suffisantes de son caractère public[1].

§ 15. Exception à la règle générale d'exemption de la juridiction locale.

Cette immunité s'étend non-seulement à la personne du ministre, mais à sa famille et à sa suite, aux secrétaires de légation et autres secrétaires, à ses domestiques, à ses meubles et à la maison où il demeure.

La personne du ministre est en général entièrement exempte de la juridiction civile et criminelle du pays où il réside. Mais cette exemption générale souffre les exceptions suivantes:

1° Cette exemption de la juridiction des tribunaux locaux et des autorités locales ne s'applique pas aux affaires contentieuses que le ministre peut soumettre à ces tribunaux, en se portant volontairement lui-même partie dans un procès[2].

2° S'il est citoyen ou sujet du pays auprès duquel il est envoyé, et que ce pays n'ait pas renoncé à son autorité sur lui, il reste soumis à sa juridiction[3]. Mais on peut se demander si sa réception comme ministre d'une autre puissance, sans aucune réserve expresse de fidélité première, ne doit pas être considérée comme une renoncia-

de l'Ambassadeur, liv. I, § 27. — BYNKERSHOEK, *de Foro legatorum*, cap. v, VIII. — VATTEL, *Droit des gens*, liv. IV, chap. VII, § 81—125. — MARTENS, *Précis*, etc., liv. VII, chap. v, § 214—218. — KLÜBER, *Droit des gens moderne de l'Europe*, pt. II, tit. II, § 203. — FOELIX, *Droit international privé*, § 184. — WHEATON, *History of the law of nations*, p. 237—243.

[1] VATTEL, liv. IV, chap. VII, § 83.

[2] GROTIUS, *de Jure belli ac pacis*, lib. XVIII, § 8, 9. — BYNKERSHOEK, *de Foro competenti legatorum*, cap. XIII, § 5; cap. XV, XX. — VATTEL, liv. IV, chap. VIII, § 113; chap. IX, § 117—123. — MARTENS, *Précis*, etc., liv. VII, chap. v, § 215, 227; chap. IX, § 234, 237. — FOELIX, § 184—186.

[3] BYNKERSHOEK, cap. XVI, § 13, 15. — VATTEL, liv. IV, chap. VIII, § 111. — MARTENS, *Précis*, etc., liv. VII, chap. v, § 216. — MERLIN, *Répertoire*, art. *Ministre public*, sect. V, § 4, n°

tion à ce droit, puisqu'une pareille réception implique entre les deux États la convention tacite qu'il sera entièrement exempt de la juridiction locale[1].

3° S'il est en même temps au service de la puissance qui le reçoit comme ministre, ainsi qu'il arrive souvent dans les cours d'Allemagne, il continue à rester soumis à la juridiction locale[2].

4° Dans le cas d'offenses commises par des ministres publics attentant à l'existence et à la sûreté de l'État où ils résident, si le danger est pressant, leur personne et leurs papiers peuvent être saisis et ils peuvent être renvoyés du pays. Dans tous autres cas, il paraît avoir été établi en usage parmi les nations de demander leur rappel à leur souverain. Si, sans raison plausible, ce rappel était refusé par le souverain du ministre, l'État offensé aurait indubitablement le droit de renvoyer l'offenseur. Il peut y avoir d'autres cas qui dans des circonstances suffisamment graves permettent à l'État ainsi offensé de traiter un ambassadeur comme un ennemi public, ou de lui infliger personnellement un châtiment, si justice est refusée par son souverain. Mais il est difficile de préciser exactement les circonstances qui autoriseraient de tels procédés, et l'on ne saurait tirer de règles générales des exemples fournis par l'histoire de nations où des ministres aient dépouillé leur caractère public et attenté à la sûreté de l'État auprès duquel ils étaient accrédités. Ces exceptions anomales à la règle générale ont leur solution même dans le droit suprême de conservation personnelle et de nécessité. Grotius fait ici une distinction entre ce qui peut être fait dans le cas de défense personnelle et ce qui peut être fait dans le cas de châtiment. Quoique le droit des gens n'admette pas la mort d'un ambassadeur comme punition d'un crime commis, ce même droit cependant n'oblige pas

[1] Bynkershoek, cap. II. — Vattel, liv. IV, chap. VIII, § 112.

[2] Martens. *Manuel diplomatique*, chap. III, § 23.

un État à souffrir qu'un ambassadeur use de violence contre lui sans qu'il s'efforce de lui résister[1].

§ 16. Exemption personnelle s'étendant à sa famille, à ses secrétaires à ses domestiques, etc.

La femme, la famille, les domestiques, et la suite du ministre participent à l'inviolabilité attachée à son caractère public. Les secrétaires d'ambassade et de légation jouissent spécialement, comme personnes officielles, des priviléges des corps diplomatiques en ce qui touche leur exemption de la juridiction locale[2].

Les lois civiles de quelques nations, et les usages de la plupart, veulent qu'une liste officielle des domestiques des ministres étrangers soit communiquée au secrétaire d'État ou au ministre des affaires étrangères, pour les faire jouir du bénéfice de cette exemption[3].

Il résulte du principe de l'exterritorialité du ministre, de sa famille et des autres personnes attachées à la légation ou appartenant à sa suite, et de leur exemption des lois et de la juridiction du pays où ils résident, que la juridiction civile et criminelle de ces personnes repose sur le ministre et doit être exercée d'après les lois et les usages du pays de ce dernier. Pour ce qui est de la juridiction civile, à la fois contentieuse et volontaire, cette règle est suivie, à quelques exceptions près, dans la pratique ordinaire des nations. Mais quant aux crimes commis par ses domestiques, quoique strictement parlant le ministre ait le droit de les juger et de les punir, l'usage moderne l'autorise simplement à les arrêter et à les envoyer dans leur propre pays pour y être jugés. Il peut aussi, à son

[1] GROTIUS, *de Jure belli ac pacis*, lib. II, cap. XVIII, § 4. — RUTHERFORTH'S *Institutes*, vol. II, b. II, chap. IX, § 20. — BYNKERSHOEK, *de Foro competenti legatorum*, cap. XVII, XVIII, XIX. — VATTEL, liv. IV, chap. VII, § 94—102. — MARTENS, *Précis*, etc., liv. VII, chap. V, § 218. — WARD'S *Hist. of law of nations*, vol. II, chap. XVII, p. 291—334. — WHEATON'S *History of the law of nations*, p. 250—254.

[2] GROTIUS, lib. II, cap. XVIII, § 8 — BYNKERSHOEK, cap. XV, XX. — VATTEL, liv. IV, chap. IX, § 120—123. — MARTENS, *Précis*, etc., liv. VII, chap. V, § 219; chap. IX, § 234, 237. — FOELIX, 184.

[3] BLACKSTONE'S *Commentaries*, vol. I, chap. VII. — LL *of the United Staates*, vol. I, chap. IX, § 26.

choix, les renvoyer de son service, ou les livrer aux tribunaux de l'État où il réside, de même qu'il peut renoncer à tout autre des priviléges qu'il est en droit d'attendre du droit public[1].

§ 17. Exemption de la maison et des biens du ministre.

Les effets personnels ou mobiliers appartenant au ministre dans le territoire de l'État où il réside sont entièrement exempts de la juridiction locale; il en est de même de son habitation: mais toute autre propriété immobilière qu'il peut posséder sur le territoire étranger est soumise aux lois et à la juridiction de ce territoire. Il en est de même des biens mobiliers qu'il peut posséder comme négociant pour objet de commerce, ou comme investi d'un caractère judiciaire comme exécuteur testamentaire, etc. Ces propriétés ne sont point exemptes de la juridiction des lois locales[2].

Discussion entre les gouvernements américain et prussien touchant l'exemption d'un ministre public de la juridiction locale.

La question de savoir jusqu'à quel point les effets personnels d'un ministre public sont sujets à être saisis ou retenus dans le but de l'obliger à remplir les engagements contractés par lui dans le bail de l'habitation qu'il a louée, a été l'objet d'une récente discussion entre les gouvernements américain et prussien. La décision qui en est ressortie peut servir à éclaircir le sujet que nous traitons.

Le code civil prussien déclare que «le bailleur jouit, pour sûreté du loyer et des autres obligations résultant du contrat, du droit de *Pfandgläubiger* sur les biens apportés par le locataire dans la propriété louée et qui y restent jusqu'à l'expiration du bail.»

Le même code définit la nature de droit d'un créancier dont la créance est ainsi assurée. «On appelle *Unter-*

[1] Bynkershoek, cap. xv—xx. — Vattel, liv. IV, chap. ix, § 124. — Rutherforth's *Institutes*, vol. II, b. II, chap. ix, § 20. — Klüber, pt. II, tit. II, § 212—214. — Merlin, *Répertoire*, tit. *Ministre public*, sect. VI.

[2] Vattel, liv. IV, chap. viii, § 113—115. — Martens, *Précis*, etc., liv. VII, chap. viii, § 217. — Klüber, pt. II, tit. II, chap. iii, § 210. — Merlin, sect. V, § 4, n° 6.

pfandsrecht le droit réel sur une chose appartenant à une autre personne, attribué à tout individu pour sûreté d'une créance et en vertu duquel il peut exiger satisfaction de la substance de la chose même[1].»

D'après cette loi, le propriétaire de la maison dans laquelle demeurait le ministre des États-Unis accrédité à la cour de Berlin, réclamait le droit de détenir les choses appartenant au ministre, trouvées dans ladite maison à l'expiration du bail, pour répondre du payement des dommages qu'il prétendait lui être dus à cause des dégradations faites à la maison pendant la durée du contrat. Le gouvernement prussien décida que l'exemption générale de la juridiction locale dont jouissent, d'après le droit des gens, les biens mobiliers des ministres étrangers ne s'étendait pas à ce cas. On prétendit que là le droit de détention résultait du contrat lui-même et de l'effet légal que la loi locale lui donnait. En accordant ainsi au propriétaire les droits d'un créancier dont la créance est assurée par hypothèque *(Pfandgläubiger)*, non-seulement pour ce qui touche le loyer, mais encore pour toutes autres obligations naissant du contrat, le code civil prussien lui accorde un *droit réel* sur tous les effets du locataire trouvés dans la maison à l'expiration du bail, et qu'il peut, d'après ce droit, retenir pour sûreté de l'accomplissement de toutes les clauses du contrat.

Le ministre américain établit que cette décision plaçait les membres du corps diplomatique accrédités à la cour de Prusse sur le même pied que les sujets de ce royaume relativement au droit que le code prussien accorde au bailleur de retenir les biens du locataire pour le forcer à accomplir les obligations du contrat. La seule raison alléguée pour justifier une telle exception au principe général de l'exemption, fut que le droit en question résultait du

[1] *Allgemeines Landrecht für die preussischen Staaten*, pt. I, t. XXI, § 395; tit. XX, § 1.

contrat lui-même. On ne prétendit pas qu'une telle exception eût été émise par aucun écrivain d'autorité sur le droit des gens, et cette considération seule présentait une objection puissante contre la validité de cette exception. Il est notoire en effet que toutes les exceptions au principe général ont été soigneusement énumérées par les publicistes les plus estimés. Non-seulement ces écrivains n'admettent pas une telle exception, mais encore ils la repoussent expressément. On ne pouvait pas non plus prétendre que la manière d'agir d'un seul gouvernement, dans un seul cas, pût suffire pour créer une exception au principe que les nations regardent comme inviolable et sacré.

Assurément, selon le code prussien et les lois de la plupart des nations, le contrat de louage donne au propriétaire le droit de saisir ou de détenir les choses appartenant au locataire en cas de non-payement de loyers ou de dommages encourus pour dégradations faites à la propriété; mais la question ici n'était pas de savoir quels droits les lois municipales du pays accordent au propriétaire contre le locataire sujet de ce pays, mais quels sont ces droits contre un ministre étranger dont l'habitation est un asile sacré, dont la personne et les biens sont entièrement exempts de la juridiction locale, et qui ne peut être forcé à accomplir ses obligations que par un appel à son gouvernement. Ici le contrat de louage constitue, *per se*, le droit en question, en ce sens seulement que la foi fournit à l'une des parties un remède spécial pour forcer l'autre à accomplir ses stipulations. Au lieu de forcer le bailleur à recourir à une action personnelle contre le locataire, il lui donne une garantie sur les biens trouvés dans la propriété louée. Cette garantie peut être employée pour obliger les sujets du pays, parce que leurs biens sont soumis à ses lois et à ses tribunaux de justice; mais elle ne peut être employée contre les ministres étrangers résidant dans le pays, attendu qu'ils ne dépendent ni des unes ni des autres.

Supposons que le contrat en question ait été une lettre de change souscrite par le ministre, non comme affaire de commerce, mais pour défrayer ses dépenses ordinaires. Les lois de tous les pays, en pareil cas, donnent au détenteur de la lettre le droit d'arrêter la personne de son débiteur en cas de non-payement. On pourrait dire dans le cas supposé que le contrat lui-même donne le droit d'arrêter la personne, par la même raison qu'on a prétendu dans le cas en question qu'il donnait le droit de saisir les biens du débiteur.

En somme, il n'y a pas un seul privilége dont on ne pût dépouiller un ministre public par le même mode de raisonnement dont on se servit pour le priver de l'exemption à laquelle il était en droit de prétendre pour ses effets personnels. Mais le priver de ce droit seul serait le priver de cette indépendance et de cette sécurité qui lui sont indispensablement nécessaires pour le mettre à même de remplir les devoirs qu'il doit à son gouvernement. Si l'on peut saisir un seul article de son mobilier, on peut tout saisir, et le ministre ainsi que sa famille peuvent être privés par là de moyens de subsistance. Si la sainteté de sa demeure peut être violée pour cette cause, elle peut l'être pour toute autre. Si l'on peut sous ce prétexte prendre sa propriété privée, on peut sous le même prétexte prendre la propriété de son gouvernement et même les archives de la légation.

L'exemption dont jouissent les biens d'un ministre public de toute espèce de saisie pour dette est exposée par Grotius de la manière suivante:

«Pour ce qui est des biens meubles d'un ambassadeur, et qui par conséquent sont censés autant de dépendances de sa personne, on ne peut pas non plus les saisir, ni pour payement ni pour sûreté d'une dette, soit par ordre de la justice, soit, comme quelques-uns le veulent, par main-forte du souverain; c'est à mon avis l'opinion la mieux fondée. Car un ambassadeur, pour jouir d'une pleine sûreté, doit être à l'abri de toute contrainte, et par rapport à sa personne, et par rapport aux choses qui lui sont nécessaires. Si donc il a contracté des dettes, et que, comme c'est l'ordinaire, il n'ait point de biens immeubles (*immobilia*) dans le pays, il faut lui dire honnêtement de payer, et s'il refuse, on doit alors s'adresser à son maître[1].»

On voit ici que ce grand homme, lui-même à la fois ministre public et publiciste, était décidément d'opinion que la propriété mobilière d'un ambassadeur ne pouvait être saisie, soit pour le payement, soit pour sûreté d'une dette; ou, selon le texte original: *ad solutionem debiti aut pignoris causa.* Bynkershoek, dans son traité *de Foro competenti legatorum,* cite en l'approuvant ce passage de Grotius.

Bynkershoek lui-même, en commentant l'édit déclaratoire des États-Généraux des Provinces-Unies en 1679 qui exempte les ministres étrangers de l'arrestation de leur personne et de la saisie de leurs effets pour les dettes contractées dans le pays, remarque ce qui suit:

«La déclaration des États-Généraux ne diffère pas matériellement de l'opinion de Grotius que j'ai citée dans le précédent chapitre. Nous pouvons y ajouter, et c'est l'avis de cet auteur, que les effets d'un ambassadeur ne peuvent être saisis pour le payement ou la sûreté d'une dette, parce qu'ils sont considérés comme appartenant à sa personne. Respectant ce principe, Antoine de Mornac rapporte qu'en l'an 1608, Henri IV, roi de France, se prononça contre la légalité d'une saisie faite à Paris, pour non-payement de loyer, des biens de l'ambassadeur vénitien. Cette décision a depuis été constamment observée dans tous les pays.

[1] Grotius, *de Jure belli ac pacis,* lib. II, cap. xviii, § 9.

«Mais on pourrait dire que c'est pousser le privilége trop loin, puisque la saisie du mobilier d'un ambassadeur regarde moins la personne que le droit sur la chose ainsi saisie, droit dont le propriétaire ne peut être privé par l'ambassadeur.»

Cet auteur avait ici anticipé l'argument du gouvernement prussien, auquel il répond en ces termes:

«Mais loin de pousser ce principe à l'excès, par les biens dont on parle dans la déclaration de 1679, j'ai compris seulement les biens mobiliers, c'est-à-dire ceux qui servent à l'usage des ambassadeurs (*id est utensilia*), comme je le montrerai dans la partie de ce traité où il faudra parler de leurs propriétés. Ce sont ces biens que j'affirme n'être pas et n'avoir jamais été considérés, d'après le droit des gens, comme étant de nature à être pris en gage pour sûreté du payement d'une dette d'un ambassadeur. Je soutiens même qu'il est illégal de les saisir, soit pour commencer une requête, soit pour exécuter une sentence judiciaire[1].»

Dans son 16e chapitre, Bynkershoek explique ce qu'il entend par ces effets qui servent habituellement aux ambassadeurs, *id est utensilia*. Dans ce chapitre il admet que les biens mobiliers et immobiliers d'un ministre public peuvent, *dans quelques cas*, être saisis pour le forcer à répondre à une action judiciaire intentée contre lui par ceux qui peuvent élever des prétentions contre lui: «Je dis les biens en général *(bona)*, mobiliers, ou immobiliers, à moins qu'ils n'appartiennent à la personne de l'ambassadeur et qu'il ne les possède en tant qu'ambassadeur; en un mot toutes ces choses sans lesquelles il pourrait convenablement remplir les fonctions de sa charge. J'excepte donc du nombre de ces biens de l'ambassadeur qui peuvent ainsi être saisis, le blé, le vin, l'huile, les provi-

[1] Bynkershoek, *de Foro legatorum*, cap. IX, § 9, 10.

sions de toute espèce, les meubles, les bijoux, la toilette, les ornements, les parfums, les drogues, le linge, les tapis, les tentures, les carosses, les chevaux, les mulets, et toutes autres choses pouvant être comprises dans les termes du droit romain *legati instructi et cum instrumento.*»

Dans la section suivante il explique sa doctrine, que certains effets d'un ministre public peuvent être saisis pour commencer contre lui une action et le forcer à y défendre, en faisant voir qu'on a voulu limiter cette exception au seul cas où le ministre prend la qualité de négociant, et c'est dans ce cas unique et sous ce seul point de vue qu'on peut saisir ses biens. «Aucune de ces choses, dit-il, ne doit, selon moi, être exceptée, à moins qu'elle ne soit destinée au service de l'ambassadeur et de sa maison. Car il n'en est pas de même, par exemple, du blé, du vin, de l'huile, qu'un ambassadeur peut avoir dans ses magasins pour l'objet de son commerce, ni des chevaux et des mulets qu'il peut garder pour élever et vendre.»

Vattel est également explicite quant à l'étendue du privilége en question. La seule exception qu'il admette à la règle générale est celle d'un ministre public qui contracte des engagements de commerce, auquel cas on peut saisir ses biens mobiliers pour le forcer à défendre à une action. A cette exception il joint deux conditions dont la dernière semble décisive dans la question présente:

«Ajoutons deux éclaircissements à ce qui vient d'être dit: 1° Dans le doute, le respect dû au caractère exige que l'on explique toujours les choses à l'avantage de ce même caractère; je veux dire que quand il y a lieu de douter si une chose est véritablement destinée à l'usage du ministre ou de sa maison, ou si elle appartient à son commerce, il faut juger à l'avantage du ministre; autrement on s'exposerait à violer ses priviléges. 2° Quand je dis qu'on peut saisir les effets du ministre qui n'ont aucun rapport à son caractère, ceux de son commerce en particulier, cela doit s'entendre dans la supposition que ce ne soit pas pour quelque sujet provenant des affaires que peut avoir le ministre en sa qualité de ministre, pour fournitures faites à sa maison, par exemple, pour le loyer de son hôtel, etc.[1] »

En réponse à ces arguments et à ces autorités le gouvernement prussien déclara que si, dans le cas qui nous occupe, l'autorité prussienne eût prétendu exercer un droit de juridiction sur la personne du ministre ou sur ses biens, la solution de la question eût assurément appartenu au droit des gens, et eût dû être résolue selon les préceptes de ce droit. Mais la seule question dans le cas présent ne pouvait être autre que de savoir quels sont les droits légaux établis par le contrat de bail entre le propriétaire et le locataire. Pour résoudre cette question il ne pouvait y avoir d'autre règle que la loi civile du pays où le contrat était fait et devait être exécuté, c'est-à-dire, dans le cas présent, le code civil de Prusse[2].

Le différend ayant été terminé entre les parties par la restitution que fit le propriétaire de la maison des effets mobiliers qui avaient été retenus, après avoir reçu une indemnité raisonnable pour les dégradations faites à sa propriété, le gouvernement prussien proposa de soumettre au gouvernement américain la question suivante:

« Si un agent diplomatique étranger accrédité auprès du gouvernement des États-Unis conclut, de son propre consentement, et dans la forme prescrite, un contrat avec un citoyen américain, et si, d'après ce contrat, les lois du pays accordent à ce moyen, dans un cas donné, un *droit réel* sur les biens mobiliers appartenant à cet agent, le gouvernement américain s'attribue-t-il le droit de dépouiller le citoyen américain de son *droit réel*, sur la simple

[1] VATTEL, *Droit des gens*, liv. IV, chap. VIII, § 114. — *M. Wheaton au baron de Werther*, note verbale, 15 mai 1839.

[2] *Le baron de Werther à M. Wheaton*, note verbale, 19 mai 1839.

réclamation de l'agent diplomatique qui s'appuie sur son exterritorialité? »

Dans sa. réponse à cette question, le gouvernement américain considéra l'exemple offert par le gouvernement prussien comme étant celui d'un contrat tacite dérivant des rapports de propriétaire à locataire, au moyen desquels le premier s'était, d'après les lois civiles du pays, assuré une *hypothèque* tacite ou gage sur les meubles de l'autre. On prit pour accordé qu'il n'y avait pas d'hypothèque expresse, et encore moins de mise en *gage* impliquant un transfert de possession comme moyen de sûreté d'une créance.

Cette distinction fut regardée comme importante. Il ne pouvait être douteux que, dans ce dernier cas, le prêteur eût un droit complet, un *droit réel*, comme l'appelait le gouvernement prussien, ou *jus in re*, que ne détruisaient pas le moins du monde les immunités diplomatiques. Et conséquemment c'était là la marche indiquée aux créanciers par Bynkershoek, qui leur refuse tous autres moyens de satisfaction sur les biens mobiliers d'un ministre. Il va sans dire que ces mots étaient employés avec la restriction propre qui borne ces biens aux *apparatus legationis*, ou compris sous la description de *legatus instructus et cum instrumento*.

Avec ces distinctions et qualifications le gouvernement américain ne doutait pas que le point de vue pris par son ministre dans cette question de privilége ne fût entièrement correct. L'opinion de ce gouvernement avait été clairement exprimée dans l'acte du congrès de 1790, qui range ce cas même de saisie-gagerie pour non-payement de loyer parmi les moyens légaux refusés aux créanciers d'un ministre étranger.

Cette exception n'était pas particulière à la loi écrite de ce pays, mais strictement *juris gentium*, ainsi qu'il ressortait de la jurisprudence rapportée par le grand publiciste que nous venons de citer, dans son traité *de Foro legatorum*, la grande base de cette branche du droit public [1].

Outre cette autorité concluante sur le point en question, Bynkershoek pose le principe (tiré de Grotius) que les biens mobiliers d'un ministre étranger ne peuvent être pris par le moyen de saisie-gagerie ou de nantissement, et il lui donne la sanction de son approbation la plus vive [2]. L'immense faveur accordée à ce traité devait établir cette doctrine même.

Mais à considérer la chose en principe, trois différentes questions s'élèveraient sur la question proposée par le gouvernement prussien. 1° Le droit du propriétaire en pareil cas est-il un *droit réel* proprement dit? 2° En admettant qu'il le soit, peut-on le revendiquer, d'accord avec le droit civil prussien, contre un ministre étranger qui ne s'est pas volontairement départi de sa possession, par un contrat exprès, pour sûreté de payement de loyer ou de dommages? 3° En supposant que la loi civile de Prusse consi-

[1] Quia hæc (bona) considerantur ut personæ accessiones...... Et secundum hæc Mornacius refert ad L. II. § 3 *de Judic.*, regi Galliarum placuisse, anno 1608, *male pro locario Parisiis Venetæ reipublicæ legati mobilia fuisse retenta; et constanter ita usu est servatum deinceps ubique gentium.* Sed forte dices, id nimium esse, quia ea mobilium detentio non tam fit ex causa personæ, quam *jure in re, quod locatori competit in invectis et illatis, quodque jus, lege quæsitum legatis auferre non possit.* Sed tantum abest, ut nimium dicamus, ut vel *bona* quorum meminit d. edictum anni 1679, non aliter interpretemur, quam *bona mobilia*, id est, *ustensilia*, etc. Hæc ustensilia nego, ex jure gentium, pignori esse, vel unquam fuisse, quin nec capi posse, vel ad ordiendum judicium, vel ad *servandum quod nobis debetur*, vel ad exsequendam rem judicatam. Et facile assentior Grotio, si de *ustensilibus* accipias, quæ ipse dixit ea nempe pignoris causa capi non posse, *nec per judiciorum ordinem, ne manu regia*, explosa sic distinctione, quæ aliis olim, sed sine ratione, placuerat. (*De Foro legatorum*, cap. IX.) Comparez le Catalogue de biens mobiliers ainsi privilégiés, *id.* cap. XVI.

[2] Bona quoque legati mobilia, et quæ proinde habentur personæ accessio, *pignoris causa, aut ad solutionem debiti, capi non posse*, nec per judiciorum ordinem, nec, quod quidam volunt, manu regia, verius est: nam omnis coactio a legato abesse debet, tam quæ res ei necessarias, quam quæ personam tangit, quo plena ei sit securitas. (BYNKERSHOEK, *de Foro legatorum*, cap. VIII. — GROTIUS, *de Jure belli ac pacis*, lib. II, cap. XVIII, § 19.)

dère le cas d'un ministre étranger, cette loi peut-elle en pareille circonstance être applicable en conséquence du droit des gens?

Il y avait, dans tous les systèmes de jurisprudence, une grande difficulté à déterminer la catégorie légale du droit du propriétaire. Le gage, quoique n'étant pas une propriété est certainement un droit réel; mais un simple nantissement ou une hypothèque dans laquelle il n'y a aucun transfert de possession n'est pas un gage. En Angleterre et aux États-Unis le droit des propriétaires était originairement une simple garantie réductible par la saisie en un droit de gage. En Écosse le même droit s'appelait quelquefois simple hypothèque résultant d'un contrat tacite. Sans prétendre déterminer précisément auquel des deux principes on devait reporter l'origine de ce droit (ni l'un ni l'autre n'étant peut-être suffisant pour tous ses effets), il est considéré par les meilleurs écrivains comme un droit d'hypothèque convertible, par un certain procédé légal, en un droit de gage.

Si c'est là le point de vue propre du sujet, on pouvait assurément résoudre la question: car le *procédé* de conversion est autant l'exercice de la juridiction que la mise à exécution; et le ministre public est exempt de toute espèce de juridiction.

Il est vrai que toutes hypothèques ou priviléges sur une propriété sont classés par quelques écrivains au rang de droits réels, mais ceci ne pouvait en rien résoudre le cas en question. Dans un conflit de droits, cela pouvait donner au créancier privilégié un droit de *préférence* dans la distribution d'un fonds insuffisant, mais la question était de déterminer comment il doit obtenir cette préférence? est-ce par un procédé judiciaire? s'il en est ainsi, il est privé de recours contre quelqu'un non soumis à la juridiction, si ce n'est par la violence ouverte, qui, il va sans dire, n'est pas classée parmi les droits. Par conséquent les priviléges et les garanties, par la simple opération de la loi, sont ordinairement considérés comme moyen de *recours* et non de *droit;* comme appartenant à la *lex fori*, et non à l'essence du contrat [1],

On peut donc regarder comme douteuse, *a priori*, la question de savoir si, par le code prussien, le droit du propriétaire est un droit réel quant à l'effet, du moins de le mettre sur le pied de propriété transférée par contrat, car c'était là l'argument.

Mais supposez que tel soit l'effet ordinaire, par l'opération de la loi, du contrat entre le propriétaire et le locataire, cet effet peut-il atteindre quelqu'un non soumis à la loi, non justiciable de la juridiction, et, d'après la fiction de la loi, non résidant dans le pays du contrat?

Par cette supposition, c'était un incident de la loi des rapports entre le propriétaire et son locataire, et ce droit roulait sur un contrat tacite. On supposait que le locataire consentait à prendre la maison aux conditions ordinaires; mais qu'une de ces conditions était que s'il manquait de payer le loyer ou les indemnités dues pour dommages faits à ladite maison, le propriétaire aurait un recours par saisie-gagerie. Il fut donc conclu que ce n'était ni la loi ni le juge, mais le locataire lui-même qui avait transféré, *quasi contractu*, cet intérêt sur sa propriété. Mais si ce raisonnement était correct, pourquoi ne s'appliquerait-il pas au cas de contrainte par corps et de fourniture de caution, ou à tout autre cas de saisie? Le consentement pourrait être aussi bien impliqué là qu'en faveur du propriétaire. Certe la même induction pourrait raisonnablement s'étendre à toute espèce de lois, et les ministres étrangers pourraient être universellement soumis par contrat à la juridiction civile. La présomption impliquée dans le contrat par la loi locale, et obligeant les parties soumises

[1] STORY, *conflict of laws*, § 423—456, 2^d Ed.

à la juridiction, est repoussée par l'immunité et l'exterritorialité du ministre. Celui qui entre en contrat avec un autre connaît ou doit connaître la juridiction de ce dernier. C'est l'avis d'Ulpien (I. 19, pref. D. de R. S.), et le propriétaire qui loue sa maison à un ministre étranger renonce au recours de la loi dont il sait le ministre exempt.

Le gouvernement américain pencha donc, en l'absence de toute autorité contraire, à croire que la loi civile prussienne, convenablement interprétée, n'autorisait en fait aucune prétention semblable à celle élevée par le propriétaire dans l'exemple présent. Mais en supposant même qu'elle autorisât cette prétention, elle ne devait pas plus déroger dans ce cas au droit des gens établi que dans le cas d'une contrainte par corps. Les opinions citées plus haut semblaient au gouvernement américain entièrement concluantes sur ce point, et il fut entièrement conforme dans cettc manière de voir par l'acte du congrès déclaratoire du droit des gens et par l'opinion des autres gouvernements. Enfin toutes les raisons revendiquées pour les immunités diplomatiques, et universellement reconnues maintenant, semblent justes comme applicables au cas de gages et d'hypothèques en favuer des propriétaires, pour les recours de toute autre espèce. Assurément rien ne le pouvait mieux démontrer que la tentative du propriétaire dans le cas présent, par le moyen de son prétendu gage, pour forcer le ministre à payer des dommages fixés à son gré pour un détriment prouvé seulement par son allégation [1].

Le gouvernement prussien déclara que son opinion sur le point controversé demeurait invariable, et ne pouvait être changée par le raisonnement qui précède, et les autorités citées à l'appui. A son point de vue, la question

[1] *Dépêche de M. Legare à M. Wheaton*, 9 juin 1843.

n'était pas si le bailleur avait le droit de retenir une partie du mobilier appartenant au locataire et trouvé dans les lieux loués à l'expiration du contrat pour sûreté des dommages encourus pour leurs dégradations; mais si le bailleur en exerçant son droit de retenir les meubles avait commis une violation aux priviléges des agents diplomatiques, ou au moins un acte punissable; et si pour cette raison on pouvait le forcer sommairement, et avant la prononciation du juge compétant sur sa réclamation, à rendre les meubles ainsi retenus. Cette dernière question ayant été résolue négativement, la décision de la première devait nécessairement être réservée aux tribunaux compétents.

Le privilége de l'exterritorialité consiste dans le droit de l'agent diplomatique d'être exempt de toute dépendance du pouvoir souverain du pays près le gouvernement duquel il est accrédité. Il s'ensuit que l'État ne peut exercer contre lui aucun acte quelconque de juridiction, et comme, par une conséquence naturelle de ce principe, les tribunaux du pays n'ont pas en général le droit de connaître des controverses concernant les ministres étrangers, ils ne sont pas non plus autorisés, dans le cas particulier d'une controverse résultant d'un contrat de louage, à ordonner la saisie du mobilier d'un ministre public.

Si donc le privilége de l'exterritorialité ne se rapporte qu'aux relations existant entre l'agent diplomatique et le souverain pouvoir du pays où il réside, il est également évident que la violation de ce privilége ne peut être commise que par les autorités de ce pays et non par une personne privée. Les relations légales des sujets du pays ne sont, à aucun égard, *directement* changées par le principe de l'exterritorialité; ce n'est *qu'indirectement* que ce principe peut opérer sur ces relations; de sorte que dans les différends des citoyens, le sujet n'a pas le droit d'invoquer l'intervention des autorités de son pays contre le ministre étranger coutre lequel il peut avoir une réclamation à faire, et s'il veut commencer des poursuites contre lui, il doit s'en référer aux tribunaux du pays même du ministre. Si d'un autre côté le sujet peut se faire justice lui-même sans avoir recours aux autorités de son pays, sa position à l'égard du ministre étranger est absolument la même que si le différend se fût élevé avec un de ses compatriotes.

Il est presque inutile d'observer qu'en pareil cas la partie ne doit pas sortir des limites généralement permises. S'il employait la violence, il se rendrait coupable d'infraction à la loi, et serait punissable comme si la partie adverse était habitante du pays.

Dans la controverse en question, aucune autorité dépendant du gouvernement prussien n'avait participé, soit directement soit indirectement, à la saisie des meubles du ministre américain; le propriétaire de la maison les ayant retenus de son propre mouvement, il n'y avait donc pas de violation du privilége de l'exterritorialité. Il n'y avait aucune preuve de violence commise par lui, et le simple fait de la retenue des meubles ne pouvait être considéré comme un acte illégal.

En principe tout propriétaire d'une maison, bien qu'il l'ait louée à une autre personne, reste en possession de sa propriété. Il suit de là que les effets mobiliers apportés dans ladite maison par le locataire, peuvent être considérés à quelques égards comme en la possession du propriétaire. C'est pour cette raison que le droit civil de Prusse, de même que celui de la plupart des États de l'Europe, donne au propriétaire une garantie sur le mobilier du locataire, pour sûreté du payement du loyer. La question de savoir jusqu'à quel point ce droit fondé sur la loi positive d'un pays particulier peut être exercé contre un ministre étranger, doit être mise hors de considération, puisque l'acte de retention ne peut être regardé comme illégal et punissable, et en pareil cas il appartient aux tribunaux de justice de se prononcer sur les droits que peut avoir acquis le propriétaire au moyen de cet acte[1].

§ 18. Droits et taxes.

La personne et les effets mobiliers du ministre ne sont pas sujets aux impôts. Il est exempt de droits d'importation sur les articles à son usage personnel et à celui de sa famille. Mais cette dernière exemption est maintenant, selon l'usage de la plupart des nations, limitée à une somme déterminée, pendant la durée de la mission. Il est soumis au payement des droits de péage et des postes aux lettres. L'hôtel qu'il habite, quoique exempt du logement des troupes, est soumis aux impôts, ainsi que les autres propriétés foncières du pays, soit qu'il appartienne au ministre ou à son gouvernement; et bien qu'en général sa maison soit inviolable, et que les agents de la police, des douanes, ou de l'accise, n'y puissent pénétrer sans sa permission, les abus qu'entraîna ce privilége en faisant dans certains pays un asile pour les coupables, le restreignirent de beaucoup dans l'usage moderne des nations[2].

§ 19. Messagers et courriers.

La pratique des nations a aussi étendu l'inviolabilité des ministres publics aux messagers et aux courriers envoyés avec des dépêches aux légations ou par les légations établies dans différents pays. Ils sont exempts de toute espèce de visites et de recherches en traversant les territoires des puissances amies de leur gouvernement. Pour que cette exemption ait de l'effet, ils doivent être munis de passeports de leur gouvernement, attestant leur caractère officiel, et, dans le cas de dépêches par mer, le vaisseau, ou *aviso*, doit être aussi muni d'une commission ou patente. En temps de guerre, un arrangement spécial, au moyen de cartel ou de pavillon de trêve et de

[1] *Lettre du baron de Bulow à M. Wheaton*, 5 juillet 1844. Voyez un examen remarquable de la controverse ci-dessus par M. Foelix, le savant éditeur de la *Revue du droit français et étranger*, t. II, p. 31.

[2] Vattel, liv. IV, chap. IX, § 117 et 118. — Martens, *Précis*, etc., liv. II, chap. V, § 220. *Manuel diplomatique*, chap. III, § 30, 31. — Merlin, *Répertoire*, tit. *Ministre public*, sect. V, § 5, n° 23.

patentes, non-seulement de leur propre gouvernement, mais encore du gouvernement ennemi, est nécessaire pour préserver ces vaisseaux de dépêches d'interruption entre puissances belligérantes. Mais un ambassadeur ou autre ministre public résidant en pays neutre, à l'effet de conserver les relations de paix et d'amitié entre l'État neutre et son gouvernement, a le droit d'envoyer librement ses dépêches dans un vaisseau neutre, qui ne saurait être inquiété par les croisières d'une puissance en guerre avec son pays [1].

§ 20. Passage d'un ministre public à travers le territoire d'un État autre que celui auprès duquel il est accrédité.

L'opinion des publicistes semble quelque peu divisée sur la question du respect et de la protection à accorder à un ministre public qui traverse le territoire d'un État autre que celui auprès duquel il est accrédité. L'inviolabilité des ambassadeurs sous l'empire du droit des gens ne lie, ainsi que Grotius et Bynkershoek, entre autres, le comprennent, que les États qui les envoient et ceux qui les reçoivent [2]. Wicquefort, en particulier, qui a toujours été considéré comme le plus courageux champion des droits des ambassadeurs, affirme que l'assassinat des ministres du roi de France, François 1er, sur les terres de l'empereur Charles-Quint, quoiqu'un meurtre atroce, ne portait aucune atteinte au droit des gens en ce qui touche les priviléges des ambassadeurs. On peut le regarder comme une violation du droit de passage inoffensif qu'aggravait encore la circonstance du caractère de dignité des victimes du crime; on peut même le regarder comme une juste cause de guerre contre l'empereur, sans y comprendre la question de protection au caractère d'ambassadeur, qui résulte exclusivement d'une présomption légale,

[1] VATTEL, liv. IV, chap. IX, § 123. — MARTENS, *Précis*, etc., liv. VII. chap. XIII, § 250. — ROBINSON'S *Admirality Reports*, vol. VI, p. 466. La Caroline.

[2] GROTIUS, *de jure belli ac pacis*, lib. II, cap. XVIII, § 5. — BYNKERSHOEK, *de Foro competenti legatorum*, cap. IX, § 7.

et qui ne peut exister qu'entre le souverain qui envoie l'ambassadeur et celui à qui il est envoyé [1].

Vattel, d'un autre côté, déclare qu'un ambassadeur a besoin de passeports en traversant différents territoires pour se rendre au poste qui lui est destiné, afin de faire reconnaître son caractère public. Il est vrai que le souverain à qui il est envoyé, est plus spécialement obligé à faire respecter les droits attachés au caractère de l'ambassadeur, mais celui-ci n'est pas le moins du monde en droit de prétendre, sur le territoire d'une puissance tierce, au respect dû à l'envoyé d'un souverain ami. Il est surtout admis à jouir d'une sécurité personnelle complète; lui faire injure et l'insulter, serait injurier et insulter son souverain et sa nation entière; l'arrêter ou commettre sur sa personne tout autre acte de violence, serait enfreindre les droits d'ambassade qui appartiennent à tout souverain. François 1er avait donc toute justice à se plaindre de l'assassinat de ses ambassadeurs, et, sur le refus de Charles-Quint de donner satisfaction, à déclarer la guerre à ce prince. «Si le passage innocent est dû, même avec une entière sûreté, à un simple particulier, à plus forte raison le doit-on au ministre d'un souverain qui va exécuter les ordres de son maître, et qui voyage pour les affaires d'une nation. Je dis le *passage innocent;* car si le voyage du ministre est justement suspect, si un souverain a lieu de craindre qu'il n'abuse de la liberté d'entrer dans ses terres pour y tramer quelque chose contre son service, il peut refuser le passage. Mais il ne doit pas le maltraiter ni souffrir qu'on attente à sa personne. S'il n'a pas des raisons assez fortes pour lui refuser passage, il peut prendre des précautions contre l'abus que le ministre en pourrait faire [2].»

Il limite ensuite ce droit de passage aux ambassadeurs

[1] WICQUEFORT, *de l'Ambassadeur*, liv. I, § 29, p. 433, 439.
[2] VATTEL, *Droit des gens*, liv. IV, chap. VII, § 84, 85.

de souverains qui sont en relations de paix et d'amitié avec l'État que ces ambassadeurs ont à traverser; et il cite, à l'appui de cette restriction du droit, le cas du maréchal de Bellisle, ambassadeur de France en Prusse en 1744 (la France et la Grande-Bretagne étant alors en guerre), qui, en essayant de traverser le Hanovre, fut arrêté et conduit prisonnier en Angleterre [1].

Bynkershoek soutient que les ambassadeurs qui traversent le territoire d'un État autre que celui auprès duquel ils sont accrédités, sont justiciables de la juridiction locale civile et criminelle, de la même manière que les autres étrangers qui doivent à l'État une obéissance temporaire. Il interprète l'édit des États-Généraux de 1679, qui exempte de l'arrestation la personne, les domestiques et les effets des ambassadeurs, «*hier te lande komende residerende of passerende*,» comme s'étendant seulement aux ministres publics, actuellement accrédités auprès de leur haute puissance. Il considère le dernier terme mentionné *passerende* comme s'appliquant non pas à ceux qui, venant d'ailleurs, ne font que traverser les terres de l'État pour aller dans un autre pays, mais seulement à ceux qui vont quitter l'État où ils ont résidé comme ministres accrédités près du gouvernement de cet État [2].

Merlin regarde cette interprétation comme forcée. «Le mot *passer* en français et *passerende* en flamand n'a jamais désigné un homme qui s'en retourne, mais un homme qui étant venu ne s'arrête pas et va plus loin. Il faut donc dire que la loi dont il s'agit attribue aux ambassadeurs qui ne font que traverser les Provinces-Unies, la même indépendance qu'à ceux qui vont y résider. On objectera sans doute avec Bynkershoek que les États-Généraux, c'est-à-dire les auteurs de cette même loi, ont fait arrêter,

[1] CH. DE MARTENS, *Causes célèbres du droit des gens*, t. I, p. 311.

[2] BYNKERSHOEK, *de Foro legatorum*, cap. IX. — WHEATON, *Hist. law of nations*, p. 243.

au mois de février 1717 le baron de Gortz, ambassadeur de Suède, qui ne faisait que passer parmi eux, et cela à la réquisition du roi d'Angleterre, contre lequel il avait tramé une conspiration à Londres. Mais Bynkershoek nous fournit lui-même la réponse à cet exemple. «La seule raison (dit-il) que les États-Généraux ont alléguée de ce procédé, c'est que cet ambassadeur ne leur avait point présenté ses lettres de créance.» — «Cette raison (continue Merlin) était effectivement *la seule* des États-Généraux; mais pour être isolée, elle n'en était pas moins solide. Quand on dit qu'un ambassadeur doit jouir dans les pays par lesquels il ne fait que passer de l'indépendance attachée à son caractère, cela s'entend, pourvu qu'il les traverse *en ambassadeur*, c'est-à-dire après s'être fait annoncer, et avoir obtenu la permission de passer comme tel. Cette permission met le souverain qui l'a accordée, dans la même obligation que si c'était à lui-même que le ministre public fût envoyé et qu'il l'eût admis. Mais aussi, sans cette permission, l'ambassadeur doit être considéré comme un voyageur ordinaire, comme un simple passager, et conséquemment rien ne s'oppose à ce qu'on l'arrête, quand il y a contre lui des causes qui seraient suffisantes pour faire arrêter un particulier [1].

A ces observations du savant jurisconsulte Merlin, on peut ajouter que l'inviolabilité d'un ministre public, dans ce cas, repose sur le même principe que celle de son souverain venant sur le territoire d'un État ami avec la permission expresse ou tacite du gouvernement local. Tous deux ont également droit à la protection de ce gouvernement, contre tout acte de violence et toute espèce de contrainte incompatible avec leur caractère sacré.

Nous avons dit *permission expresse ou tacite*, parce qu'un ministre public, accrédité près d'un pays, et qui entre sur le territoire d'un autre pays en faisant connaître son

[1] MERLIN, *Répertoire*, tit. *Ministre public*, sect. V, § 3, n° 4, 12.

caractère officiel dans la forme ordinaire, peut se prévaloir autant de la permission que l'absence de prohibition lui accorde implicitement que pourrait le faire le souverain lui-même dans un cas semblable [1].

§ 21. Liberté du culte religieux.

Un ministre résidant en pays étranger jouit du privilége de culte religieux, dans sa chapelle privée, selon le rit de sa religion nationale, quoique cette religion puisse ne pas être généralement tolérée par les lois de l'État où il réside. Depuis l'époque de la Réforme, ce privilége a été assuré entre les nations catholiques et protestantes de l'Europe. La même jouissance est aussi accordée aux ministres publics et aux consuls des puissances chrétiennes en Turquie et dans les États Barbaresques. L'esprit croissant d'indépendance religieuse et de libéralisme a graduellement étendu ce privilége jusqu'à souffrir dans la plupart des pays l'établissement de chapelles publiques attachées aux différentes ambassades étrangères, dans lesquelles non-seulement les étrangers de la même nation, mais même les nationaux du pays qui suivent la même religion, sont admis au libre exercice de leur culte particulier. Ceci ne s'étend pas en général aux processions publiques, à l'usage des cloches, ou autres rits extérieurs célébrés hors des murs de la chapelle [2].

§ 22. Les consuls ne jouissant pas des priviléges particuliers de ministres publics.

Les consuls ne sont pas des ministres publics. Quelque protection qu'il leur soit accordée dans l'exercice de leurs devoirs officiels, quelque privilége spécial que leur confèrent les lois locales et les usages, ou les traités internationaux, ils ne jouissent pas, selon le droit des gens général, des immunités particulières des ambassadeurs. Aucun État n'est forcé de souffrir chez lui des consuls étrangers, s'il n'a été par convention stipulé qu'il en recevrait. Les consuls doivent être admis par le souverain

[1] Vide supra, pt. II, chap. II, § 9.

[2] VATTEL, liv. IV, chap. VII, § 104. — MARTENS, *Précis, etc.*, liv. VII, chap. VI. § 222—226. — KLÜBER, *Droit des gens moderne de l'Europe*, pt. II, tit. II, chap. III, § 215, 216.

du pays et soumis à son approbation, et s'ils se rendent coupables de conduite illégale ou inconvenante, *l'exequatur* qui leur est accordé peut être révoqué, et ils peuvent être punis par les lois de l'État où ils résident ou renvoyés dans leur pays à la discrétion du gouvernement qu'ils ont offensé. En matière civile et criminelle ils sont soumis à la loi locale de la même manière que les autres étrangers résidant qui doivent à l'État une fidélité tempooraire [1].

§ 23. Fin d'une mission diplomatique.

La mission d'un ministre étranger accrédité à une cour étrangère, ou à un congrès d'ambassadeurs, peut se terminer pendant sa vie de l'une des manières suivantes.

1° Par l'expiration de la période fixée pour la durée de la mission; ou, quand le ministre est constitué seulement par intérim, par le retour à son poste du ministre ordinaire. Dans l'un ou l'autre de ces cas, un rappel formel n'est pas nécessaire.

2° Quand l'objet de la mission est rempli, comme pour le cas d'ambassade de pure cérémonie; ou quand la mission est spéciale, et que le but de la négociation est attteint ou manqué.

3° Par le rappel du ministre.

4° Par la mort ou l'abdication de son souverain ou du souverain auprès duquel il est accrédité. Dans l'un ou l'autre de ces cas, il est nécessaire que les lettres de créance soient renouvelées; ce qui a quelquefois lieu dans le premier cas dans la lettre de notification écrite par le successeur du souverain décédé au prince à la cour duquel le ministre réside. Dans le second cas il est pourvu de nouvelles lettres de créance; mais quand il y a lieu de croire que la mission ne sera suspendue que pour peu de temps, une négociation déjà entamée peut être continuée avec le même ministre confidentiellement *sub spe rati*.

[1] WICQUEFORT, *de l'Ambassadeur*, liv. I, § 5. — BYNKERSHOEK, cap. x. — MARTENS, *Précis*, etc., liv. IV, chap. III, § 148. — KENT'S *Comm. on American law*, vol. I, p. 43, 45. 5th edit. — FOELIX, *Droit international privé*, §. 191.

5° Quand le ministre, en raison de quelque violation du droit des gens, ou de quelque incident important survenu dans le cours de sa négociation, prend sur lui la responsabilité de déclarer sa mission terminée.

6° Quand pour cause de l'inconduite du ministre ou des mesures de son gouvernement, la cour près de laquelle il réside juge à propos de le renvoyer sans attendre son rappel.

7° Par un changement dans le rang diplomatique du ministre.

Quand par quelqu'une des circonstances ci-dessus mentionnées le ministre est suspendu de ses fonctions, et de quelque manière que sa mission soit terminée, il demeure toujours en possession de tous les priviléges attachés à son caractère public jusqu'à son retour dans son pays[1].

§ 24. Lettre de rappel.

Une lettre formelle de rappel doit être envoyée au ministre par son gouvernement: 1° quand l'objet de sa mission est accompli ou manqué; 2° quand il est rappelé pour des motifs qui ne touchent pas les relations amicales des deux pays.

Dans ces deux cas on observe à peu près les mêmes formalités qu'à l'arrivée du ministre. Il délivre une copie de sa lettre de rappel au ministre des affaires étrangères, et demande une audience du souverain pour prendre congé de lui. A cette audience le ministre délivre au souverain l'original de sa lettre de rappel, en lui adressant un discours d'apparat adapté à la circonstance.

Si le ministre est rappelé à cause des mésintelligences entre les deux gouvernements, les circonstances particulières de ce cas doivent déterminer si une lettre formelle de rappel lui sera envoyée, ou s'il doit quitter la résidence sans l'attendre; si le ministre doit demander une audience de congé, et si le souverain doit la lui accorder.

[1] Martens, *Manuel diplomatique*, chap. vii, § 59; chap. ii, § 15. — *Précis*, etc., liv. VII, chap. ix, § 239. — Vattel., liv. IV, chap. ix, § 126.

Quand le rang diplomatique du ministre est élevé ou abaissé, comme dans le cas où un envoyé devient ambassadeur, ou dans celui où un ambassadeur a rempli ses fonctions comme tel, et va rester ministre de seconde ou de troisième classe, il présente la lettre de rappel et une lettre de créance pour son nouveau caractère.

Quand la mission se termine par suite de la mort du ministre, son corps doit être enterré décemment ou envoyé chez lui pour l'enterrement; mais les cérémonies religieuses extérieures à observer en cette occasion dépendent des lois et des usages des lieux. Le secrétaire de légation, ou, s'il n'y a pas de secrétaire, le ministre de quelque puissance alliée doit poser les scellés sur ses effets, et les autorités locales n'ont aucun droit d'intervention à moins d'un cas de nécessité. Toutes questions relatives à la succession *ab intestat* des biens mobiliers du ministre, ou à la validité de son testament, doivent être déterminées par les lois de son pays. Ses effets peuvent être enlevés du pays où il résidait sans payement d'aucun droit d'aubaine ou de détraction.

Quoique, rigoureusement, les priviléges personnels du ministre expirent avec la mission à laquelle son décès a mis fin, la coutume des nations donne droit à la veuve et à la famille du ministre décédé, ainsi qu'à leurs domestiques, aux mêmes immunités pour un temps limité que celles dont ils jouissaient pendant sa vie.

C'est l'usage de certaines cours de donner des présents aux ministres étrangers à leur rappel et dans d'autres occasions spéciales. Quelques gouvernements défendent à leurs ministres de recevoir de semblables présents. Telle était autrefois la règle observée par la république de Venise, et telle est maintenant la loi des États-Unis d'Amérique[1].

[1] MARTENS, *Précis*, etc., liv. VII, chap. x, § 240—245. *Manuel diplomatique*, chap. VII, § 60—65.

CHAPITRE II.

DROITS DE NÉGOCIATION ET DE TRAITÉS.

---

§ 1. Faculté de contracter des traités; ses limites et ses modifications.

Le pouvoir de négocier et de contracter des traités publics de nation à nation est en pleine vigueur dans tout État souverain qui n'a pas cédé cette portion de sa souveraineté, ou consenti à en modifier l'exercice par conventions avec d'autres États.

Les États mi-souverains ou dépendants n'ont en général qu'une faculté limitée de contracter de cette manière; et même des États souverains ou indépendants peuvent restreindre ou modifier cette faculté par des traités d'alliance ou de confédération avec d'autres États. Ainsi les nombreux États de l'Union de l'Amérique septentrionale ont défense expresse d'entrer dans aucun traité avec des puissances étrangères, ou les uns avec les autres, sans le consentement du congrès; tandis que les membres souverains de la Confédération germanique conservent le pouvoir de conclure des traités d'alliance et de commerce non-incompatibles avec les lois fondamentales de la Confédération[1].

La constitution ou loi fondamentale de tout État particulier doit déterminer en qui repose le pouvoir de négocier et de contracter des traités avec les puissances étrangères. Dans les monarchies absolues et même constitutionnelles, ce pouvoir est ordinairement attribué au souverain régnant. Dans les républiques, le chef de l'État,

[1] Voyez première partie, chap. II, § 9—26, p. 35—75.

le sénat, ou le conseil exécutif est investi de l'exercice de ce pouvoir souverain.

§ 2. Forme de traité.

Aucune forme particulière de mots n'est essentielle à la conclusion et à la validité d'un traité entre nations. Le consentement mutuel des parties contractantes peut être donné expressément ou tacitement; dans le premier cas il est ou verbal ou écrit. Il peut être exprimé par un acte signé des plénipotentiaires des deux parties, ou par une déclaration et contre-déclaration, ou en forme de lettres ou de notes échangées entre eux. Mais l'usage moderne exige que les consentements verbaux soient aussitôt que possible convertis en consentements écrits, afin d'éviter les contestations; et toutes communications purement verbales qui précèdent la signature définitive d'une convention écrite sont considérées comme renfermées dans l'acte lui-même. Le consentement des parties peut être donné tacitement, dans le cas d'un accord fait sous une autorisation imparfaite, en agissant d'après lui comme dûment conclu[1].

§ 3. Cartels, trêves et capitulations.

Il y a certains traités entre nations qui sont conclus non pas en vertu d'aucun pouvoir spécial, mais dans l'exercice d'un pouvoir général implicitement confié à certains agents publics comme accidentellement attaché à leur rang officiel. Tels sont les actes officiels des généraux ou des amiraux, qui suspendent ou limitent l'exercice des hostilités dans la sphère de leurs commandements respectifs de terre ou de mer, au moyen de permissions

[1] Martens, *Précis*, etc. liv. II, chap. II, §49, 51, 65. — Heffter, § 87.

Les jurisconsultes romains rangeaient tous les contrats internationaux en trois classes: 1° *Pactiones*, 2° *sponsiones*, 3° *fœdera*. Les derniers étaient regardés comme les plus solennels, et Gaius, dans les fragments de ses Institutes récemment découverts, dit en parlant de la supposition d'un traité de paix conclu dans la simple forme d'une pure *pactio:* «Dicitur uno casu hoc verbo (spondes ne? spondeo); peregrinum quoque obligari posse velut si imperator noster principem alicujus peregrini populi de pace ita interrogetur: *quod nimium subtiliter dictum est*: quia si quid adversus pactionem fiat, non ex stipulatu agitur, sed jure belli vindicatur.» (*Comm.* III. § 94.)

spéciales de commerce, de cartels d'échange de prisonniers, d'armistices, ou de capitulations de forteresse, de ville, ou de province. Ces conventions n'ont pas besoin, en général, de la ratification du pouvoir suprême de l'État, à moins que cette ratification ne soit expressément réservée dans l'acte lui-même[1].

§ 4. Sponsions.

De tels actes ou engagements, quand ils sont faits sans autorisation, ou quand ils excèdent l'autorisation dont ils ont besoin pour être faits, se nomment *sponsions*. Il faut que ces conventions soient confirmées par ratification expresse ou tacite. La première est donnée en termes positifs et dans les formes usuelles; l'autre est impliquée dans le fait même d'agir sous l'empire de la convention comme si l'on y était obligé par ses stipulations. Le simple silence ne suffit pas pour emporter ratification de l'une ou de l'autre des parties, quoique la bonne foi exige que la partie qui refuse doive notifier sa détermination à l'autre partie, afin d'empêcher cette dernière d'exécuter sa part du consentement. Si cependant cette exécution a eu lieu d'une manière totale ou partielle, par l'une ou l'autre des parties, agissant de bonne foi, dans la supposition que l'agent était dûment autorisé, la partie qui agit ainsi a le droit d'être indemnisée, ou replacée dans la situation première[2].

§ 5. Plein pouvoir et ratification.

Quant aux autres traités publics, pour qu'un ministre public ou autre agent diplomatique soit apte à conclure et à signer un traité avec le gouvernement auprès duquel il est accrédité, il faut qu'il soit muni d'un *plein pouvoir* indépendant de sa *lettre de créance* générale.

Grotius, et après lui Puffendorf, considèrent les traités et les conventions ainsi négociés et signés comme obli-

[1] Grotius, *de Jure belli ac pacis*, lib. III, chap. xxii, § 6, 8. — Vattel, *Droit des gens*, liv. II, chap. xiv, § 207.

[2] Grotius, *de Jure belli ac pacis*, lib. II, cap. xv, § 16; lib. III, cap. xxii, § 1—3. — Vattel, *Droit des gens*, liv. II, chap. xiv, § 209—212. — Rutherforth's *Instit.*, b. II, chap. ix, § 21.

geant le souverain au nom duquel ils sont conclus, de la même manière que tout autre contrat, fait par un agent dûment autorisé, oblige son mandant selon les règles générales de la jurisprudence civile. Grotius fait une distinction entre la procuration communiquée à l'autre partie contractante, et les instructions connues seulement du mandant et de son agent. Selon lui, le souverain est obligé par les actes de son ambassadeur dans les limites de son plein pouvoir officiel, quoique celui-ci puisse avoir excédé ou violé ses instructions secrètes[1].

Cette opinion des premiers publicistes, fondée sur les analogies du droit romain relatif au contrat de mandat ou de commission, a été contestée par les écrivains plus récents.

Bynkershoek expose les vrais principes applicables à ce sujet avec cette clarté et cette précision pratique qui distinguent les écrits de ce grand publiciste. Dans le second livre de ses *Quæstiones juris publici* (cap. VII) il propose la question de savoir si le souverain est obligé par les actes de son ministre contraires à ses instructions secrètes. Selon lui, à résoudre la question par les règles ordinaires du droit civil, il est certain que le mandant n'est pas obligé quand l'agent excède ses pouvoirs. Mais dans le cas d'un ambassadeur il faut distinguer entre le plein pouvoir général qu'il exhibe au souverain près duquel il est accrédité, et ses instructions spéciales qu'il peut conserver et qu'il conserve généralement, comme un secret entre son souverain et lui. Il déduit de l'opinion d'Albericus Gentilis *(de Jure belli,*

[1] Et in generali præpositione accidere potest ut nos obliget qui praæpositus est, agendo contra voluntatem nostram sibi soli significatam: quia hi distincti sunt actus volendi: unus quo nos obligamus ratum habituros quicquid ille in tali negotiorum genere fecerit; alter, quo illum nobis obligamus, ut non agat nisi ex præscripto, sibi non aliis cognito. Quod notandum est ad ea quæ legatis promittunt pro regibus ex vi instrumenti procuratorii, excedendo arcana mandata. (GROTIUS, *de Jure belli ac pacis*, lib. II, cap. XI, § 12. — PUFFENDORF, *de Jure naturæ et gentium*, lib. III, cap. IX, § 2.)

lib. III, cap. XIV), et de celle de Grotius précitée, que si le ministre n'a pas excédé le pouvoir à lui donné dans ses lettres de créance officielles, le souverain est obligé à ratifier, quoique le ministre puisse avoir dévié de ses instructions secrètes. Bynkershoek admet que si les lettres de créance sont spéciales, et décrivent les pouvoirs particuliers conférés au ministre, le souverain est forcé de ratifier tout ce qui est conclu conformément à ces pouvoirs. Mais les lettres de créance données aux plénipotentiaires sont rarement spéciales, plus rarement encore les instructions secrètes sont contradictoires avec le plein pouvoir public, et le plus rarement de tout, un ministre enfreint ses instructions secrètes [1]. Mais qu'arriverait-il s'il les enfreignait? Le souverain est-il obligé à ratifier en conséquence de la promesse contenue dans le plein pouvoir? Selon Bynkershoek, l'usage des nations, au temps où il écrivait, exigeait la ratification du souverain pour valider les traités conclus par son ministre, en toute circonstance, excepté dans le cas très-rare où les instructions étaient en entier contenues dans le plein pouvoir public. Il discute la doctrine de Wicquefort (*l'Ambassadeur et ses fonctions*, liv. 2, § 15), condamnant la conduite de ces princes qui ont refusé de ratifier les actes de leurs ministres, sous prétexte de leur contravention avec leurs instructions secrètes. Les analogies du droit romain et les usages du peuple romain ne devaient pas être considérés comme un guide infaillible en cette matière, depuis que le temps avait amené graduellement un changement dans l'usage des nations, ce qui constitue le droit des gens. Wicquefort lui-même, dans un autre passage, avait admis la nécessité d'une ratification pour valider les actes d'un ministre faits d'après son plein

[1] Sed rarum est quod publica mandata sint specialia, rarius quod arcanum mandatum publico sit contrarium, rarissimum vero, quod legatus arcanum posterius spernat et ex publico priori rem agat. (BYNKERSHOEK, *Quæstionum juris publici lib.* II, cap. VII.)

pouvoir[1]. Bynkershoek ne nie cependant pas que si le ministre a agi précisément en conformité de son plein pouvoir officiel, qui peut être spécial, ou de ses instructions secrètes, qui sont toujours spéciales, le souverain ne soit obligé à ratifier ses actes et ne se soumette lui-même à une imputation de mauvaise foi s'il refuse. Mais si le ministre excède son autorisation, ou entreprend de traiter des points non-contenus dans son plein pouvoir et ses instructions, le souverain est pleinement justifié à ajourner ou même à refuser sa ratification. Les circonstances particulières à chaque cas spécial doivent déterminer si la règle ou l'exception doit être appliquée[2].

Vattel considère le souverain comme obligé par les actes de son ministre dans les limites de ses lettres de créance, à moins que le pouvoir de ratifier ne soit expressément réservé, d'après l'usage établi déjà au temps où il écrivait.

«Les souverains traitent ensemble par le ministère de leurs procureurs ou mandataires, revêtus de pouvoirs suf-

[1] Sed quod olim obtinuit, nunc non obtinet, ut mores gentium sæpe solent mutari, nam postquam ratihabitionem usus invaluit, inter gentes tantum non omnes receptum est, ne fœdera et pacta, a legatis inita, valuerint, nisi ea probaverint principes, quorum res agitur. Ipse Wicquefort (eodem opere, l. I, sect. 16) necessitatem ratihabitionum satis agnoscit hisce verbis: Que les pouvoirs, quelque amples et absolus qu'ils soient, aient toujours quelque relation aux ordres secrets qu'on leur donne, qui peuvent être changés et altérés, et qui le sont souvent, selon les conjonctures et les révolutions des affaires. (BYNKERSHOEK, *Quæstionum juris publici lib.* II, cap. VII.)

[2] Non tamen negaverim, si legatus publicum mandatum, quod forte speciale est, vel arcanum, quod semper est speciale, examussim sequutus, fœdera et pacta ineat, justi principis esse ea probare, et, nisi probaverit, malæ fidei reum esse, simulque legatum ludibrio; sin autem mandatum excesserit, vel fœderibus et pactis nova quædam sint inserta, de quibus nihil mandatum erat, optimo jure poterit princeps vel differre ratihabitionem, vel plane negare. Secundum hæc damnaverim vel probaverim negatas ratihabitiones, de quibus prolixe agit Wicquefort (d. L. II, sect. 15). In singulis causis, quas ipse ibi recenset, ego nolim judex sedere, nam plurimum facti habent, quod me latet, et forte ipsum latuit. Non immerito autem nunc gentibus placuit ratihabitio, cum mandata publica, ut modo dicebam, vix unquam sint specialia, et arcana legatus in scriniis suis servare solent, neque adeo de his quicquam rescire possint, quibuscum actum est. (*Ibid.*)

fisants, que l'on appelle communément plénipotentiaires. On peut appliquer ici toutes les règles du droit naturel sur les choses qui se font par commission. Les droits du mandataire se définissent par le mandat qui lui est donné. Il ne doit point s'en écarter; mais tout ce qu'il promet dans les termes de sa commission, et suivant l'étendue de ses pouvoirs, lie son constituant.

«Aujourd'hui, pour éviter tous dangers et toutes difficultés, les princes se réservent de ratifier tout ce qui a été conclu en leur nom par leurs ministres. Le *plein pouvoir* n'est autre chose qu'une procuration *cum libera*. Si cette procuration devait avoir son plein effet, on ne saurait être trop circonspect à la donner. Mais les princes ne pouvant être contraints autrement que par les armes à remplir leurs engagements, on s'est accoutumé à ne faire fonds sur leurs traités qu'autant qu'ils les ont agréés et ratifiés. Tout ce qu'a conclu le ministre demeurant sans force jusqu'à la ratification du prince, il y a moins de danger à lui donner un plein pouvoir. Mais pour refuser avec honneur de ratifier ce qui a été conclu en vertu d'un plein pouvoir, il faut que le souverain en ait de fortes et solides raisons, et qu'il fasse voir en particulier que son ministre s'est écarté de ses instructions[1].»

La moindre réflexion suffira pour montrer combien est grande la différence qui existe entre le pouvoir donné par les souverains à leurs ministres de négocier des traités relatifs à des intérêts nationaux vastes et compliqués, et celui donné par un individu à son agent ou mandataire de contracter avec un autre en son nom sur de simples affaires privées. Les actes des ministres publics conclus avec de pareils pleins pouvoirs ont été considérés depuis des temps très-reculés comme sujets à ratification[2].

[1] VATTEL, *Droit des gens*, liv. II, chap. XII, § 156.

[2] Un des premiers exemples connus de cette pratique se présenta dans le traité de paix conclu, en 651, par l'empereur romain Justinien

La raison sur laquelle est fondé cet usage est clairement expliquée par un vieux diplomate non moins recommandable par ses talents que par une longue expérience. «Les formes dans lesquelles un État traite avec un autre,» dit sir Robert Adair, «exigeant, dans l'intérêt de l'affaire elle-même, que les pouvoirs de la négocier soient aussi étendus et généraux que les mots peuvent les rendre, il est d'ordinaire de les disposer même sous promesse de ratification; bien que dans l'usage la non-ratification des préliminaires ne soit jamais considérée comme contravention au droit des gens. La raison en est simple. Un ambassadeur, pour obtenir auprès d'un État le même crédit que son maître, doit être investi des pouvoirs de faire et de consentir tout ce que son maître lui-même pourrait faire et consentir, même d'aliéner la plus grande partie de son territoire. Mais l'exercice de ces vastes pouvoirs sous le contrôle sous-entendu de non-ratification est régularisé par ses instructions [1].»

L'exposition de la pratique approuvée des nations, d'où l'on peut seulement déduire le droit des gens applicable à cette matière, montre d'une manière concluante qu'un plein pouvoir, quoique général, et même s'étendant à la promesse de ratification, ne comprend pas l'obligation de ratifier dans le cas où le plénipotentiaire a dévié de ses instructions. Cependant la doctrine contraire, tirée, comme nous l'avons vu, par les premiers publicistes, des analo-

avec Cosroes Ier, roi de Perse. Les préliminaires et le traité définitif, signés par les plénipotentiaires respectifs, furent ultérieurement ratifiés par les deux monarques, et les ratifications furent formellement échangées. (Barbeyrac, *Histoire des anciens traités,* pt. II.)

On a observé très-judicieusement que cet exemple d'échange de ratifications formelles à une époque comme celle de Justinien, qui n'inventa rien, mais ne fit que réunir et suivre les précédents des siècles antérieurs, montre d'une manière concluante que cette sanction était alors jugée nécessaire, par l'usage général des nations, pour valider les traités conclus en vertu de pleins pouvoirs. (Wurm, *die Ratification von Staatsverträgen,* deutsche Vierteljahrs-Schrift, Nr. 29.)

[1] Adair, *Mission à la cour de Vienne,* p. 54.

gies du droit civil relatif à l'obligation des contrats conclus par procuration, est soutenue par un écrivain moderne de grand mérite. Klüber affirme que «les traités publics ne peuvent être valablement conclus que par *le représentant de l'État envers l'étranger* (d'ordinaire le gouvernant), soit immédiatement par lui, soit par l'entremise de plénipotentiaires, ainsi que d'une *manière conforme aux lois constitutionnelles de l'État.* Le traité passé par plénipotentiaire est valable, si celui-ci n'a point agi hors de ses pleins pouvoirs ostensibles; et une *ratification* postérieure n'est requise que dans le cas où elle aurait été expressément réservée dans les pleins pouvoirs, ou bien stipulée dans le traité même, comme cela se fait ordinairement aujourd'hui dans toutes les conventions qui, telles que les arrangements militaires, ne sont point nécessitées par l'exigence du moment. La ratification donnée par l'une des parties contractantes, n'oblige point l'autre partie à donner également la sienne. Quant au commencement de la validité du traité, c'est du moment de sa signature, et non de celle des ratifications qui l'ont suivie, que datent ses effets, sauf toutefois les stipulations particulières. Une simple *sponsion,* un engagement formé pour l'État par qui que ce soit, fût-ce même par le représentant de l'État ou par son mandataire, sans qu'ils y aient été autorisés, n'est obligatoire qu'autant qu'il est ratifié par l'État. La question de savoir si un traité passé au nom de l'État entre le gouvernant et l'ennemi, pendant que le premier se trouve prisonnier de guerre, et si jusqu'à quel point un tel traité est obligatoire pour l'État, ou s'il peut être regardé au plus comme une sponsion, a été le sujet de grandes contestations [1].»

Martens s'accorde avec Klüber jusqu'à admettre que «ce que promet un mandataire, ministre, etc., en restant

[1] KLÜBER, *Droit des gens moderne de l'Europe,* § 142.

dans les bornes du pouvoir qui lui a été donné et sur la foi duquel la nation étrangère est entrée en négociation avec lui, est obligatoire pour l'État qui l'a autorisé, quand même il se serait écarté des règles de son instruction secrète. Le droit des gens n'exige pas à cet effet une ratification particulière.» Mais il ajoute très-judicieusement que «cependant, vu la nécessité de donner aux négociateurs des pleins pouvoirs fort étendus, le droit des gens positif a introduit la nécessité d'une ratification particulière, pour ne pas exposer l'État à des préjudices irréparables que l'inadvertance ou la mauvaise foi du subalterne pourrait lui causer; de sorte qu'on ne compte plus sur les traités qu'en tant qu'ils ont été ratifiés. Mais le motif de cet usage, qui remonte jusqu'aux temps les plus reculés, indique assez que si l'une des deux parties offre *dûment* sa ratification, l'autre ne peut refuser la sienne qu'en tant que son mandataire s'est écarté des bornes de son instruction, et par conséquent est punissable; et qu'au moins dans la règle il ne dépend pas du libre arbitre d'une nation de refuser sa ratification par de simples motifs de convenance[1].»

Martens remarque, dans une note de la 3e édition de son ouvrage, publiée après l'apparition de celni de Klüber, que ce dernier est d'une opinion contraire quant à l'obligation par une partie d'échanger les ratifications quand l'autre le propose; «et comme il (Klüber) ne regarde la ratification comme nécessaire qu'en tant qu'elle a été réservée dans le plein pouvoir, ou dans le traité (ce qu'on n'omet guère aujourd'hui), il semble que cet auteur fasse découler de cette réserve le droit de refuser la ratification à son gré, *ce dont je doute*[2].»

Cette observation de Martens paraît être fondée sur un malentendu de ce que veut dire Klüber, malentendu dans lequel nous étions nous-même tombé par inadver-

[1] MARTENS, *Précis*, etc., § 48.
[2] MARTENS, 3e édit., note F.

tance dans la première édition anglaise de cet ouvrage. Quoique peut-être il n'ait pas entouré sa pensée de précautions suffisantes; un examen plus approfondi nous a convaincu que ni Klüber ni aucun autre publiciste n'avait émis un principe aussi large, que la ratification d'un traité conclu conformément au plein pouvoir, pût être refusée selon le simple caprice de l'une des parties contractantes, et sans appuyer un tel refus de puissantes et solides raisons.

Les expressions de Vattel: «Pour refuser avec honneur de ratifier ce qui a été conclu en vertu d'un plein pouvoir, il faut que le souverain en ait de fortes et solides raisons, et qu'il fasse voir en particulier que son ministre s'est écarté de ses instructions,» semblent impliquer qu'il considère l'énonciation d'une telle déviation comme l'une des plus puissantes et des plus solides raisons à alléguer pour refuser la ratification. Mais on peut énumérer plusieurs classes et cas, où l'on conçoit qu'un pareil refus soit justifié, même quand le ministre n'a pas outre-passé ou violé ses instructions. Dans le nombre on peut mentionner les suivants:

1° On peut repousser les traités, même subséquents à la ratification, en se fondant sur l'impossibilité, physique ou morale, d'en remplir les stipulations. L'impossibilité physique a lieu quand la partie qui fait la stipulation n'est pas apte à la remplir, faute des moyens physiques nécessaires dépendant d'elle. L'impossibilité morale a lieu quand l'exécution de l'engagement entamerait injustement les droits de parties tierces. Dans ces deux cas, il s'ensuit que si l'impossibilité de remplir le traité s'élève ou est découverte avant l'échange des ratifications, cet échange peut être refusé sur ce fondement.

2° En se fondant sur l'erreur mutuelle des parties relativement à un point de fait qui, s'il avait été connu dans ses véritables circonstances, eût empêché la conclusion du traité. Là aussi, si l'erreur est découverte avant la ratification, on peut s'en abstenir d'après ce fondement.

3° Dans le cas d'un changement de circonstances dont doit dépendre la validité du traité, soit par une stipulation expresse (*clausula rebus sic stantibus*), soit par la nature même du traité. Un pareil changement de circonstance ferait rompre le traité même après ratification; ainsi s'il arrive avant la ratification, il apportera une raison forte et solide pour refuser cette sanction.

Tout traité oblige les parties contractantes du jour de sa signature, à moins qu'il ne contienne une stipulation expresse du contraire. L'échange des ratifications a un effet rétroactif, confirmant le traité du jour de sa date[1].

La récente intervention de quatre des grandes puissances de l'Europe dans les affaires intérieures de l'empire ottoman, offre un exemple remarquable d'un traité qui ne fut pas seulement regardé comme obligeant complétement les parties contractantes, mais dont l'exécution fut au moment même commencée avant l'échange des ratifications. Tel fut le cas de la convention du 15 juillet 1840 entre l'Autriche, la Grande-Bretagne, la Prusse, la Russie et la Turquie. Dans le protocole secret annexé au traité, il fut arrêté qu'à cause de la distance qui séparait les cours respectives les unes des autres, des intérêts de l'humanité, et des puissantes considérations de la politique européenne, les plénipotentiaires, en vertu de leurs pleins pouvoirs, étaient convenus «que les mesures préliminaires seraient immédiatement mises à exécution et sans attendre l'échange des ratifications, consentant formellement par le présent acte, et avec l'assentiment de leurs cours, l'exécution immédiate de ces mesures[2].»

Ce cas anomal peut, à première vue, sembler contra-

[1] MARTENS, *Précis*, § 48. *Essai concernant les armateurs*, etc., § 48. — KLÜBER, *Droit des gens moderne de l'Europe*, § 48. — HEFFTER, *das europäische Völkerrecht*, § 87.

[2] MURHARD, *nouveau Recueil général*, t. I, p. 163.

dictoire avec les principes ci-dessus établis, de la nécessité d'une ratification postérieure pour donner un effet complet à un traité conclu par des plénipotentiaires. Mais une réflexion plus profonde fera voir la distinction sensible qui existe entre une déclaration des plénipotentiaires, autorisés par les instructions de leurs cours respectives, se dispensant par consentement mutuel de la ratification postérieure, et une demande de l'une des parties contractante que le traité soit mis à exécution sans attendre la ratification de l'autre partie.

§ 6. Le pouvoir de faire des traités dépend de la constitution civile de chaque État.

La constitution civile de chaque État particulier détermine en qui réside le pouvoir de ratifier les traités négociés et conclus avec les puissances étrangères, et de les rendre ainsi obligatoires pour la nation. Dans les monarchies absolues, c'est la prérogative du souverain lui-même de confirmer l'acte de son plénipotentiaire par sa sanction définitive. Dans certaines monarchies limitées ou constitutionnelles, le consentement du pouvoir législatif de la nation est dans quelques circonstances exigé pour ce cas. Dans quelques républiques, comme dans celle des États-Unis d'Amérique, l'avis et le consentement du sénat sont essentiels pour rendre le chef exécutif de l'État apte à engager la foi nationale dans cette forme. Dans tous ces cas c'est conséquemment une condition implicite en négociant avec des puissances étrangères, que les traités conclus par le gouvernement exécutif seront soumis à la ratification de la manière prescrite par les lois fondamentales de l'État. «Celui qui contracte avec un autre,» dit Ulpien, «connaît ou doit connaître sa condition.» Qui cum alio contrahit, vel est, vel *debet* esse non ignarus conditionis ejus (l. 19, D de div. R. J. 50, 17). Mais en pratique les pleins pouvoirs donnés par le gouvernement des États-Unis à leurs plénipotentiaires contiennent toujours réserve expresse de ratification des traités par eux conclus, par le président, avec l'avis et le consentement du sénat.

§ 7. Mesures auxiliaires législatives; jusqu'à quel point elles sont nécessaires à la validité d'un traité.

Le traité ainsi ratifié est obligatoire pour les États contractants, indépendamment des mesures auxiliaires législatives qui peuvent être nécessaires de la part de chacun d'eux pour lui donner un effet complet. De sorte que, quand une pareille législation devient nécessaire, en conséquence de quelque limite au pouvoir de traiter exprimée dans les lois fondamentales de l'État, ou résultant nécessairement de la distribution de ses pouvoirs constitutionnels — telle, par exemple, la prohibition d'aliéner le domaine national — le traité doit être alors considéré comme imparfait dans son effet obligatoire, jusqu'à ce que le consentement de la nation soit donné dans les formes requises par la constitution civile. Un pouvoir général de faire des traités de paix implique nécessairement le pouvoir de décider les termes dans lesquels ils doivent être faits, et parmi eux on peut à juste titre comprendre la cession du territoire public ou autre propriété, aussi bien que celle de la propriété privée renfermée dans le domaine éminent annexé à la souveraineté nationale. S'il n'existe pas de limite exprimée dans les lois fondamentales de l'État, ou résultant nécessairement de la distribution de ses pouvoirs constitutionnels sur l'autorisation de conclure des traités à cet égard, cette autorisation s'étend nécessairement à l'aliénation du domaine public et privé, quand elle est jugée nécessaire ou indispensable[1].

Les traités de commerce qui ont l'effet d'altérer les lois existantes de commerce et de navigation des parties contractantes peuvent nécessiter la sanction du pouvoir législatif de chaque État pour leur exécution. Ainsi le traité de commerce d'Utrecht, entre la France et la Grande-Bretagne, qui plaça le commerce des deux pays sur le pied de réciprocité, n'obtint jamais d'effet, à cause du rejet que

[1] Grotius, *de Jure belli ac pacis*, lib. III, cap. xx, § 7. — Vattel, *Droit des gens*, liv. I, chap. xx, § 244; chap. ii, § 262—565. — Kent's *Commentaries on American law*, vol. I, p. 164. 5th. ed.

fit le parlement anglais du bill proposé pour modifier les lois existantes de commerce et de navigation, et de cette manière les adapter aux stipulations du traité [1]. Dans les traités qui demandent l'appropriation de sommes d'argent à leur exécution, il est de la pratique habituelle du gouvernement anglais de stipuler que le roi recommandera au parlement d'octroyer le consentement nécessaire à cet effet. D'après la constitution des États-Unis, par laquelle les traités faits et ratifiés par le président, avec l'avis et le consentement du sénat, sont déclarés être « la loi suprême du pays, » on semble comprendre que le congrès est obligé de dégager la foi nationale ainsi engagée, et d'adopter les lois nécessaires à l'exécution du traité [2].

§ 8. Liberté de consentement; jusqu'à quel point elle est nécessaire à la validité des traités.

Dans les principes de jurisprudence civile reconnus par la plupart des pays civilisés, si ce n'est par tous, un contrat obtenu par la violence et nul. La liberté de consentement est nécessaire à la validité de tout engagement, et les contrats obtenus par la force sont nuls, parce que le bien-être général de la société exige qu'il en soit ainsi. S'ils étaient obligatoires, les faibles seraient constamment forcés, par les menaces ou la violence, à se départir de leurs justes droits. La notoriété de la règle que de tels engagements sont nuls, range les efforts pour les extorquer parmi les crimes les plus rares de l'humanité. D'un autre côté, la conservation de la société veut que les engagements consentis par une nation sous l'empire de la force qu'impliquent la destruction de ses forces militaires, la détresse de son peuple, l'occupation de son territoire par l'ennemi, soient tenus pour obligatoires. En effet, s'il n'en était ainsi, les guerres ne pourraient se terminer que par la soumission et la ruine totales du parti le plus faible, et l'imperfection des considérations, ou l'inégalité des conditions d'un

[1] Lord Mahon, *History of England from the peace of Utrecht*, vol. I, p. 24.

[2] Kent's *Commentaries*, vol. I, p. 285, 5th ed.

traité entre nations, qui suffiraient pour faire rompre un contrat entre particuliers sous prétexte d'une grossière inégalité ou de lésion énorme, n'entraînent pas une raison suffisante pour refuser l'exécution d'un traité [1].

§ 9. Conventions transitoires perpétuelles de leur nature.

Les conventions générales entre nations peuvent se diviser en ce qu'on appelle *conventions transitoires et traités* proprement dits. Les premières sont perpétuelles de leur nature, de sorte qu'une fois mises à exécution elles subsistent indépendamment de tout changement dans la souveraineté et dans la forme de gouvernement des parties contractantes; et quoique leur opération puisse en quelques circonstances être suspendue pendant la guerre, elles revivent au retour de la paix sans aucune stipulation expresse. Tels sont les traités de cession, de limites, ou d'échange de territoire, ou ceux qui créent une servitude permanente en faveur d'une nation sur le territoire d'une autre [2].

Ainsi le traité de paix de 1783, entre la Grande-Bretagne et les États-Unis, par lequel l'indépendance de ces derniers fut reconnue, empêcha les confiscations futures de propriétés; et le traité de 1794, entre les mêmes parties, confirma les titres des sujets anglais sur leurs propriétés dans les États-Unis, et ceux des citoyens américains sur leurs propriétés en Angleterre, qui autrement eussent pu être confisquées pour être aliénées. D'après ces stipulations la cour suprême des États-Unis, arrêta que les titres des sujets anglais et ceux des corporations ayant des propriétés en Amérique, étaient protégés par le traité de paix et confirmés par le traité de 1794, de sorte qu'ils ne pourraient être enlevés par aucun acte législatif intermédiaire ou autre forme de confiscation. En supposant même que les traités eussent été abrogés par la guerre qui éclata

[1] SENIOR, *Edinburgh Review*, n° CLVI, art. 1. — MARTENS, *Précis*, etc., liv. II, chap. XII, § 50. 52. — GROTIUS, *de Jure belli ac pacis*, lib. II, sect. XIV, § 4—12.

[1] VATTEL, *Droit des gens*, liv. II, chap. XII, § 192. — MARTENS, *Précis*, etc., liv. II, chap. II, § 58.

entre les deux pays en 1812, il ne s'ensuivrait pas que les droits de propriété déjà accordés par ces traités pussent être abrogés par les hostilités survenantes. L'extinction des traités n'éteindrait pas plus les titres à une propriété foncière acquis ou assurés par leurs stipulations, que le rappel d'une loi civile n'affecterait les droits de propriété établis par elle. Mais indépendamment de ce principe incontestable sur lequel repose la sécurité de toute propriété, la cour n'était pas disposée à admettre la doctrine que les traités demeurent, par la guerre entre les parties contractantes, éteints *ipso facto*, s'ils ne sont ravivés par un renouvellement exprès ou tacite au retour de la paix. Quelle que soit la latitude de doctrine exposée par les écrivains élémentaires du droit des gens qui traitent en termes généraux ce qui est relatif à notre sujet, on accorda que la doctrine soutenue n'était pas universellement reconnue. Il peut y avoir des traités de nature telle, quant à leur objet et leur importance, que la guerre y mette nécessairement fin; mais quand des traités sont considérés comme arrangement permanent de territoire ou autres droits nationaux, ou renferment dans leurs termes la prévision du cas de guerre survenante, il serait contre tout principe de juste interprétation de les regarder comme éteints par la guerre. Si telle était la loi, le traité même de 1783, en tant qu'il fixe les limites des États-Unis et reconnaît leur indépendance, serait éteint, et ils auraient encore eu à débattre les principes originaires de la révolution. Une telle interprétation ne fut jamais avancée, et elle serait si monstrueuse, qu'elle renverserait tout raisonnement. La cour conclut donc que les traités stipulant des droits permanents et des arrangements généraux, et visant évidemment à une durée perpétuelle, pour en agir aussi bien en temps de guerre qu'en temps de paix, ne cessaient pas pour cause de guerre, mais étaient tout au plus seulement suspendus pendant qu'elle durait; et à moins que les parties n'y renoncent, ou ne fassent des stipulations nouvelles et contradictoires, les traités sont remis en vigueur au retour de la paix [1].

Controverse entre les gouvernements américain et anglais, relativement au droit de pêche sur les côtes des possessions anglaises dans l'Amérique septentrionale.

Par l'article 3 du traité de paix de 1783, entre les États-Unis et la Grande-Bretagne, il fut convenu «que le peuple des États-Unis continuerait à jouir, sans être inquiété, du droit de pêcher toute espèce de poissons sur le Grand-Banc, et sur tous les autres bancs de Terre-Neuve; de même que dans le golfe Saint-Laurent, et dans tous autres endroits de la mer où les habitants des deux pays avaient auparavant l'habitude de pêcher; et qu'aussi les habitants des États-Unis seraient libres de pêcher du poisson de toute espèce sur toute la côte de Terre-Neuve où le feraient les pêcheurs anglais (mais non pas de faire sécher ou d'apprêter ce poisson sur cette île), et sur les côtes, dans les baies et criques de toutes les autres possessions de S. M. britannique en Amérique; que les pêcheurs américains auraient la liberté de faire sécher et d'apprêter le poisson dans toutes les baies, hâvres et criques dans les établissements de la Nouvelle-Écosse, des îles Madeleine et du Labrador, tant que ces endroits resteraient vacants; mais qu'aussitôt qu'il y aurait des établissements, soit dans tous ces endroits, soit dans l'un d'eux, il ne serait plus permis aux susdits pêcheurs d'y faire sécher ou apprêter le poisson sans le consentement préalable à cet effet des habitants, propriétaires ou possesseurs du sol.»

Pendant les négociations à Gand, en 1814, les plénipotentiaires anglais donnèrent avis que leur gouvernement «n'avait pas l'intention d'accorder gratuitement aux États-

1 WHEATON'S *Reports*, vol. VIII, p. 464. — The society for the Propagation of the Gospel in Foreign Parts, v. the Town of New Haven. Le même principe fut soutenu par la cour de la chancellerie anglaise à l'égard des citoyens américains ayant des terres dans la Grande-Bretagne, d'après le traité de 1794. In Sutton v. Sutton, Russel and Milne Rep.. p. 663.

Unis les priviléges antérieurement octroyés à ceux-ci de pêcher dans les limites de la souveraineté britannique, et d'en user sur les côtes des possessions anglaises affectées à la pêche anglaise. » En réponse à cette déclaration, les plénipotentiaires américains établirent « qu'ils n'étaient pas autorisés à mettre en discussion les droits et les libertés dont les États-Unis avaient joui auparavant relativement à ce fait; que par la nature et le caractère particulier du traité de 1783, qui les avait reconnus, aucune stipulation ultérieure n'avait été jugée nécessaire par le gouvernement des États-Unis pour lui donner droit à la pleine et entière jouissance de toutes ces libertés. »

Le traité de paix conclu à Gand, en 1814, ne contint donc aucune stipulation sur ce sujet; et le gouvernement anglais manifesta ensuite ses intentions d'exclure les bâtiments de pêche américains de la liberté de pêcher en dedans de la distance d'une lieue marine des côtes des possessions anglaises dans l'Amérique du Nord, et de celle de faire sécher et apprêter leur poisson sur les parties vacantes de ces possessions, et avec le consentement des habitants, sur celles de ces parties où s'étaient formés des établissements depuis la paix de 1783.

En discutant cette question, le ministre américain à Londres, M. J. Q. Adams, expose que depuis le temps où fut fait dans l'Amérique septentrionale l'établissement constituant les États-Unis, jusqu'à leur séparation de la Grande-Bretagne et leur érection en souverainetés distinctes, ils avaient joui de ces libertés de pêcher, de sécher, d'apprêter le poisson en commun avec les autres sujets de l'empire britannique. En principe ils avaient éminemment droit à cette jouissance; et en point de fait ils en avaient joui plus que toute autre partie de l'empire. En effet leur établissement dans le pays voisin avait amené naturellement la découverte et le progrès de ces pêches, et leur proximité des lieux où elles se poursuivaient les avait conduits à découvrir les bancs de pêche les plus avantageux, et leur donnait la facilité de poursuivre leur occupation dans ces régions que ne pouvaient posséder les parties éloignées de l'empire. On pourrait ajouter qu'ils avaient concouru pour leur bonne part, et plus que pour leur part, à mettre à l'abri des conquêtes de la France les provinces sur les côtes desquelles étaient situées ces pêcheries. Il était certain que, d'après de pareilles considérations, une stipulation expresse fut insérée dans le traité de 1783, reconnaissant les droits et les libertés dont avaient toujours joui les peuples des États-Unis dans ces pêches, et déclarant qu'ils continueraient à jouir du droit de pêcher sur le Grand-Banc et autres lieux de juridiction commune, et qu'ils auraient la liberté de pêcher, de sécher, et d'apprêter leur poisson dans l'intérieur de la juridiction anglaise sur les côtes de l'Amérique du Nord, ce à quoi ils avaient été habitués quand ils faisaient partie de la nation anglaise. Cette stipulation était une partie du traité par lequel S. M. britannique reconnaissait les États-Unis comme États libres, souverains et indépendants, et qu'elle traitait avec eux comme tels.

Il serait inutile de prouver que ce traité n'était pas dans son contenu général de ceux qui, selon le jugement commun et l'usage des nations civilisées, sont considérés comme annulés par une guerre subséquente entre les mêmes parties. Supposer que cela est, impliquerait la contradiction et l'absurdité d'un État souverain et indépendant exposé à perdre son droit de souveraineté en l'exerçant pour une déclaration de guerre. Mais les termes mêmes du traité attestent que la souveraineté et l'indépendance des États-Unis n'ont pas été considérées comme une concession de la part de S. M. britannique. Elles ont été regardées et exprimées comme existant avant la conclusion du traité, et comme d'abord formellement reconnues seulement alors par la Grande-Bretagne.

Telle était précisément la nature des droits et des libertés de pêche. Ce n'était en aucune manière une concession du roi d'Angleterre aux États-Unis; mais la reconnaissance qu'on en faisait comme droits et libertés dont la jouissance était antérieure à la séparation des deux pays, — jouissance qui continuant de consentement mutuel sous les relations nouvelles qui allaient s'établir entre eux, — constituait l'essence de l'article concernant la pêche. La particularité même de la stipulation était une preuve évidente qu'elle n'était ni d'un côté ni de l'autre considérée ou comprise comme une concession d'un État souverain à un autre. L'eût-on comprise ainsi, les États-Unis n'auraient pas pu réclamer, et la Grande-Bretagne n'aurait voulu accorder gratuitement aucune concession semblable. Il n'y avait rien dans l'état de choses ni dans la disposition des parties qui pût avoir amené une telle stipulation de la part de la Grande-Bretagne, considérée par elle comme une concession sans équivalent.

Si la stipulation du traité de 1783 était une des conditions par lesquelles Sa Majesté reconnaissait la souveraineté et l'indépendance des États-Unis; si c'était la simple reconnaissance de droits et de libertés déjà existants et en possession de jouissance, ce n'était pas un privilége gratuitement octroyé et susceptible d'être détruit par la simple existence d'une guerre subséquente. S'il n'était pas détruit par la guerre, il ne pouvait pas non plus être altéré par la déclaration de la Grande-Bretagne, à Gand, qu'elle n'entendait pas renouveler la concession. Là où il n'y avait point eu de concession gratuite il ne pouvait y avoir de renouvellement. Les droits et libertés des États-Unis ne pouvaient être restreints par la déclaration des intentions de l'Angleterre. Rien ne pouvait les abroger qu'une renonciation des États-Unis eux-mêmes [1].

[1] M. J. Q. Adams à lord Bathurst, 25 sept. 1815. *American State Papers*, fol. edit., 1834, vol. IV, p. 352.

Dans la réponse du gouvernement anglais à cette communication, il fut exposé que la Grande-Bretagne avait toujours considéré la liberté dont jouissaient anciennement les États-Unis de pêcher dans les limites anglaises, et de se servir du territoire anglais, comme résultant de l'article 3 du traité de 1783, et de cela seulement; et que la prétention d'un État indépendant d'occuper et de se servir à son gré d'une portion quelconque du territoire d'un autre, sans compensation ou tolérance réciproques, ne pouvait reposer sur aucun autre fondement qu'une stipulation conventionelle. Il était inutile de s'informer des motifs qui avaient pu originairement influencer la Grande-Bretagne à concéder de telles libertés aux États-Unis, ou de chercher si d'autres articles du traité leur offraient ou n'offraient pas d'équivalent, parce que toutes les stipulations sont regardées comme basées sur un avantage réciproque et une convenance mutuelle. Si les États-Unis faisaient dériver de ce traité des priviléges dont étaient exclues les nations indépendantes non admises par traité à en jouir, la durée des priviléges devait dépendre de la durée de l'acte qui les concédait; et si la guerre abrogeait le traité, elle mettait fin aux priviléges. Il avait été mis en avant, à la vérité, par les États-Unis, que le traité de 1783 avait un caractère particulier, et que par la raison qu'il contenait reconnaissance de l'indépendance américaine, il ne pouvait être abrogé par une guerre subséquente entre les parties. La Grande-Bretagne ne pouvait consentir à une position de cette nouvelle nature. Elle ne connaissait aucune exception à cette règle, que tout traité est annulé par une guerre subséquente entre les parties contractantes. Elle ne pouvait donc pas consentir à donner à ses relations diplomatiques avec un État un degré de durée différent de celui sur lequel reposaient ses rapports avec tous les autres États. Elle ne pouvait pas non plus admettre la liberté à un État d'attribuer à un traité conclu avec elle, une particularité de caractère telle, que ce traité deviendrait, quant à sa durée, une exception à tous les autres, dans le but de fonder sur une particularité ainsi adoptée un titre irrévocable à des tolérances ayant toute l'apparence de concessions temporaires.

Il n'était pas du tout hors d'usage pour les traités contenant reconnaissance de titres de nature d'obligation perpétuelle, de renfermer pareillement des concessions de priviléges susceptibles de révocation. Le traité de 1783, comme tant d'autres, contenait des obligations de différents caractères, quelques-unes irrévocables dans leur nature et d'autres purement temporaires. Si l'on concluait de là qu'attendu que certains avantages spécifiés dans ce traité n'auraient pu être détruits par la guerre, tous les autres avantages devaient être également reconnus permanents, il fallait montrer d'abord que les avantages étaient de même nature ou au moins de nature semblable. En effet la nature d'un avantage reconnu ou concédé par traité peut n'avoir aucun rapport avec la nature d'un autre, quoique concédé par le même acte, à moins qu'il n'existe une stricte et nécessaire connexion entre les avantages eux-mêmes. Mais quelle connexion pouvait-il y avoir entre un droit d'indépendance et la liberté de pêcher dans les limites de la juridiction anglaise ou de se servir du territoire anglais? Ces libertés dans les limites anglaises pouvaient tout aussi bien être exercées par un État dépendant que par un État indépendant, et ne pouvaient donc pas être la conséquence de l'indépendance.

On ne saurait dire correctement que l'indépendance d'un État est concédée, mais qu'elle est reconnue par un traité. Dans le traité de 1783, l'indépendance des États-Unis fut assurément reconnue, non pas simplement par le consentement de conclure le traité, mais par le consentement préalable de passer acte des articles provisionnels exécutés en 1782. Leur indépendance aurait pu être reconnue sans le traité ou sans les articles provisionnels; mais de quelque manière qu'elle fût faite, cette reconnaissance était irrévocable dans sa nature. Le pouvoir de la révoquer ou de la modifier eût été un pouvoir destructif pour la chose elle-même; et alors on renonça nécessairement à un tel pouvoir dès que la reconnaissance fut faite. La guerre ne pouvait y mettre fin, par la raison, justement citée par le ministre américain, qu'une nation ne pouvait perdre sa souveraineté, par l'exercice même de cette souveraineté, et par la raison plus forte que la Grande-Bretagne, en déclarant la guerre aux États-Unis, leur avait par cet acte même donné une reconnaissance nouvelle de leur indépendance.

Les *droits* reconnus par le traité de 1783 étaient non-seulement distincts des *libertés* concédées par le même traité, sur lesquelles ils étaient fondés, mais encore on en fit soigneusement la distinction dans la rédaction du traité. Dans le premier article, la Grande-Bretagne reconnut une indépendance déjà expressément reconnue par les autres puissances de l'Europe, et par elle-même dans son consentement de passer les articles provisionnels de 1782. Dans le 3e article, la Grande-Bretagne reconnaît le *droit* des États-Unis de pêcher sur les bancs de Terre-Neuve et autres endroits où la Grande-Bretagne n'avait aucun droit d'empêcher toute autre nation indépendante de le faire. Mais ils auraient *la liberté* de préparer et sécher leur poisson dans certains lieux vacants du territoire britannique. Si les libertés ainsi accordées eussent dû devenir perpétuelles et irrévocables comme les droits préalablement reconnus, il était difficile de concevoir que les plénipotentiaires américains eussent admis une différence de langage si propre à produire une impression différente; et par-dessus tout qu'ils eussent admis une restriction à un droit perpétuel et irrévocable aussi étrange que celle renfermée dans l'article, et qui laisse un droit regardé comme si praticable et si avantageux, dépendant de la volonté des sujets anglais, propriétaires ou possesseurs du sol quant au pouvoir d'en empêcher l'exercice.

Il était donc assurément évident que le mot *droit* était dans tout le traité employé comme applicable à tout ce dont devaient jouir les États-Unis en vertu d'une indépendance reconnue; et le mot *liberté* comme applicable à tout ce dont ils devaient jouir comme concession strictement dépendante du traité lui-même [1].

Le ministre américain, dans sa réponse à cet argument désavoua toute prétention à réclamer, pour les relations diplomatiques entre les États-Unis et la Grande-Bretagne, un degré de durée différent de celui des mêmes relations entre l'une ou l'autre des parties et toutes les autres puissances. Il ne prétendait point vouloir attribuer à quelque traité que ce fût entre les deux nations aucune particularité non fondée sur la nature du traité lui-même. Mais il soumettait à la franchise du gouvernement anglais la question de savoir si le traité de 1783 n'était pas un traité spécial, et par la nature même de son objet, et par les relations préalablement existantes entre les deux parties; si ce traité aurait pu être conclu entre la Grande-Bretagne et toute autre nation; et si, dans le cas où il n'aurait pu l'être, le but et l'objet tout entier de ses stipulations n'étaient pas expressément d'établir entre les deux pays un état nouveau et permanent de relations diplomatiques qui ne devait et ne pouvait être annulé par le simple fait d'une guerre subséquente. Et il faisait cet appel avec d'autant plus de confiance, que la note du gouvernement anglais admettait que souvent les traités contenaient des reconnaissances de nature d'obligation perpétuelle, et qu'elle admettait encore implicitement que c'était là le caractère de tout le traité de 1783, à l'exception de l'article con-

[1] Le comte Bathurst à M. J. Q. Adams, 30 oct. 1815. *American State Papers*, fol. edit., 1834, vol. IV, p. 354.

cernant la navigation du Mississipi et d'une petite partie de l'article concernant la pêche.

Le fondement sur lequel on s'appuyait en disant « que la Grande-Bretagne ne connaissait pas d'exception à la règle que tout traité est annulé par une guerre subséquente,» paraissait au ministre américain non-seulement nouveau mais encore en désaccord avec toutes les autorités reconnues sur le droit des gens; dépourvu de la sanction de la pratique et des usages des États souverains; propre dans ses tendances à multiplier les cas de guerre et à relâcher les liens de la paix entre les nations indépendantes, et peu facile à concilier avec le point admis que les traités contenaient quelquefois, avec des articles de nature temporaire, susceptibles de révocation, «des reconnaissances et des concessions ayant caractère d'obligation perpétuelle.»

La reconnaissance ou l'admission d'un titre stipulé par convention faisait aussi bien partie du traité que tout autre article; et si la guerre abrogeait tous les traités, les reconnaissances et les concessions qu'ils contiendraient deviendraient nécessairement nulles et sans valeur aussi bien que toute autre partie du traité.

S'il n'y avait pas d'exception à la règle que la guerre met fin à tous les traités entre les parties belligérantes, à quoi serviraient et que signifieraient ces articles que dans tous les traités de commerce on insère expressément pour le cas de guerre, et qui pendant la paix sont sans effet? Par exemple, l'article 10 du traité de 1794 entre les États-Unis et la Grande-Bretagne stipula que «ni les dettes contractées par des individus de l'une des deux nations envers des individus de l'autre, ni les parts ni les sommes qu'ils pourraient avoir dans les fonds publics ou dans les banques publiques ou privées, ne seraient jamais, *à tout événement de guerre* ou de différends nationaux, séquestrées ou confisquées.» Si la guerre mettait fin à tous traités, quelle pourrait être dans cet engagement l'intention des parties en en faisant un article du traité? D'après le principe exposé dans la note anglaise, excluant toute exception du moment où la guerre éclatait entre les deux pays, cette stipulatiou devenait une lettre morte, et l'un ou l'autre des deux États aurait pu séquestrer ou confisquer ces propriétés spécifiées, sans aucune violation de convention entre les deux nations.

Le ministre américain croyait qu'il y avait beaucoup d'exceptions à la règle par laquelle les traités entre nations sont mutuellement considérés comme rompus par l'intervention d'une guerre; que les exceptions s'étendaient à tous les engagements contractés avec la pensée qu'ils devaient avoir leur effet en temps de guerre comme en temps de paix, ou exclusivement pendant la guerre; à tous les engagements par lesquels les parties ajoutaient la sanction d'une convention formelle aux principes dictés par les lois éternelles de la morale et de l'humanité; et enfin à tous les engagements qui, selon les expressions mêmes de la note anglaise, *ont le caractère d'obligation perpétuelle*. On peut ranger dans la 1re et la 2e classe l'article 10 du traité de 1794, et tous les traités ou articles des traités stipulant l'abolition de la traite des esclaves. Le traité de paix de 1783 appartient à la 3e classe.

Le raisonnement de la note anglaise semblait restreindre cette durée perpétuelle d'obligation aux reconnaissances et concessions de titres, et considérer son caractère perpétuel comme résultant de l'objet du contrat et non de l'engagement du contractant. Quand la Grande-Bretagne laissait les États-Unis jouir sans conteste de tous les avantages, droits et libertés, stipulés en leur faveur dans le traité de 1783, il importait peu qu'elle basât sa conduite sur le simple fait que les États-Unis sont en possession de ces droits, ou qu'elle se laissât gouverner par la bonne foi et le respect de ses propres engagements. Mais si elle contestait quelqu'un de ces droits, c'était à ses engagements seulement que les États-Unis en pouvaient appeler comme la règle pour la solution de la question de droit. Si cet appel était rejeté, ce n'était plus une question de droit; et cette observation s'appliquait avec autant de justesse et de force à la reconnaissance d'indépendance et aux limites, dans le traité de 1783, qu'à la pêche. Il fut, à la vérité, observé dans la note anglaise que dans ce traité l'indépendance des États-Unis ne fut pas accordée mais reconnue; et il y fut ajouté quelle aurait pu être reconnue sans aucun traité, et que la reconnaissance, quel qu'en soit le mode aurait été irrévocable. Mais l'indépendance des États-Unis était précisément la question sur laquelle une guerre antérieure avait été engagée entre eux et la Grande-Bretagne. D'autres nations pouvaient sans traité reconnaître l'indépendance de ces derniers, parce qu'elles n'avaient aucun droit à réclamer pour la contester; mais cette reconnaissance, pour obliger la Grande-Bretagne, n'aurait pu être faite que par traité, parce qu'elle renfermait la dissolution d'un contrat social entre les parties aussi bien que la formation d'un autre contrat. La paix ne pouvait exister entre les deux nations que par leur foi mutuelle aux nouvelles relations sociales établies entre elles. Il résultait de là que les stipulations de ce traité avaient le caractère d'obligation perpétuelle et n'étaient pas susceptibles d'être détruites par une guerre subséquente ou quelque déclaration que ce soit de la volontéd de l'une es parties sans l'assentiment de l'autre[1].

L'analyse ci-dessus de la correspondance qui eut lieu à ce sujet a été insérée ici comme éclaircissant la question générale de savoir jusqu'à quel point les traités sont abrogés par la guerre entre les parties qui les ont contractés. Quant à la controverse particulière elle-même, elle fut

[1] M. J. Q. Adams à Lord Castlereagh, 22 janv. 1816. *American State Papers*, fol. edit., 1834, vol. IV, p. 356.

définitivement terminée entre les deux pays, sur la base d'un compromis, par la convention de 1818, dans laquelle la liberté revendiquée par les États-Unis relativement à la pêche dans la juridiction et le territoire anglais fut restreinte à certaines limites géographiques [1].

§ 10. Traités; cessation de leur effet dans certains cas.

Les *traités* proprement dits, ou *fœdera*, sont ceux d'amitié et d'alliance, de commerce, et de navigation. Bien que perpétuels dans leurs termes, ils expirent naturellement:

1° Dans le cas où l'une ou l'autre des parties contractantes perd son existence comme État indépendant.

2° Quand la constitution intérieure de l'un ou de l'autre des États est tellement changée, qu'elle rende le traité inapplicable dans des circonstances différentes de celles en vue desquelles il a été conclu.

Ici la distinction exposée par les publicistes entre les traités *réels* et *personnels* devient importante. Les premiers obligent les parties contractantes indépendamment de tout changement dans la souveraineté, ou des chefs de l'État. Par les autres on entend seulement les traités de pure alliance personnelle, expressément faits en vue de la personne qui dirige actuellement l'État, ou du souverain régnant. Quoiqu'ils obligent l'État pendant l'existence de cette personne, ils expirent par sa mort ou sa connexion publique avec l'État [2].

3° En cas de guerre entre les parties contractantes; à moins que de telles stipulations ne soient faites expressément en vue d'une rupture, comme la période accordée aux sujets respectifs de se retirer avec leurs effets, ou autre limitation aux droits généraux de la guerre. Telle est la stipulation contenue dans l'article 10 du traité de 1794 entre la Grande-Bretagne et les États-Unis, établissant que les créances privées, les parts ou les sommes d'argent dans les fonds publics ou dans les banques pu-

[1] Vide supra, pt. II, chap. IV, § 8, p. 227.
[2] Vide ante, pt. I, chap. II, § 11, p. 62.

bliques ou particulières, appartenant à des individus privés, ne devraient jamais en cas de guerre être séquestrées ou confisquées. Il n'est pas douteux que l'obligation de cet article ne saurait être altérée par l'intervention d'une guerre, circonstance même à laquelle on a voulu pourvoir, et qu'il resterait en pleine vigueur jusqu'à ce qu'il plaise mutuellement aux parties de l'annuler [1].

4° Les traités expirent par leur propre limitation, s'ils ne sont renouvelés par un accord exprès, ou quand leurs stipulations sont remplies par les parties respectives, ou bien quand un changement total de circonstances ne les rend pas plus longtemps obligatoires.

§ 11. Traités remis en vigueur et confirmés au retour de la paix.

La plupart des conventions internationales, et spécialement les traités de paix, ont un caractère mixte et renferment des articles de deux sortes. Ce caractère les rend souvent difficiles à distinguer de ces stipulations perpétuelles de leur nature et de celles qui s'éteignent par la guerre entre les parties contractantes ou par un changement de circonstances touchant à l'existence de l'une des parties, et rendant par là le traité inapplicable au nouvel état de choses. C'est pour cette raison et par abondance de précautions qu'on insère souvent dans des traités de paix des stipulations qui remettent en vigueur et confirment expressément des traités antérieurement existants entre les parties contractantes, et contenant des stipulations de caractère permanent, ou qui repoussent de quelque autre manière l'intention que pourrait avoir l'une ou l'autre des parties de ne pas exécuter les obligations contenues dans de pareils traités antérieurs. Les confirmations réitérées des traités de Westphalie et d'Utrecht dans presque tous les traités subséquents de paix ou de commerce entre les mêmes parties, constituèrent une sorte de code écrit de droit public par lequel la distribution des territoires parmi

[1] VATTEL, liv. III, chap. X, § 175. — KENT's *Commentaries on American law*, vol. I, p. 175. 5th edit.

les principaux États de l'Europe fut établie d'une manière permanente jusqu'au moment où elle fut violemment rompue par le partage de la Pologne et les guerres de la révolution française. Les arrangements de territoire et de relations politiques substitués par les traités de Vienne à l'ancienne loi conventionnelle de l'Europe, et établis sans aucun doute sous le même caractère de permanence, ont déjà subi, en conséquence des révolutions de 1830 de la France, de la Pologne, et de la Belgique, de très-importantes modifications, dont nous avons rendu compte dans un autre ouvrage[1].

Le traité de garantie est un des contrats internationaux les plus usuels. C'est un engagement par lequel un État promet d'en aider un autre si cet autre est interrompu ou menacé d'être troublé dans la jouissance paisible de ses droits par une troisième puissance. Il est applicable à toute espèce de droit et d'obligation pouvant exister entre nations; à la possession et aux limites des territoires; à la souveraineté de l'État; à la constitution de son gouvernement; aux droits de succession, etc.; mais on l'applique le plus communément aux traités de paix. La garantie peut aussi être contenue dans une convention distincte et séparée, ou comprise dans les stipulations annexées au traité principal qu'on veut garantir. Elle devient alors une obligation accessoire[2]. § 12. Traités de garantie.

La garantie peut être stipulée par une troisième puissance qui n'est point partie dans le traité principal, par l'une des parties contractantes en faveur d'une autre, ou mutuellement entre toutes les parties. Ainsi dans le traité de paix conclu à Aix-la-Chapelle en 1748, les huit grandes parties contractantes se sont mutuellement garanti les unes aux autres toutes les stipulations du traité.

[1] WHEATON, *Histoire du droit des gens*, t. II, p. 122, 219.

[2] VATTEL, *Droit des gens*, liv. II, chap. XVI, § 235—239. — KLÜBER, *Droit des gens moderne de l'Europe*, pt. II, tit. II, sect. I, chap. II, § 157 et 158. — MARTENS, *Précis*, etc., § 63.

La partie qui garantit n'est obligée à rien autre chose qu'à prêter l'assistance stipulée. Si celle-ci est prouvée insuffisante, la partie susdite n'est pas obligée à indemniser la puissance à laquelle elle a promis son aide. Elle n'est pas obligée non plus à s'interposer au préjudice des justes droits d'une partie tierce ou en violation d'un traité antérieur rendant la garantie inapplicable dans un cas particulier. Les garanties s'appliquent seulement aux droits et aux possessions existants au moment où elles sont stipulées. Ce fut sur ce fondement que Louis XV se déclara, en 1741, en faveur de l'électeur de Bavière contre Marie-Thérèse, l'héritière de l'empereur Charles VI, quoique la cour de France eût antérieurement garanti la pragmatique sanction de cet empereur réglant la succession à ses États héréditaires. Ce fut encore sur un pareil fondement que la France refusa de remplir le traité d'alliance de 1756 avec l'Autriche, relativement aux prétentions de cette dernière puissance sur la Bavière en 1778, qui menaçaient d'amener une guerre avec la Russie. Quelques doutes qui puissent naître quant à l'application de ces principes aux cas que nous venons de citer, il ne peut y en avoir aucun relativement aux principes eux-mêmes, qui sont textuellement reconnus par tous les publicistes[1].

Ces écrivains font une distinction entre une *caution* et un *garant*. Ainsi Vattel expose que quand l'objet se rapporte à des choses qu'un autre peut faire ou donner aussi bien que celui qui a fait la promesse originelle, comme, par exemple, le payement d'une somme d'argent, il est plus sûr de demander une *caution* qu'un *garant*. Car la caution remplit la promesse à défaut du promettant, tandis que le garant est seulement obligé de faire tous ses efforts pour obtenir l'exécution de la promesse de celui qui l'a faite[2].

[1] VATTEL, liv. II, chap. XVI, § 238. — FLASSAN, *Histoire de la diplomatie française*, t. VII, p. 195.

[2] VATTEL, § 239.

Les traités d'alliance peuvent être ou défensifs ou offensifs. Dans le premier cas les engagements de l'allié ne s'étendent qu'à une guerre réellement et véritablement défensive, à une guerre d'agression déjà commencée, en point de fait, contre l'autre partie contractante. Dans le second cas l'allié s'engage généralement à coopérer aux hostilités contre une puissance déterminée ou contre toute puissance contre laquelle l'autre partie peut engager une guerre. § 13. Traités d'alliance.

Une alliance peut aussi être à la fois offensive et défensive.

Il faut distinguer les alliances générales des traités de secours et de subsides déterminés. Quand un État stipule de fournir à un autre un secours limité de troupes, de vaisseaux de guerre, d'argent, ou de provisions sans aucune promesse ayant trait à un engagement éventuel dans les hostilités générales, un pareil traité ne rend pas nécessairement la partie qui fournit ce secours limité, l'ennemie de la puissance belligérante opposée. Elle ne le devient qu'à l'égard des troupes auxiliaires ainsi fournies; à tous autres égards elle reste neutre. Telles ont été, par exemple, pendant longtemps, les relations accoutumées des cantons de la Confédération suisse avec les autres puissances de l'Europe[1]. § 14. Distinction entre une alliance générale et les traités se bornant à des secours et des subsides.

Grotius, et les autres publicistes, soutiennent que le *casus fœderis* d'une alliance défensive ne s'applique pas au cas d'une guerre manifestement injuste, c'est-à-dire d'une guerre d'agression de la part de la puissance qui réclame le bénéfice de l'alliance. On dit même que c'est là une condition tacite de tout traité fait en temps de paix, stipulant un prêt de secours en temps de guerre; que cette stipulation n'est applicable qu'au cas d'une juste guerre. Promettre assistance dans une guerre injuste serait s'obli- § 15. *Casus fœderis* d'alliance défensive.

[1] Vattel, *Droit des gens*, liv. III, chap. vi, § 79—82.

ger à commettre une injustice, et un pareil contrat ne saurait être valide. Mais on ajoute que cette restriction tacite aux termes d'une alliance générale ne peut s'appliquer qu'au cas évident d'agression injuste de la part de l'autre partie contractante, et ne peut être employée comme prétexte pour éluder l'accomplissement d'un engagement positif et non-équivoque, sans exposer l'allié à une juste imputation de mauvaise foi. Dans le cas douteux, la présomption doit plutôt s'élever en faveur de l'allié et de la justice de sa cause[1].

L'application de ces principes généraux doit dépendre de la nature et des termes des garanties particulières contenues dans le traité en question. Des exemples appropriés à ce qui précède en rendront l'intelligence plus facile.

Alliance entre la Grande-Bretagne et la Hollande.

Les États-Généraux de Hollande étaient, avant la guerre de 1756 entre la France et l'Angleterre, engagés dans trois différentes garanties et traités d'alliance défensive avec cette dernière puissance. Le premier traité était l'alliance défensive originaire formant la base de tous les contrats subséquents entre les deux pays, conclue à Westminster en 1678. Dans le préambule de ce traité on exposait que son but était la conservation des possessions de chacune des parties, et il y était stipulé une garantie mutuelle de tout ce dont elles jouissaient déjà ou qu'elles pourraient acquérir ensuite par des traités de paix, «en Europe seulement.» En outre, les deux États garantissaient tous les traités faits à cette époque ou qui pourraient être faits par la suite conjointement entre eux avec toute autre puissance. Ils stipulaient encore de se défendre et se maintenir l'un l'autre en possession de toutes les villes et forteresses qui appartenaient à cette époque ou appartien-

[1] Grotius, *de Jure belli ac pacis*, lib. II, cap. xv, § 13; cap. xxv, § 4. — Bynkershoek, *Quæstionum juris publici* lib. I, cap. ix. — Vattel, *Droit des gens*, liv. II, chap. xii, § 168; liv. III, chap. vi, § 86—96.

draient par la suite à chacun d'eux; et à cet effet, quand l'une des deux nations serait attaquée ou inquiétée, l'autre devrait immédiatement lui prêter le secours d'un certain nombre de troupes et de vaisseaux, et serait obligée de rompre avec l'agresseur dans les deux mois qui suivraient la demande qu'en ferait la partie déjà en guerre, pour agir ensuite conjointement avec toutes leurs forces dans le but d'amener l'ennemi commun à un accommodement raisonnable.

La deuxième alliance défensive alors existante entre la Grande-Bretagne et la Hollande était celle stipulée par les traités de limites et de succession de 1709 et 1713, par lesquels la frontière hollandaise du côté de la Flandre était garantie d'une part, et la succession protestante à la couronne d'Angleterre, de l'autre. Il y était stipulé réciproquement que dans le cas où l'une des parties serait attaquée, l'autre devrait fournir, à la réquisition de la partie offensée, certains secours spécifiés; et si le danger devenait tel qu'une plus grande force fût nécessaire, l'autre allié serait obligé d'augmenter ses secours et en dernier lieu d'agir de tout son pouvoir en guerre ouverte contre l'agresseur.

La troisième et dernière alliance défensive entre les mêmes puissances était le traité conclu à la Haye en 1717, dans lequel la France était aussi partie. L'objet de ce traité fut déclaré être la défense mutuelle réciproque l'une de l'autre, et la possession de leurs territoires comme l'établissait le traité d'Utrecht. Les parties contractantes stipulaient de défendre tous et chacun des articles dudit traité en ce qu'ils se rapportaient aux parties contractantes respectivement, ou à chacune d'elles en particulier; et elles garantissaient tous les royaumes, provinces, États, droits, et avantages que possédait chacune d'elles lors de la signature de ce traité, restreignant cette garantie à l'Europe seulement. Les secours stipulés par ce traité étaient les mêmes que ceux mentionnés ci-dessus: d'abord l'interposition de bons offices, ensuite un certain nombre de forces, et enfin déclaration de guerre. Ce traité fut renouvelé par la quadruple alliance de 1718, et par le traité d'Aix-la-Chapelle de 1748.

Il fut allégué de la part de l'Angleterre que les États-Généraux avaient refusé de remplir les termes de ces traités, quoique Minorque, possession «*en Europe*» assurée à la Grande-Bretagne par le traité d'Utrecht, eût été attaquée par la France.

Deux réponses furent rendues par le gouvernement hollandais, sur la demande des secours stipulés, savoir:

1° Que la Grande-Bretagne était l'agresseur dans la guerre, et qu'à moins qu'elle n'eût été d'abord attaquée par la France, le *casus fœderis* ne pouvait naître.

2° Qu'en admettant que la France fût agresseur en Europe, ce n'était qu'en conséquence des hostilités commencées auparavant en Amérique, ce qui était expressément excepté des termes des traités.

La réponse sans réplique que fit lord Liverpool à la première de ces objections, fut que bien que les traités contenant ces garanties fussent appelés traités seulement défensifs, leurs termes et particulièrement ceux du traité de 1678, base de tous les autres, n'exprimaient en aucune manière le point clairement dans le sens de l'objection, puisqu'ils garantissaient «tous les droits et possessions «des deux parties contractantes, contre «tous rois, princes, républiques et États;» de sorte que si l'une d'elles «était attaquée ou inquiétée par un acte hostile ou une guerre ouverte, ou troublée de quelque autre manière que ce fût dans la possession de ses États, territoires, droits, immunités, et liberté de commerce,» il était déterminé ce qu'aurait à faire pour la défense de ces choses, objets de la garantie, l'allié qui n'était pas en guerre. Mais nulle part on ne mentionna comme nécessaire que l'attaque de ces droits dût être la première attaque ou la première offense. «Et,» continue lord Liverpool, «cette façon large d'expression ne parait pas avoir été le résultat d'une omission ou d'une inexactitude. Ceux qui ont réglé ces garanties ont assurément mieux aimé laisser cette question, sans autre explication, à la bonne foi qui doit décider en dernier ressort sur tous les contrats entre les États souverains. Il n'est pas présumable qu'ils aient voulu dire par là que l'une ou l'autre partie serait obligée de soutenir tous les actes de violence ou d'injustice que son alliée pourraît être disposée à commettre dans des vues d'intérêt ou d'ambition; mais d'un autre côté ils ont pris garde de fournir de trop fréquentes occasions de prétendre que le cas de garantie n'existait pas, et d'éluder ainsi l'intention principale de l'alliance. On devait éviter également ces deux inconvénients, et ils ont jugé convenable de se tenir en garde contre l'un autant que contre l'autre. Ils savaient que dans toute guerre entre nations civilisées chaque partie cherchait à rejeter sur l'autre l'odieux et le crime du premier acte de provocation et d'agression, et que la pire des causes avait toujours son excuse. Ils prévirent que cela seul donnerait inévitablement une occasion suffisante à des chicanes et à des disputes interminables, toutes les fois que l'infidélité d'un allié le pousserait à s'en servir. Avoir donc limité le cas de garantie par une description plus minutieuse et de plus étroites restrictions de forme, aurait exposé à une incertitude plus grande un point qui par la nature de la chose elle-même était déjà trop sujet au doute. Ils savaient que les cas varieraient à l'infini; que les motifs de défense personnelle, quoique justes, pourraient n'être pas toujours apparents; qu'un ennemi adroit pourrait déguiser les préparatifs les plus alarmants, et qu'une nation offensée pourrait se trouver dans la nécessité même d'entamer les hostilités avant que le danger qui causerait une telle mesure pût être publiquement connu. Sur de telles considérations ces négociateurs pensèrent sagement qu'il était convenable de donner la plus grande latitude à cette question, et de la laisser à l'interprétation juste et franche qu'on devait attendre d'amis dont ces traités étaient supposés avoir uni les intérêts pour toujours[1].

La réponse du même lord à la seconde objection, que les hostilités commencées par la France en Europe n'étaient que la conséquence d'hostilités commencées auparavant en Amérique, semble également satisfaisante, et servira à démontrer la bonne foi qui doit présider à l'interprétation de ces traités. «Si l'on admettait le raisonnement sur lequel cette objection est fondée, il suffirait seul pour détruire les effets de toute garantie et pour étouffer la confiance que les nations placent mutuellement l'une dans l'autre sur la foi des alliances défensives: il indique à l'ennemi une certaine méthode pour éviter les inconvénients d'une pareille alliance; il lui montre quand il doit commencer son attaque. Laissez l'ennemi faire le premier effort sur quelque point non compris dans la garantie, et il peut après cela poursuivre ses vues dans le but qu'il s'est proposé, sans aucune appréhension de la conséquence qui en résultera. Laissez la France attaquer la première qnelque petit coin appartenant à la Hollande en Amérique, et ses frontières ne seront plus garanties. Raisonner de cette manière, c'est se jouer des engagements les plus solennels. Le but propre des garanties est de conserver quelque pays particulier, à quelque puissance particulière. Les traités ci-dessus mentionnés promettent de défendre les territoires de chacune des parties en Europe, d'une manière simple et absolue, toutes les fois qu'ils seront *attaqués* ou *inquiétés*. Si dans la présente guerre la pre-

[1] *Discourse on the Conduct of the government of Great Britain in respect to neutral nations. By* Charles, *earl of* Liverpool. Ist edit. 1757.

mière attaque fut faite hors de l'Europe, il est constant que longtemps auparavant une attaque avait été faite en Europe, et c'est là sans aucun doute le cas de ces garanties.

Essayons cependant de découvrir quelle a été une fois déjà l'opinion de la Hollande sur un point de cette nature. On a déjà remarqué que le traité d'alliance défensive entre l'Angleterre et la Hollande de 1678, n'est qu'une copie des douze premiers articles du traité français de 1662. Peu après que la Hollande eut conclu cette alliance avec la France elle devint engagée dans une guerre avec l'Angleterre. L'attaque commença alors, comme dans le cas présent, hors de l'Europe, sur les côtes de Guinée; et la cause de la guerre était aussi la même: un droit contesté à de certaines possessions extra-européennes, les unes en Afrique, les autres dans les Indes orientales. Les hostilités, après avoir continué quelque temps de ce côté, commencèrent alors aussi en Europe. Immédiatement, sur ce fait, la Hollande déclara que le cas de cette garantie existait, et demanda à la France les secours stipulés. Je n'ai pas besoin de produire les mémoires de ses ministres pour prouver ce point: l'histoire nous apprend suffisamment que la France reconnut la demande, accorda les secours, et entra même en guerre ouverte pour défendre son alliée. Ici nous avons l'opinion de la Hollande sur le même article et dans un cas absolument semblable. La conduite de la France plaide aussi en faveur de la même opinion, bien qu'en cédant à cet égard, elle réprima à cette époque le premier coup d'essai de l'ambition de son jeune monarque, ajourna pour quelques mois son entrée dans les provinces espagnoles, et lui attira la haine de l'Angleterre [1].»

La nature et l'étendue des obligations contractées par les traités d'alliance défensive et de garantie seront dé- Alliance entre la Grande-

[1] LIVERPOOL'S *Discourse*, p. 86.

Bretagne et le Portugal.

montrées plus clairement encore par le cas des traités existants entre la Grande-Bretagne et le Portugal, auxquels nous avons fait allusion plus haut pour un autre objet[1]. Le traité d'alliance originairement conclu entre ces deux puissances en 1642, immédiatement après la révolte de la nation portugaise contre l'Espagne et l'établissement de la maison de Bragance sur le trône, fut renouvelé en 1654 par le protecteur Cromwell, et confirmé de nouveau, par le traité de 1661, entre Charles II et Alphonse VI pour le mariage du premier de ces princes avec Catherine de Bragance. Ce dernier traité fixe le secours à donner, et déclare que la Grande-Bretagne assistera le Portugal «dans toutes les occasions où le pays sera attaqué.» Par un article secret, Charles II, en considération de la cession de Tanger et de Bombay, s'oblige «à défendre les colonies et conquêtes du Portugal contre tous ennemis présents ou futurs.» En 1603 un autre traité d'alliance défensive et perpétuelle fut conclu à Lisbonne entre la Grande-Bretagne et les États-Généraux d'une part, et le roi de Portugal de l'autre. Les garanties que contenait ce traité furent encore confirmées par les traités de paix d'Utrecht, entre le Portugal et la France, en 1713, et entre le Portugal et l'Espagne, en 1715. A l'émigration de la famille royale portugaise au Brésil en 1807, une convention fut conclue entre la Grande-Bretagne et le Portugal, par laquelle ce dernier royaume est garanti à l'héritier légitime de la maison de Bragance, et le gouvernement britannique promet de ne jamais reconnaître d'autre prince. Par le traité plus récent, conclu en 1810 à Rio-Janeiro, il fut déclaré «que les deux puissances ont consenti une alliance pour la défense et la garantie réciproque contre toute attaque hostile, conformément aux traités déjà existants entre elles, dont les stipulations resteront en pleine vigueur et sont

[1] Vide ante, pt. II, chap. I, § 9, p. 110.

renouvelées par le présent traité dans leur interprétation la plus complète et la plus large.» Ce traité confirme la stipulation de la Grande-Bretagne de ne reconnaître aucun autre souverain de Portugal que l'héritier de la maison de Bragance. Le traité de Vienne du 22 janvier 1815, entre la Grande-Bretagne et le Portugal, contient l'article suivant: «Le traité d'alliance de Rio-Janeiro du 19 février 1810 étant fondé sur des circonstances temporaires qui ont heureusement cessé d'exister, ledit traité est, par les présentes, déclaré sans effet; sans préjudice cependant des anciens traités d'alliance, d'amitié et de garantie qui ont si longtemps et si heureusement subsisté entre les deux couronnes, et qui sont, par les présentes, renouvelés par les parties contractantes et reconnus de pleine force et effet.»

Telle était la nature des traités d'alliance et de garantie subsistants entre la Grande-Bretagne et le Portugal au moment où l'intervention de l'Espagne dans les affaires de ce dernier royaume força le gouvernement britannique à intervenir, pour la protection de la nation portugaise, contre les desseins hostiles de la cour espagnole. En outre des raisons alléguées dans le parlement anglais pour justifier cette intervention, il fut exposé, dans un article très-remarquable sur les affaires de Portugal publié à cette époque dans *l'Edinburgh Review,* que bien qu'en général une alliance défensive et de garantie n'impose aucune obligation et ne donne même aucun droit d'intervenir dans les divisions intestines, les circonstances particulières de ce cas constituaient le *casus fœderis* dont s'étaient occupés les traités en question. Une alliance défensive est un contrat entre plusieurs États, par lequel ils conviennent de s'entr'aider dans leurs guerres défensives (ou en d'autres termes dans leurs justes guerres) contre d'autres États. Moralement parlant, aucune autre espèce d'alliance n'est juste parce qu'aucune autre espèce de guerre ne peut être juste. Le cas le plus simple de guerre défensive est quand l'allié est ouvertement envahi par les forces militaires d'une autre puissance à laquelle il n'a donné aucun juste motif de guerre. Si la France ou l'Espagne, par exemple, avait dirigé une armée en Portugal pour renverser son gouvernement constitutionnel, le devoir de l'Angeleterre eût été trop évident pour en rendre l'exposition nécessaire. Mais ce n'était pas le seul cas auquel les traités fussent applicables. Si des troupes avaient été réunies et des préparatifs faits, avec l'intention manifeste d'agression contre l'allié; que ses sujets eussent été poussés à la révolte, et ses soldats à la rébellion; que des insurgés sur son territoire eussent été approvisionnés d'argent, d'armes et de munitions de guerre; qu'en même temps son autorité eût été traitée comme une usurpation, et que toute participation à la protection accordée aux autres étrangers eût été refusée à la partie bien intentionnée de ses sujets, tandis que ceux qui proclamaient leur hostilité au gouvernement de cet allié eussent été reçus comme les étrangers les plus favorisés; dans une telle combinaison de circonstances on ne pouvait douter que le cas prévu d'alliance défensive ne se présentât, et que cet allié n'eût le droit de réclamer le secours général ou spécial stipulé par ses alliances. Le préjudice aurait été aussi complet et le danger aussi grand que si son territoire eût été envahi par une force étrangère. Le mode choisi par son ennemi aurait même eu plus d'effet et aurait été certainement plus destructif que la guerre ouverte. Que l'attaque fût ouverte ou secrète, si elle est également injuste et l'expose aux mêmes périls, il est également autorisé à demander aide. Tous les contrats, d'après le droit des gens, sont interprétés comme s'étendant à tous les cas évidemment et certainement analogues à ceux auxquels ils pourvoient en termes exprès. Dans cette loi, qui n'a d'autre tribunal que la conscience du genre humain, il n'y a pas de distinction entre éluder et violer le contrat. Elle exige assistance autant contre l'injustice déguisée qu'avouée, et ne tombe pas dans une absurdité assez lourde pour rendre cette obligation de secourir moindre quand le danger est plus grand. La seule règle à suivre pour l'interprétation des alliances défensives paraît être que tout préjudice qui donne à un allié une juste cause de guerre le met en droit d'être secouru par l'autre allié. Le droit de secours est un droit secondaire, qui se rattache à celui de repousser l'injustice par la force. Toutes les fois qu'un allié peut moralement employer sa propre force à cet effet, il peut avec raison demander la force auxiliaire de son allié[1]. La fraude ne peut ni donner ni enlever aucun droit. Si la France en 1715 avait réuni ses escadres dans ses ports, ses troupes sur ses côtes; si elle avait dicté et distribué des écrits contre le gouvernement légitime de George 1er; si elle avait reçu, les armes à la main, les bataillons qui désertaient l'armée de ce prince, et fourni l'armée du comte de Mar d'argent et d'armes quand il proclamait le prétendant; la Grande-Bretagne, après une demande de réparation suivie de refus, aurait eu un droit parfait de déclarer la guerre à la France, et conséquemment un droit non moins complet aux secours que les États-Généraux étaient obligés de fournir par leurs traités d'alliance et de garantie de la succession de la maison de Hanovre, comme si le prétendant Jacques III eût marché sur Londres à la tête de l'armée française. La guerre serait également défensive de la part de l'Angleterre, et la prestation de secours également obligatoire pour la Hollande. Ce serait mal nous comprendre que de confondre, comme il arrive souvent, une guerre défensive dans ses *principes*, avec une guerre défensive dans ses *opérations*. Quand l'attaque est le meilleur moyen de pourvoir

[1] Le raisonnement de Vattel est encore plus concluant dans un cas de garantie: «Si l'alliance défensive porte une garantie de toutes les terres que l'allié possède actuellement; le *casus fœderis* se déploie toutes les fois que ces terres sont envahies ou *menacées d'invasion.*» (Liv. III, chap. VI. § 91.)

à la défense d'un État, la guerre est défensive en principe, quoique les opérations soient offensives. Quand la guerre n'est pas nécessaire à la sûreté, son caractère *offensif* n'est point altéré parce que l'auteur du dommage est réduit à une guerre défensive. Ainsi un État contre lequel on médite évidemment un préjudice dangereux peut le prévenir en frappant le premier coup, sans par là engager une guerre offensive dans son principe. Par conséquent toute attaque faite contre un État ne lui donnera pas droit indifféremment aux secours stipulés dans une alliance défensive; car si cet État a fourni une juste cause de guerre à son envahisseur, la guerre ne sera pas de sa part défensive en principe[1].

§ 16. Otages pour l'éxécution des traités.

L'exécution d'un traité est quelquefois assurée par des *otages* donnés par une partie à l'autre partie. Le plus récent et le plus remarquable exemple de cette coutume arriva à la paix d'Aix-la-Chapelle, en 1784, où la restitution du cap Breton dans l'Amérique du Nord, par la Grande-Bretagne à la France, fut garantie par plusieurs pairs d'Angleterre envoyés comme otages à Paris[2].

§ 17. Interprétation des traités.

Les traités publics doivent être interprétés comme les autres lois et contrats. Telles sont l'inévitable imperfection et l'ambiguité de tout langage humain, que les simples mots seuls d'un écrit expliqués littéralement, suffisent à peine pour en interpréter le sens. Certaines règles techniques d'interprétation ont donc été adoptées par les moralistes et les publicistes pour expliquer le sens des traités internationaux, en cas de doute. Ces règles sont pleinement déroulées par Grotius et ses commentateurs, et nous renvoyons spécialement le lecteur aux principes exposés

[1] Dans une alliance défensive, le *casus fœderis* n'existe pas tout de suite quand notre allié est attaqué. Il faut voir s'il n'a point donné à son ennemi un juste sujet de lui faire la guerre. S'il est dans le tort, il faut l'engager à donner une satisfaction raisonnable. (VATTEL, liv. II. chap. VI, § 90.)

[2] VATTEL, liv. II, chap. XVI, § 245—261.

par Vattel et Rutherforth, comme contenant les vues les plus complètes de cet important sujet[1].

§ 18. Médiation.

Les négociations sont quelquefois conduites sous la médiation d'une troisième puissance, qui offre spontanément ses bons offices à cet effet, ou à la demande d'une ou des deux parties en contestation, ou en vertu d'une stipulation antérieure pour cet objet. Si la médiation est offerte spontanément par chaque partie, mais si c'est le résultat d'un accord préalable entre les deux parties, elle ne peut être refusée sans manquer à la bonne foi. Quand elle est acceptée par les deux parties, il est du devoir de la puissance médiatrice d'interposer ses avis dans le but de concilier leur différend. Elle devient alors partie à la négociation, mais elle n'a aucun droit de contraindre l'une ou l'autre partie à adopter son opinion. Elle n'est pas non plus obligée à se porter garante de l'accomplissement du traité conclu sous sa médiation, quoiqu'en point de fait il en arrive souvent ainsi[2].

§ 19. Histoire de la diplomatie.

L'art de la négociation semble par sa nature même peu susceptible d'être ramené à une science systématique. Il dépend essentiellement du caractère et des qualités de la personne, unis à la connaissance du monde et à l'expérience des affaires. Ces talents doivent être soutenus par l'étude de l'histoire, et spécialement de l'histoire des négociations diplomatiques; mais leur absence se remplace difficilement par le savoir puisé seulement dans les livres. Un des premiers ouvrages de ce genre est celui connu sous le nom du *Parfait ambassadeur*, orginairement publié en Espagne par don Antonio de Vera, longtemps ambassadeur d'Espagne à Venise, mort en 1658. Il fut ensuite publié par l'auteur en latin, et différentes traductions parurent en italien et en français. Le livre de Wicquefort,

[1] GROTIUS, *de Jure belli ac pacis*, lib. II, cap. XVI. — VATTEL, liv. II, chap. XVII. — RUTHERFORTH'S *Institut.*, b. II, chap. VII.

[2] KLÜBER, *Droit des gens moderne de l'Europe*, pt. II, tit. II, chap. II, § 160.

publié, en 1679, sous le titre de *L'ambassadeur et ses fonctions,* bien qu'ayant pour objet principal de traiter des droits d'ambassade, contient des connaissances nombreuses et estimables sur l'art de négocier. Callières, l'un des plénipotentiaires français au traité de Ryswick, publia, en 1716, un ouvrage intitulé *De la manière de négocier avec les souverains,* qui obtint une réputation considérable. L'abbé Mably essaya aussi de traiter ce sujet d'une manière systématique, dans un essai intitulé *Principes des négociations,* qui est communément adapté comme introduction à son *Droit public de l'Europe,* dans les différentes éditions des ouvrages de cet auteur. Le catalogue des différentes histoires qui ont paru des négociations particulières serait presque interminable. Mais parmi elles toutes celles qui ont de la valeur se trouvent réunies dans l'excellent ouvrage de M. Flassan, intitulé *Histoire de la diplomatie française.* La dernière compilation du comte de Ségur des papiers de Favier, l'un des principaux agents secrets employés dans la double diplomatie de Louis XV, intitulée *Politique de tous les cabinets de l'Europe pendant les règnes de Louis XV et de Louis XVI,* avec les notes de l'éditeur savant et expérimenté, est un ouvrage qui jette aussi une grande lumière sur l'histoire de la diplomatie française. Une histoire des traités depuis les temps les plus reculés jusqu'à l'empereur Charlemagne, recueillis dans les anciens auteurs latins et grecs et les autres monuments de l'antiquité, fut publiée par Barbeyrac en 1739[1]. Cet ouvrage a été précédé de l'immense collection de Dumont, embrassant tous les traités publics de l'Europe depuis le temps de Charlemagne jusqu'au commencement du XVIIIe siècle[2]. Les meilleurs collections

[1] *Histoire des anciens traités, par* BARBEYRAC, formant le 5e volume du supplément au *Corps diplomatique de* DUMONT.

[2] *Corps universel diplomatique du droit des gens,* etc., 8 volumes in-fol. Amsterd. 1726—1731. — Supplément au *Corps universel diplomatique,* 5 volumes in-fol. 1739.

des traités plus modernes de l'Europe, sont celles publiées, à différentes époques, par le professeur Martens de Gœttingue, renfermant les actes publics les plus importants sur lesquels est basée la loi conventionnelle actuelle de l'Europe. On peut y ajouter l'*Histoire abrégée des traités de paix depuis la paix de Westphalie*, de Koch, continuée par Scholl. Une collection complète des actes du congrès de Vienne a été aussi publiée en allemand par Klüber[1].

[1] *Acten des Wiener Congresses in den Jahren* 1814 *und* 1815, *von* J. L. Klüber. Erlangen 1815 und 1816. 6 Bde. 8°.

QUATRIÈME PARTIE.

DROITS INTERNATIONAUX DES ÉTATS DANS LEURS RELATIONS HOSTILES.

CHAPITRE PREMIER.

COMMENCEMENT DE GUERRE, ET SES EFFETS IMMÉDIATS.

---

§ 1. Réparation entre nations par l'emploi de la force.

Les sociétés indépendantes d'hommes appelées États ne reconnaissent ni arbitre commun, ni juge, excepté ceux qui sont constitués par convention spéciale. La loi qui les gouverne, ou qu'ils reconnaissent comme telle, manque de ces sanctions positives qui sont annexées au code civil de chaque société distincte. Chaque État a donc le droit de recourir à la force comme étant le seul moyen de réparation pour les offenses à lui faites par les autres, de la même manière que les particuliers auraient le droit d'employer ce remède, s'ils n'étaient soumis aux lois de la société civile. Chaque État a aussi le droit de juger pour lui-même de la nature et de l'étendue des offenses qui peuvent justifier de pareils moyens de réparation.

Parmi les divers modes de terminer les différends entre nations par l'emploi de la force, avant d'en venir à la guerre actuelle, sont les suivants:

1° Mettre l'embargo ou le séquestre sur les navires et sur les biens et autres propriétés de la nation offensante trouvés sur le territoire de l'État offensé.

2° Prendre possession efficace de la chose controversée, en s'assurant par la force et en refusant à l'autre nation la puissance du droit en question.

3° Exercer le droit de rétorsion de fait (*retorsio facti*), ou de rétorsion de droit; dernier moyen qui permet à l'une des nations d'adopter dans ses transactions vis-à-vis de l'autre la même règle de conduite que cette autre nation suivra dans des circonstances analogues.

4° Faire des représailles sur les personnes et les choses appartenant à la nation offensante, jusqu'à ce que réparation soit faite de l'offense alléguée[1].

§ 2. Représailles.

Ces représailles semblent comprendre tous les moyens possibles de se faire faire réparation avant d'en venir à la guerre, et renfermer, bien entendu, tous ceux que nous venons d'énumérer. Les représailles sont *négatives* quand un État refuse de remplir une obligation qu'il a contractée, ou de permettre à une autre nation de jouir d'un droit qu'elle réclame. Elles sont *positives* quand elles consistent à saisir les personnes et les biens appartenant à l'autre nation afin d'obtenir satisfaction[2].

Les représailles sont aussi ou *générales* ou *spéciales*. Elles sont *générales* quand un État qui a reçu ou qui est supposé avoir reçu une offense d'une autre nation, donne pouvoir à ses officiers et sujets de s'emparer des personnes et des propriétés de l'autre nation partout où on les pourra trouver. C'est, d'après l'usage présent, la première mesure prise ordinairement au commencement d'une guerre publique, et qui peut être considérée comme entraînant une déclaration d'hostilités, à moins que satisfaction ne soit donnée par l'État qui a commis l'offense. Les représailles *spéciales* ont lieu quand, en temps de paix, on accorde des lettres de marque à certains individus qui

[1] Vattel, liv. II, chap. xviii. — Klüber, *Droit des gens moderne de l'Europe*, § 234.

[2] Klüber, § 254, note (c).

ont souffert une offense du gouvernement ou des sujets d'une autre nation[1].

On ne doit accorder de représailles qu'au cas d'un déni de justice clair et manifeste. Le droit de les accorder appartient au souverain ou au pouvoir suprême de l'État. Il était anciennement réglé par les traités et les ordonnances municipales des différentes nations. Ainsi en Angleterre, les statuts 4, hen. V, cap. 7, déclarent «que si des sujets du royaume sont opprimés en temps de paix par des étrangers, le roi accordera des lettres de marque en due forme à tous ceux qui auront eu à souffrir.» Cette forme est indiquée et son observation réglée dans ces statuts. De même, en France, la célèbre ordonnance sur la marine de Louis XIV, de 1681, prescrit les formes à observer pour obtenir des lettres de marque spéciales, pour les sujets français, contre ceux des autres nations. Mais ces représailles particulières, en temps de paix, sont presque tombées en désuétude[2].

§ 3. Effets des représailles.

Certains de ces actes de représailles ou recours aux moyens violents de réparation entre nations peuvent revêtir le caractère de guerre dans le cas où une juste satisfaction est refusée par l'État offensant. «Les représailles,» dit Vattel, «sont usitées de nation à nation pour se faire justice soi-même, quand on ne peut pas l'obtenir autrement. Si une nation s'est emparée de ce qui appartient à une autre, si elle refuse de payer une dette, de réparer une injure, ou d'en donner une juste satisfaction, celle-ci peut se saisir de quelque chose appartenant à la première, et l'appliquer à son profit jusqu'à concurrence de ce qui lui est dû, avec dommages et intérêts, ou retenir le gage

[1] Bynkershoek, *Quæstionum juris publici* lib. I. Traduction de Duponceau, p. 182, note.

[2] Vattel, *Droit des gens*, liv. II, chap. xviii, § 242—246. — Bynkershoek, *Qæstionum juris publici* lib. I, cap. xxiv. — Martens, *Précis du droit des gens moderne de l'Europe*, liv. VIII, chap. ii, § 260. — Martens, *Essai concernant les armateurs*, § 4.

jusqu'à ce qu'on lui ait donné une pleine satisfaction. Dans ce dernier cas, c'est plutôt arrêt ou saisie que représailles: on les confond souvent dans le langage ordinaire. Les effets saisis se conservent tant qu'il y a espérance d'obtenir satisfaction ou justice. Dès que cette espérance est perdue, on les confisque; et alors les représailles s'accomplissent. Si les deux nations sur cette querelle en viennent à une rupture ouverte, la satisfaction est censée refusée dès le moment de la déclaration de guerre ou des premières hostilités, et dès lors aussi les effets saisis peuvent être confisqués[1].»

§ 4. Embargo préalable à la déclaration d'hostilités.

Ainsi, quand l'embargo fut mis sur les propriétés hollandaises dans les ports de la Grande-Bretagne, après la rupture de la paix d'Amiens, faite, en 1803, dans des circonstances qui la firent considérer, par le gouvernement anglais, comme constituant une agression hostile de la part de la Hollande, sir W. Scott (lord Stowell), en donnant ses conclusions sur ce cas, dit: «La saisie fut d'abord équivoque, et si l'objet du différend s'était terminé par une réconciliation, la saisie aurait été convertie en un simple embargo civil, ainsi terminé. Tel eût été l'effet rétroactif de ce concours de circonstances. Au contraire, si la transaction finit par les hostilités, l'effet rétroactif est tout à fait opposé. Il imprime le caractère directement hostile à la saisie originaire; ce n'est plus un embargo; ce n'est plus un acte équivoque, sujet à deux interprétations; il y a déclaration de l'intention (*animus*) avec laquelle il a été fait; c'était avec une intention hostile (*hostili animo*), et l'on doit le considérer comme une mesure hostile, *ab initio*, contre des personnes coupables d'offenses qu'elles ont refusé de réparer au moyen d'un changement amiable dans leur manière d'agir. C'est là la marche nécessaire, s'il ne survient aucune convention par-

[1] VATTEL, *Droit des gens*, liv. II, chap. XVIII, § 342.

ticulière pour la restitution de ces propriétés prises avant une déclaration formelle d'hostilités[1].»

§ 5. Droit de faire la guerre; à qui appartient ce droit.

Le droit de faire la guerre, aussi bien que celui d'autoriser des représailles ou autres actes de rétorsion, de fait appartient dans toute nation civilisée au pouvoir suprême de l'État. L'exercice de ce droit est réglé par les lois fondamentales ou la constitution civile de chaque pays. Il peut être délégué à ses autorités inférieures dans les possessions éloignées, ou même à une corporation commerciale, telle par exemple la compagnie anglaise des Indes orientales, qui exerce, sous l'autorité de l'État, des droits souverains par rapport aux nations étrangères[2].

§ 6. Guerre publique ou solennelle.

Une contestation soutenue par la force entre des États indépendants s'appelle guerre publique. Si elle est déclarée dans les formes, ou dûment commencée, elle donne aux parties belligérantes tous les droits de la guerre l'une contre l'autre. Le droit des gens volontaire ou positif ne fait aucune distinction, à cet égard, entre une guerre juste ou une guerre injuste. Une guerre dans les formes, ou dûment commencée, doit être considérée quant à ses effets comme juste des deux côtés. Tout ce qui est permis par les lois de la guerre à l'une des parties belligérantes est également permis à l'autre[3].

§ 7. Guerre parfaite ou imparfaite.

Une guerre *parfaite* est celle où toute la nation entière est en guerre avec une autre nation, et où tous les membres de l'une des nations sont autorisés à commettre des hostilités contre tous les membres de l'autre, dans tous les cas et d'après toutes les circonstances permises par les lois générales de la guerre. Une guerre *imparfaite* est limitée aux lieux, aux personnes et aux choses[4].

[1] ROBINSON'S *Admiralty Reports*, vol. V, p. 246. The Boeds Lust,

[2] VATTEL, liv. III, chap. I, § 4.—MARTENS, *Précis*, etc., liv. VIII, § 260, 264.

[3] VATTEL, liv. III, chap. XII. — RUTHERFORTH'S *Instit.*. b. II, chap. IX, § 15.

[4] Telles furent les hostilités limitées, autorisées par les États-Unis contre la France en 1798. *Rep. de* DALLAS, vol. II, p. 21; voi. IV, p. 37.

Une guerre civile entre les différents membres de la même société est ce que Grotius appelle une guerre *mixte;* elle est, selon lui, *publique* de la part du gouvernement établi, et *privée* de la part du peuple qui résiste à son autorité. Mais l'usage général des nations regarde une pareille guerre comme donnant à chacune des deux parties combattantes tous les droits de la guerre l'une contre l'autre, et même par rapport aux nations neutres[1].

§ 8. Nécessité de la déclaration de guerre.

Une déclaration de guerre formelle à l'ennemi était autrefois considérée comme nécessaire pour légaliser les hostilités entre les nations. Les anciens Romains la pratiquaient uniformément, ainsi que les États de l'Europe moderne, jusqu'au milieu du dix-septième siècle environ. Le dernier exemple de cette espèce fut la déclaration de guerre de la France contre l'Espagne à Bruxelles, en 1635, par héraults d'armes, selon les formes observées dans le moyen âge. L'usage présent est de publier un manifeste dans le territoire de l'État qui déclare la guerre, annonçant l'existence des hostilités et les motifs pour les commencer. Cette publication peut être nécessaire pour l'instruction et la direction des sujets de l'État belligérant par rapport à leurs relations avec l'ennemi, ayant trait à certains effets que le droit des gens volontaire attribue à la guerre faite dans les formes. Sans une telle déclaration il pourrait être difficile de distinguer dans un traité de paix les actes qu'on regarde comme les effets légaux de la guerre, de ceux que chaque nation peut considérer comme des torts évidents, et pour lesquels elle peut en de certaines circonstances demander réparation[2].

§ 9. Biens de l'ennemi.

Comme aucune déclaration ou autre avis à l'ennemi de l'existence de la guerre n'est nécessaire pour légaliser les

[1] Vide ante, partie I, chap. II, § 7—10, p. 33 à 36.

[2] GROTIUS, *de Jure belli ac pacis*, lib. I, cap. III, § 4. — BYNKERSHOEK, *Quæstionum juris publici* lib. I, cap. II. — RUTHERSFORTH'S *Instit.*, b. II, chap. IX, § 10. — VATTEL, *Droit des gens*, liv. III, chap. IV, § 51—56. — KLÜBER, *Droit des gens moderne de l'Europe*, § 238—239.

Biens trouvés sur les terres au commencement de la guerre, jusqu'à quel point ils sont susceptibles d'être confisqués.

hostilités, et comme la propriété de l'ennemi est en général soumise à la saisie et à la confiscation comme prise de guerre, il semblerait suivre de là, comme conséquence, que la propriété qui lui appartient, et est trouvée sur les terres de l'État belligérant au commencement des hostilités, est soumise au même sort que tous ses autres biens en quelque lieu qu'ils soient. Mais il y a une grande diversité d'opinions sur ce sujet parmi les jurisconsultes, et la tendance de l'usage moderne entre les nations semble être d'exempter ces propriétés des opérations de la guerre.

Une des exceptions à la règle générale exposée par les publicistes, qui soumet toutes les propriétés de l'ennemi à la capture, respecte les propriétés locales situées dans la juridiction d'un État neutre; mais cette exception résulte du droit de l'État neutre et non d'un privilége que donne la situation au propriétaire ennemi. La raison et l'usage reconnu des nations fournissent-ils d'autre exception?

D'après les Romains, qui regardaient comme loyal d'asservir ou même de tuer l'ennemi trouvé sur le territoire de l'État au moment où la guerre éclate, il s'ensuivrait tout naturellement que la propriété de cet ennemi trouvée aux mêmes lieux deviendrait la proie de celui qui s'en emparerait le premier. Grotius, dont le grand ouvrage sur les lois de la guerre et de la paix parut en 1625, adopte comme base de son opinion dans cette question les règles du droit romain, qu'il tempère par les sentiments plus généreux qui commencèrent à prévaloir dans les relations de l'humanité au temps où il écrivait. A l'égard des créances dues à des personnes privées, il considère le droit de les demander seulement comme suspendu pendant la guerre et revivant avec la paix. Bynkershoek, qui écrivait vers 1737, adopte les mêmes règles et les suit dans toutes leurs conséquences. Il soutient que comme aucune déclaration de guerre à l'ennemi n'est nécessaire, aucun avis n'est nécessaire pour légaliser la capture de ses propriétés, à moins qu'il ne se soit, par convention expresse, réservé le droit de la retirer à l'engagement des hostilités. Cette règle, il l'étend aux choses en action, comme les dettes et les créances, aussi bien qu'aux choses en possession. Il tire, en confirmation de cette doctrine, une variété d'exemples, de la conduite de différents États, embrassant une période d'un peu plus d'un siècle, qui commence en l'an 1556 et finit en 1657. Mais il reconnaît que ce droit a été discuté, et spécialement par les États-Généraux de Hollande; et il ne produit aucun précédent à l'exercice de ce droit postérieur à l'année 1667, soixante et dix ans avant sa publication. Contre les anciens exemples cités par lui il y a l'usage négatif de la période subséquente de près d'un siècle et demi avant les guerres de la révolution française. Durant toute cette période, la seule exception qu'on puisse trouver est le cas de l'emprunt de Silésie en 1753. Dans l'argument des légistes anglais contre les représailles faites dans ce cas par le roi de Prusse, à cause de la capture de vaisseaux prussiens par les croiseurs anglais, on établit «qu'il n'était pas facile de trouver un exemple d'un prince ayant jugé à propos de faire des représailles à cause d'une dette due par lui-même à des particuliers. On devait croire que cela n'arriverait pas. Un particulier prête de l'argent à un prince sur engagement d'honneur, parce qu'un prince ne peut être forcé par une cour de justice comme les autres hommes. L'Angleterre et la France adhérèrent si scrupuleusement à cet acte de foi publique, que même pendant la guerre (faisant allusion à la guerre terminée par la paix d'Aix-la-Chapelle) elles n'ont pas souffert qu'il fût recherché si quelque portion de la dette publique était due aux sujets de l'ennemi, quoique assurément beaucoup d'Anglais avaient de l'argent dans les fonds français, et réciproquement beaucoup de Français en avaient dans les nôtres[1].»

[1] GROTIUS, *de Jure belli ac pacis*, lib. III, cap. XX, § 16. — BYNKERS-

Vattel, qui écrivait environ trente ans après Bynkershoek, après avoir exposé le principe général que la propriété de l'ennemi était susceptible d'être saisie et confisquée, le modifie par l'exception des immeubles appartenant aux sujets de l'ennemi dans l'État belligérant, lesquels ayant été acquis du consentement du souverain, doivent être considérés sur le même pied que ceux de ses propres sujets et exempts de confiscation *jure belli.* Mais il ajoute que les revenus et profits peuvent être séquestrés pour empêcher qu'ils ne soient remis à l'ennemi. Quant aux créances et aux autres choses en action, il soutient que la guerre donne le même droit sur elles que sur les autres propriétés appartenant à l'ennemi. Il cite alors l'exemple, rapporté aussi par Grotius, des cent talents dus par les Thébains aux Thessaliens, dont Alexandre s'était emparé par droit de conquête, mais qu'il remit aux Thessaliens comme un acte de faveur; et il commence à dire que «le souverain a naturellement le même droit sur ce que ses sujets peuvent devoir aux ennemis. Il peut donc confisquer des dettes de cette nature, si le terme du payement tombe au temps de la guerre; ou au moins défendre à ses sujets de payer tant que la guerre durera. Mais aujourd'hui l'avantage et la sûreté du commerce ont engagé tous les souverains de l'Europe à se relâcher de cette rigueur, et dès que cet usage est généralement reçu, celui qui y donnerait atteinte blesserait la foi publique; car les étrangers ne se sont confiés à ses sujets que dans la ferme persuasion que l'usage général serait observé. L'État ne touche pas même aux sommes qu'il doit aux ennemis; partout les fonds confiés au public sont exempts de confiscation et de saisie en cas de guerre.» Dans un autre

HOEK, *Quæstionum juris publici* lib. I, cap. II, VII. — *Lettres of Camillus by A. Hamilton,* n° 20.

Vattel appelle le rapport des légistes anglais «un excellent morceau de droit des gens» (liv. II, chap. VII, § 34, note *a*), et Montesquieu le nomme «une réponse sans réplique.» (Oeuvres, t. VI, p. 445.)

passage Vattel donne la raison de cette exception: «Dans les représailles on saisit les biens des sujets tout comme on saisirait ceux de l'État ou de souverain. Tout ce qui appartient à la nation est sujet aux représailles, dès qu'on peut s'en saisir, pourvu que ce ne soit pas un dépôt confié à la foi publique. Ce dépôt ne se trouvant entre nos mains que par une suite de la confiance que le propriétaire a mise dans notre bonne foi, il doit être respecté même en cas de guerre ouverte. C'est ainsi que l'on en use en France, en Angleterre et ailleurs à l'égard de l'argent que les étrangers ont placé dans les fonds publics.» Il dit encore: «Le souverain qui déclare la guerre ne peut retenir les sujets de l'ennemi qui se trouvent dans ses États au moment de la déclaration, non plus que leurs effets. Ils sont remis chez lui sur la foi publique: en leur permettant d'entrer dans ses terres et d'y séjourner, il leur a promis tacitement toute liberté et toute sûreté pour le retour. Il doit donc leur assigner un temps convenable pour ce retour avec leurs effets, et s'ils restent au delà du terme prescrit, il est en droit de les traiter en ennemis, toutefois en ennemis désarmés [1].

On peut donc considérer comme la règle moderne du droit international que la propriété de l'ennemi trouvée sur le territoire de l'État belligérant, ou les créances dues à ses sujets par le gouvernement ou des individus au commencement des hostilités, ne sont pas susceptibles d'être confisquées comme prise de guerre. Cette règle est encore fortifiée par les stipulations des traités; mais à moins qu'elle ne soit ainsi corroborée, on ne peut pas la considérer comme une règle inflexible quoique établie. «Cette règle,» comme on l'a si bien fait observer, «comme tous les autres préceptes de morale, d'humanité, et même de sagesse, s'adresse au jugement du souverain. C'est un guide qu'il

[1] Vattel, *Droit des gens*, liv. II, chap. xviii, § 344; liv. III, chap. iv, § 63; chap. v, § 73—77.

suit ou abandonne à son gré, et quoiqu'il ne puisse la méconnaître sans déshonneur, toujours est-il qu'il peut l'enfreindre. Ce n'est pas une règle immuable du droit; mais elle dépend de considérations politiques qui peuvent continuellement varier[1].»

§ 10. Règle de réciprocité.

Parmi ces considérations est la conduite observée par l'ennemi. S'il confisque les propriétés se trouvant sur son territoire ou les créances dues à nos sujets au moment où la guerre éclate, il serait assurément très-juste et, en certaines circonstances, politique, de rendre le réciproque à ses sujets par un procédé semblable. Ce principe de réciprocité s'opère dans plusieurs cas de droit international. Sir W. Scott expose que la pratique constante de la Grande-Bretagne, quand la guerre éclate, est de condamner de bonne prise la propriété saisie avant la guerre, si l'ennemi la condamne; de la rendre, s'il la rend. «C'est,» dit-il, «un principe sanctionné par le grand acte fondamental de la loi d'Angleterre, la Grande-Charte elle-même, qui prescrit qu'au commencement d'une guerre les marchands de l'ennemi seront pris et traités comme sont pris et traités les nôtres dans leur pays[2].» Il est aussi exposé ce qui suit dans le rapport des jurisconsultes anglais en 1753, dont nous avons déjà parlé, dans le but de donner plus de force à leur argument, que le roi de Prusse ne pouvait pas sans injustice étendre ses représailles à l'emprunt de Silésie. «Les vaisseaux français,» dit ce rapport, «pris à tort après la guerre d'Espagne et avant la guerre de France, ont, au plus fort de la guerre avec la France et depuis, été rendus aux propriétaires français par sentence des tribunaux de Votre Majesté. On n'essaya jamais de confisquer des vaisseaux et des biens de cette sorte comme propriété de l'ennemi, ici, pendant la guerre; parce que

[1] M. Chief Justice Marshall, in Brown v. the United States, CRANCH'S *Reports*, vol. III.

[2] ROBINSON'S *Admiralty Reports*, vol. I, p. 64. The Santa Cruz.

ce n'était que par suite de ce premier tort commis que ces propriétés se trouvaient dans les domaines de Votre Majesté.»

§ 11. Droits d'amirauté.

L'ancienne loi de l'Angleterre semble avoir ainsi surpassé en générosité l'usage moderne de ce pays. Dans les dernières guerres maritimes entreprises par ce pays, l'usage constant a été de saisir et condamner comme droit d'amirauté les propriétés de l'ennemi se trouvant dans les ports de l'Angleterre au commencement des hostilités, et cette pratique ne paraît pas avoir été influencée par la conduite correspondante de l'ennemi à cet égard. Comme l'a observé un écrivain anglais, en commentant le jugement de sir W. Scott à propos des vaisseaux hollandais, «il semble y avoir quelque subtilité dans la distinction entre la déclaration de guerre virtuelle, et la déclaration effective, et dans le dessein de donner à la déclaration effective une efficacité rétrospective pour couvrir le défaut de déclaration virtuelle antérieurement impliqué[1].»

Saisie de la propriété de l'ennemi se trouvant en dedans des limites territoriales de l'État belligérant à la déclaration de guerre.

Pendant la guerre entre les États-Unis et la Grande-Bretagne qui commença en 1812, la cour suprême arrêta que les propriétés de l'ennemi se trouvant sur le territoire des États-Unis à la déclaration de la guerre, ne pourraient être saisies et condamnées comme prise de guerre sans quelque acte législatif en autorisant la confiscation. La cour soutint que la loi du congrès qui déclarait la guerre n'était pas un acte de cette espèce. Par sa seule opération cette déclaration n'investissait pas le gouvernement de la propriété de l'ennemi au point de lui fournir des procédés judiciaires pour la saisir et la confisquer. Elle ne lui donnait qu'un droit de confiscation dont la sanction dépendait de la volonté du souverain pouvoir.

Le jugement de la cour arrêta que l'usage universel de défendre la saisie et la confiscation des dettes et créances, joint au principe universellement reconnu que le droit à

[1] CHITTY'S *Law of nations,* chap. III, p. 80.

ces dettes et créances revit au retour de la paix, paraissait prouver que la guerre n'est pas une confiscation absolue de la propriété, mais qu'elle confère simplement ce droit de confiscation.

La raison n'admet pas de distinction entre les dettes contractées sous la foi des lois et les propriétés acquises dans le cours d'un commerce sous la foi des mêmes lois. Et quoiqu'en pratique, les vaisseaux et leurs cargaisons se trouvant dans le port lors de la déclaration de guerre pussent avoir été saisis, on ne croyait pas que l'usage moderne sanctionnât la saisie des biens sur terre d'un ennemi qui les avait acquis pendant la paix dans le cours d'un commerce. Un tel procédé était rare, et serait regardé comme un rigoureux exercice du droit de la guerre. Mais quoiqu'à cet égard la pratique ne fût pas uniforme, cette circonstance n'affectait pas essentiellement la question. Il s'agissait de savoir si cette propriété appartient au souverain par la simple déclaration de guerre, ou si elle reste soumise à un droit de confiscation dont l'exercice dépend de la volonté de la nation. La règle qui s'applique à un cas, en tant qu'elle se rapporte à l'opération d'une déclaration de guerre sur la chose elle-même, doit s'appliquer à tous les autres sur lesquels la guerre donne un droit égal. Le droit du souverain de confisquer les dettes étant précisément le même que le droit de confisquer d'autres propriétés se trouvant dans le pays, l'opération faite par une déclaration de guerre sur les dettes et sur les autres propriétés se trouvant dans le pays doit être la même.

Bynkershoek lui-même, qui soutient le large principe que dans la guerre toute chose faite contre un ennemi est légitime; qu'on peut le détruire quoique non armé et sans défense; qu'on peut employer contre lui la fraude et même le poison; qu'un droit illimité est acquis sur sa personne et ses biens; Bynkershoek admet que la guerre ne transfère pas au souverain une créance due à son ennemi, et qu'alors si le payement d'une pareille créance n'est pas exigé, la paix fait revivre l'ancien droit du créancier; «parce que,» dit-il, «l'occupation qui a lieu par la guerre, consiste plus dans un fait que dans un droit.» Il ajoute à ses observations sur ce sujet: «qu'on ne suppose pas, cependant, que cela soit vrai seulement des actions; qu'elles ne sont pas condamnées *ipso jure*, car d'autres choses aussi appartenant à l'ennemi peuvent échapper à la confiscation [1].»

Vattel dit que «le souverain ne peut retenir ni la personne ni les biens de ceux des sujets de l'ennemi qui sont dans ses États au moment de la déclaration.»

Il est vrai que cette règle n'était dans ses termes appliquée par Vattel qu'à la propriété de ceux personnellement présents sur le territoire au commencement des hostilités; mais elle s'applique également aux choses en action et aux choses en possession; et si la guerre, par elle-même, sans aucun autre exercice de la volonté souveraine, investissait le souverain de la propriété de l'ennemi, la présence du propriétaire ne pourrait soustraire sa propriété à cette opération de la guerre. On ne pourrait trouver une raison pour soutenir que la foi publique est engagée d'une manière plus absolue pour la sûreté d'une propriété confiée

[1] Quod dixi de actionibus recte publicandis, ita demum obtinet, si quod subditi nosti hostibus nostris debent, princeps a subditis suis revera exegerit. Si exegerit, recte solutum est, si non exegerit, pace facta reviviscit jus pristinum creditoris, quia occupatio, quæ bello fit, magis in facto, quam in potestate juris consistit. Nomina igitur, non exacta tempore belli quodammodo intermori videntur, sed per pacem, genere quodam postliminii, ad priorem dominum reverti. Secundum hæc inter gentes fere convenit, ut nominibus bello publicatis, pace deinde facta, exacta censeantur periisse, et maneant extincta, non autem exacta reviviscant, et restituantur veris creditoribus...... Noli autem existimare, de actionibus duntaxat verum esse, eas ipso jure non publicari, nam nec alia quæque publicantur, quæ apud hostes sunt, et ibi forte celantur. Unde et ea, quæ apud hostes ante bellum exortum habebamus, indictoque bello suppressa erant, atque ita non publicata, si a nostris denuo recuperentur, non fieri recuperantium, sed pristinis dominis restitui, recte responsum est. *Consil. Belg.*, t. III, consil. 67. (Bynkershoek, *Quæstionum juris publici* lib. I, cap. viii.)

au territoire de la nation en temps de paix, si elle est accompagnée de son propriétaire, que si elle est remise au soin d'autres personnes.

La règle moderne donc semblerait être que la propriété tangible appartenant à un ennemi, et se trouvant dans le pays au commencement de la guerre, ne doit pas être immédiatement confisquée; et dans presque tous les traités de commerce on insère un article stipulant le droit de retirer cette propriété.

Cette règle semblait être totalement incompatible avec l'idée que d'elle-même la guerre investit le gouvernement belligérant de la propriété. On pouvait considérer comme l'opinion de tous ceux qui ont écrit sur le *jus belli*, que la guerre donne le droit de confisquer, mais ne confisque pas elle-même la propriété de l'ennemi; et les règles posées par ces écrivains conduisaient à l'exercice de ce droit.

La constitution des États-Unis était établie quand cette règle introduite par le commerce en faveur de la modération et de l'humanité fut reçue partout dans le monde civilisé. En examinant cette constitution, on ne pouvait admettre légèrement une interprétation qui donnerait à une déclaration de guerre un effet dans ce pays qu'elle ne possédait pas ailleurs, et qui entraverait cette entière discrétion à l'égard de la propriété de l'ennemi, qui permettait au gouvernement d'appliquer à l'ennemi la règle que l'ennemi nous appliquait.

On devait trouver que le raisonnement acquérait beaucoup de force par les termes de la constitution même: que la déclaration de guerre n'avait d'autre effet que de mettre les deux nations en état d'hostilités, de produire un état de guerre, de donner les droits que la guerre confère; mais non pas d'opérer par sa propre force aucun des résultats, tels qu'un transfert de propriété, produits ordinairement par les mesures ultérieures du gouvernement. Ce raisonnement pouvait fort bien se déduire de l'énumération des pouvoirs qui accompagnaient celui de déclarer la guerre: «Le congrès aura le pouvoir de déclarer la guerre, d'accorder des lettres de marque et de représailles, et d'établir les règles concernant les captures de terre et de mer.»

Ce serait restreindre cette clause dans des limites plus étroites que ne le comportent les mots eux-mêmes, que de dire que le pouvoir d'établir les règles concernant les captures de terre et de mer devait se circonscrire aux captures extra-territoriales. En l'étendant aux règles qui concernent la propriété de l'ennemi se trouvant sur le territoire, la cour voyait que le congrès jouissait du pouvoir en question comme d'un pouvoir indépendant, non compris dans celui de déclarer la guerre.

Les actes du congrès fournissaient beaucoup d'exemples de l'opinion que, par elle-même, la déclaration de guerre n'autorise pas de mesures contre les personnes ou les propriétés de l'ennemi se trouvant sur le territoire à cette époque.

La guerre donne un droit égal sur les personnes et sur les propriétés. Si l'on ne regarde pas la déclaration de guerre comme prescrivant une loi à l'égard de la personne d'un ennemi se trouvant sur notre territoire, elle ne prescrit pas non plus de loi pour sa propriété. L'acte concernant les ennemis étrangers qui confère au président de très-grands pouvoirs discrétionnaires relativement à leurs personnes, impliquait fortement qu'il ne possédait pas ces pouvoirs en vertu de la déclaration de guerre.

L'acte «pour la sûreté et le traitement des prisonniers de guerre,» avait le même caractère.

L'acte prohibant le commerce avec l'ennemi contenait cette clause: «Le président des États-Unis sera et est, par ces présentes, autorisé à délivrer, dans les six mois qui suivront l'adoption de cet acte, des passeports pour le transport sain et sauf de tout navire ou autre propriété appartenant aux sujets anglais et qui sont maintenant dans les limites du territoire des États-Unis»

Les termes de cette loi montraient que la propriété d'un sujet anglais n'était pas considérée par la législature comme étant attribuée aux États-Unis, par la déclaration de. guerre, et le pouvoir que l'acte conférait au président était considéré comme un pouvoir qu'il ne possédait pas auparavant.

La proposition, qu'une déclaration de guerre n'accomplit pas par elle-même une confiscation de la propriété de l'ennemi se trouvant sur le territoire de l'État belligérant, était admise comme entièrement hors de doute. Y avait-il dans l'acte du congrès qui déclarait la guerre contre la Grande-Bretagne quelque expression qui indiquât une pareille intention?

Cet acte, après avoir mis les deux nations en état de guerre, autorise le président à employer toutes les forces de terre et de mer des États-Unis pour conduire la guerre, «et pour délivrer aux vaisseaux armés particuliers des États-Unis des commissions, ou lettres de marque et de représailles générales, contre les vaisseaux, biens, et effets du gouvernement du royaume-uni de la Grande-Bretagne et de l'Irlande, et de ses sujets.»

On avait admis que les représailles pouvaient être faites sur la propriété de l'ennemi trouvée sur le territoire des États-Unis à la déclaration de guerre, si telle était la volonté de la nation. Mais il ne fut point admis que dans la déclaration de guerre, la nation eût exprimé sa volonté à cet égard.

Il serait inutile d'employer des arguments pour montrer que quand l'attorney des États-Unis dresse des actes de procédure pour la confiscation d'une propriété de l'ennemi trouvée sur terre ou flottant dans nos baies, aux soins et à la garde d'un de nos citoyens, il n'agit pas en vertu de lettres de marque et de représailles, et encore moins en vertu de lettres semblables accordées à un vaisseau armé particulier.

L'acte concernant les lettres de marque, les prises maritimes et prises de biens, ne contenait assurément rien qui autorisât cette saisie.

Comme il n'y avait pas d'autre acte du congrès relatif au sujet en question, on regarda comme prouvé que la législature n'avait pas confisqué la propriété de l'ennemi qui était dans les États-Unis au moment de la déclaration de guerre, et que la sentence de condamnation prononcée par la cour inférieure ne pouvait être soutenue.

Cependant on avait pris à ce sujet un point de vue qui méritait d'être approfondi. On exposa qu'en exécutant les lois de la guerre, celui qui les exécute peut saisir, et les tribunaux condamner toute propriété qui d'après le droit des gens moderne, est sujette à confiscation, quoiqu'on pût invoquer un acte de la législature pour justifier la condamnation de cette propriété, qui, selon l'usage moderne, ne doit pas être confisquée.

Cet argument doit s'appuyer sur ce que l'usage moderne constitue une règle qui agit directement sur la chose elle-même, par sa propre force et non au moyen du souverain pouvoir. Ce fondement n'était pas admissible. Cet usage était un guide que le souverain suit ou abandonne à son gré. La règle, comme les autres préceptes de moralité, d'humanité et même de sagesse, s'adressait au jugement du souverain, et bien qu'il ne pût la méconnaître sans déshonneur, toujours est-il qu'il pouvait la méconnaître.

La règle était flexible dans sa nature, elle était sujette à des modifications infinies. Ce n'était pas une règle immuable du droit, mais elle dépendait de considérations politiques qui pouvaient continuellement varier. Les nations commerçantes, dans la situation des États-Unis, avaient

19 *

toujours une quantité considérable de propriétés dans les domaines de leurs voisins. Quand la guerre éclate, la question de savoir ce que l'on fera des propriétés que possède l'ennemi, dans notre pays, est une question plutôt de politique que de droit. La règle que nous appliquons à la propriété de notre ennemi sera par lui appliquée à la propriété de nos concitoyens. Comme toutes les autres questions de politique, elle était bonne pour un pays qui peut la modifier à son gré, mais non pour un pays qui ne peut que suivre la loi comme elle est écrite. Elle pouvait être bonne pour la législature, non pour le pouvoir exécutif ou judiciaire. Il parut à la cour que le pouvoir de confisquer la propriété de l'ennemi appartenait au pouvoir législatif, et que le pouvoir législatif n'avait pas encore déclaré sa volonté pour confisquer les propriétés qui se trouvaient sur le territoire de l'État au moment de la déclaration de guerre[1].

§ 12. Dettes dues à l'ennemi. A l'égard des dettes dues à un ennemi avant le commencement des hostilités, la jurisprudence anglaise suit une politique d'un caractère plus libéral, ou au moins plus sage que pour les droits d'amirauté. Une puissance qui possède une immense supériorité navale peut avoir intérêt, ou supposer avoir intérêt à prendre le droit de confisquer la propriété d'un ennemi saisie avant une déclaration de guerre; mais une nation qui, par l'étendue de ses capitaux, doit généralement être la créancière de tous les pays commerçants, ne peut, certes, avoir aucun intérêt à confisquer les dettes dues à un ennemi, puisque cet ennemi peut dans presque tous les cas lui rendre la pareille avec un effet bien plus préjudiciable. C'est pourquoi, bien que la prérogative de confisquer ces dettes existe en théorie, il est rare qu'on l'exerce dans la pratique. Le droit du créancier originaire de suivre le recouvrement de sa dette

[1] M. Chief Justice Marshall, Cranch's *Reports*, vol. VIII, p. 123—129.

n'est pas éteint; il n'est que suspendu pendant la guerre, et renaît en pleine vigueur au retour de la paix [1].

Telles sont aussi la jurisprudence et la pratique des États-Unis. Les dettes dues par les citoyens américains aux sujets anglais avant la guerre de la révolution, et non-entièrement confisquées, ont été juridiquement considérées comme ravivées, ainsi que le droit d'en suivre le recouvrement, à la restauration de la paix entre les deux pays. Les empêchements qui avaient existé au recouvrement des dettes anglaises sous les lois locales des différents États de la Confédération, furent stipulés écartés par le traité de paix de 1783, mais cette stipulation n'ayant pas réussi à indemniser complétement tous les créanciers, la controverse entre les deux pays sur ce sujet fut enfin arrangée au moyen du payement d'une somme en bloc par le gouvernement des États-Unis à l'usage des créanciers anglais· Le traité de commerce de 1794 contenait aussi une déclaration expresse, qu'il était injuste et impolitique que des contrats particuliers fussent altérés par des différends nationaux, avec une stipulation mutuelle que «ni les dettes dues par les individus d'une nation aux individus de l'autre nation, ni les parts ni les sommes qu'ils pourront avoir dans les fonds publics, ou dans les banques privées, ne seront jamais, à tout événement de guerre ou différends internationaux, séquestrés ou confisqués [2].»

Au commencement des hostilités entre la France et la Grande-Bretagne en 1793, la première de ces puissances séquestra les dettes et autres propriétés appartenant aux sujets de son ennemie. La pareille fut rendue à cette décision par une mesure réciproque de la part du gouvernement anglais. Par les articles additionnels au traité de

[1] BOSANQUET et PULLER, *Reports*, vol. III, p. 191. — FURTADO v. ROGERS. — VESEY, *Jun. Reports*, vol. XIII, p. 71, *ex parte* Boussmaker. — EDWARD'S *Admirality Reports*, p. 60. The nuestra Signora de los Dolores.

[2] DALLAS, *Reports*, vol. III, p. 4, 5, 199—285.

paix entre les deux puissances, conclu à Paris en avril 1814, les séquestres furent levés de part et d'autre, et des commissaires furent chargés de liquider les réclamations des sujets anglais pour la valeur de leurs propriétés indûment confisquées par les autorités françaises, et aussi pour la perte totale ou partielle des créances à eux dues, ou autres propriétés indûment retenues sous séquestre après 1792. L'engagement ainsi extorqué à la France peut être considéré comme une application sévère du droit de conquête sur un ennemi tombé, plutôt que comme une mesure de justice impartiale, puisqu'il ne paraît pas que les propriétés françaises saisies dans les ports de la Grande-Bretagne et en mer avant les hostilités, et condamnées ensuite comme droits d'amirauté, aient été rendues aux premiers propriétaires, en vertu de ce traité, au retour de la paix entre les deux pays [1].

De même aussi, à la rupture entre la Grande-Bretagne et le Danemark, en 1807, les vaisseaux danois et autres propriétés qui avaient été saisies dans les ports anglais et en pleine mer avant la déclaration des hostilités, furent condamnés comme droits d'amirauté, par effet rétroactif de la déclaration. Le gouvernement danois publia une ordonnance qui rendait la pareille à cette saisie, en séquestrant toutes les créances dues par les sujets danois aux sujets anglais, et en les faisant payer au trésor royal de Danemark. La cour anglaise du Banc du roi arrêta que cette ordonnance, n'étant pas conforme à l'usage des nations, n'était pas une défense légale à la poursuite en Angleterre d'une pareille dette. Les jurisconsultes avaient condamné cette pratique, et il ne s'était présenté aucun exemple de l'exercice de ce droit, autre que l'ordonnance en question, depuis plus d'un siècle. La justesse de ce jugement peut être contestée. On vient d'observer qu'entre

[1] MARTENS, *Nouveau Recueil*, t. II, p. 16.

les dettes contractées sous la foi des lois et la propriété acquise sous la foi des mêmes lois, la raison ne faisait pas de distinction; et le droit du souverain de confisquer des dettes est précisément le même que de confisquer d'autres propriétés se trouvant dans le pays au moment où la guerre éclate. Tous deux exigent quelque acte spécial exprimant la volonté du souverain, et tous deux dépendent non de la règle inflexible du droit des gens, mais des considérations politiques qui peuvent guider le jugement du souverain [1].

§ 13. Commerce avec l'ennemi, illégal de la part des sujets de l'État belligérant.

Une des conséquences immédiates du commencement des hostilités est l'interdiction de toutes relations commerciales entre les sujets des États en guerre sans la permission de leurs gouvernements respectifs. Dans le jugement de sir W. Scott sur le cas du *Hoop*, ceci est exposé comme un principe de droit universel et non particulier à la jurisprudence maritime de l'Angleteree. Bynkershoek l'émet comme un principe universel de la loi. « On ne saurait douter, » dit cet écrivain, « que par la nature de la guerre elle-même toute relation commerciale ne cesse entre les ennemis. Quoiqu'il n'y ait aucune interdiction spéciale de telles relations, par le simple effet du droit de la guerre, le commerce est défendu. Les déclarations de guerre le prouvent suffisamment, car elles enjoignent à tout sujet d'attaquer les sujets de l'autre prince, de saisir leurs biens et de leur faire tout le mal possible; cependant l'utilité des marchands, et les besoins mutuels des nations ont presque anéanti le droit de la guerre quant au commerce. Aussi ce droit est alternativement permis ou défendu en temps de guerre, selon que les princes pensent qu'il est plus ou moins dans l'intérêt de leurs sujets. Une nation commerçante s'applique au commerce et accommode les lois de la guerre au besoin plus ou

[1] Maule et Selwin, *Reports*, vol. VI, p. 92. — Wolff v. Oxholm, Cranch's *Reports*, vol. VIII, p. 110. — Brown v., The United States.

moins grand de marchandises qu'ont ces autres nations. Ainsi quelquefois un commerce mutuel général est permis, quelquefois il est restreint à certaines marchandises, tandis que les autres sont prohibées, et quelquefois il est entièrement prohibé. Mais de quelque manière qu'il soit permis, ou généralement ou spécialement, il n'est toujours dans mon opinion qu'une suspension des lois de la guerre; et de cette manière, les sujets des deux pays sont partie en guerre, partie en paix [1].»

Il paraît, d'après ce passage, que telle avait été la loi de la Hollande. Valin montre que çà été la loi de la France, où l'on essaya de continuer le commerce au moyen de vaisseaux nationaux ou neutres. Il paraît résulter d'un cas cité déjà (sur le *Hoop*) que ce fut aussi la loi de l'Espagne, et l'on pourrait affirmer sans témérité que c'est là un principe général de droit dans la plupart des nations de l'Europe [2].

Sir W. Scott commence par établir deux fondements d'après lesquels cette sorte de communication est défendue. Le premier c'est que: «par la loi et la constitution de la Grande-Bretagne, le souverain a seul le pouvoir de déclarer la guerre et la paix. Lui seul donc, qui a le pouvoir de faire cesser la guerre entièrement, a le pouvoir

[1] Quamvis autem nulla specialis sit commerciorum prohibitio, ipso tamen jure belli commercia esse vetita, ipsæ indictiones bellorum satis declarant, quisque enim subditus jubetur alterius principis subditos, eorumque bona aggredi, occupare, et quomodocumque iis nocere. Utilitas vero mercantium, et quod alter populus alterius rebus indigeat, fere jus belli, quod ad commercia, subegit. Hinc in quoque bello aliter atque aliter commercia permittuntur vetanturque, prout e re sua subditorumque suorum esse censent principes. Mercator populus studet commerciis frequetandis, et prout quisque alterius mercibus magis minusve carere potest, eo jus belli accomodat. Sic aliquando generaliter permittuntur mutua commercia, aliquando quod ad certas merces, reliquis prohibitis, aliquando simpliciter et generaliter vetantur. Utcunque autem permittas, sive generaliter, sive specialiter, semper, si me audias, quaod hæc status belli suspenditur. Pro parte sic bellum, pro parte pax erit inter subditos utriusque principis. (BYNKERSHOEK, *Quæstionum juris publici lib.* I, cap. III.)

[2] VALIN, *Comm: sur l'ordonnance de la marine*, liv. III, tit. VI, art. 3.

de la faire cesser en partie, en permettant quand il le juge convenable ces relations commerciales, qui sont une suspension partielle de la guerre. Il peut se trouver des cas dans lesquels de pareilles relations soient tout à fait indispensables, mais ce n'est pas aux individus à déterminer la nécessité de semblables cas, simplement d'après leurs propres notions de commerce et peut-être d'après les bases d'avantages privés peu conciliables avec l'intérêt général de l'État. C'est à l'État seul, d'après de plus hautes vues politiques et d'après toutes les circonstances qui peuvent se rattacher à ces relations, qu'il appartient de déterminer quand elles seront permises et sous quelles règles. On ne peut soutenir un principe plus sacré que celui qui établit que de telles relations ne peuvent exister autrement qu'avec la permission directe de l'État. Qui ne sent les conséquences qui s'ensuivraient si chaque personne, en temps de guerre, avait le droit d'entretenir des relations commerciales avec l'ennemi, et sous ce prétexte avait le moyen d'entretenir toute autre espèce de relations qu'il jugerait à propos? L'inconvénient serait extrême pour tous. Où est de l'autre côté l'inconvénient à ce que le négociant soit forcé, dans la situation des deux pays, à conduire son commerce entre eux (si c'est nécessaire) sous les yeux et le contrôle du gouvernement chargé du soin de la sûreté publique?

Un autre principe de droit d'un caractère moins politique, mais également général dans son acception et direct dans son application, défend cette sorte de communication comme fondamentalement incompatible avec les relations existant entre les deux pays belligérants: c'est l'impossibilité de soutenir aucun contrat par un appel aux tribunaux de l'un des pays de la part des sujets de l'autre. Dans la loi de presque tous les pays le caractère d'ennemi étranger emporte avec lui inhabilité à suivre ou à soutenir ce que les jurisconsultes appellent *persona standi in ju-*

dicio. Un état dans lequel les contrats ne peuvent être rendus obligatoires ne saurait être un état de commerce légal. Si les parties qui doivent contracter n'ont pas le droit de forcer l'accomplissement du contrat, ni même de paraître en justice pour cet effet, peut-il y avoir une preuve plus forte de l'inhabilité légale à contracter qu'impose la loi. A de tels contrats la loi ne donne aucune sanction. Ils n'ont pas d'existence légale, et tout commerce de cette espèce est fait sans sa protection et contre son autorité. Bynkershoek s'exprime lui-même avec force sur cet argument dans son livre 1er, chapitre VII, quand il déclare que la légalité du commerce et l'usage mutuel des cours de justice sont inséparables. Il dit qu'à cet égard les cas de commerce ne peuvent se distinguer de toute autre espèce de cas: «Mais si l'ennemi permet une fois de porter des actions, il est difficile de distinguer de quelles causes elles peuvent s'élever et je n'ai jamais pu remarquer que cette distinction eût jamais été mise en pratique.»

Sir W. Scott remarque alors l'intention constante des décisions dans les tribunaux de prises anglais, où la règle avait été rigoureusement appliquée aux cas où des actes du parlement avaient été faits en différentes occasions pour se relâcher des lois de navigation et de douanes; aux cas où le gouvernement avait autorisé, sous la sanction d'un acte du parlement, un commerce d'importation des possessions de l'ennemi, sans avoir spécialement protégé un commerce d'exportation vers les mêmes possessions, quoique intimement lié au commerce d'importation et presque nécessaire à son existence; aux cas où des titres non pas simplement de convenance, mais de nécessité, excusaient ce commerce de la part d'un individu; aux cas où des cargaisons avaient été frétées avant la guerre, sans que les parties eussent fait toutes les diligences possibles pour contre-mander le voyage après les premières nouvelles d'hostilités; et aux cas où la règle avait été appliquée avec rigueur non-seulement contre des sujets anglais mais contre les sujets des alliés de l'Angleterre dans la guerre, d'après la supposition que la règle était fondée sur un principe universel que les États alliés dans la guerre avaient le droit de faire savoir, et d'appliquer naturellement aux sujets les uns des autres.

Tels sont, d'après ce magistrat éminent, les principes généraux de la règle d'après laquelle le droit public de l'Europe, et le droit civil de ses différents États, ont interdit tout commerce avec un ennemi. Cette règle est ainsi sanctionnée par la double autorité de la jurisprudence publique et de la jurisprudence privée. Elle est fondée à la fois sur le légitime et salutaire principe qui défend tout rapport avec un ennemi, si ce n'est avec la permission du souverain ou de l'État, et sur la doctrine que celui qui est *hostis*, qui n'a pas de *persona standi in judicio*, pas de moyens de faire exécuter les contrats, ne peut faire de contrats sans une pareille permission [1].

Décisions des tribunaux américains quant au commerce avec l'ennemi public.

Les mêmes principes ont été appliqués par les cours américaines de justice aux relations de leurs citoyens avec l'ennemi lors de la dernière guerre entre les États-Unis et la Grande-Bretagne. Il se présenta un cas où un citoyen avait acheté une quantité de marchandises sur le territoire anglais longtemps avant la déclaration des hostilités, et les avait déposées sur une île près de la frontière. Au commencement des hostilités ses agents avaient loué un navire pour aller au lieu du dépôt et rapporter les marchandises. A son retour le navire fut capturé et condamné de prise de guerre. Le réclamant soutint que ce n'était pas là un commerce dans le sens des cas cités comme condamnables; qu'au moment où la guerre éclatait, tout citoyen avait le droit d'enlever les propriétés achetées avant la guerre et se trouvant dans le pays *ennemi;* il était de l'in-

[1] ROBINSON'S *Admiralty Reports*, vol. II, p. 196. The Hoop.

térêt de la société de le permettre à ses membres. Mais la cour suprême déclara que quelque relâchement à la rigueur des droits de la guerre qu'ait pu établir la pratique la plus modérée et la plus indulgente des temps modernes, il n'y en avait pas sur ce sujet. Le sentiment universel des nations avait reconnu les effets immoraux qui résulteraient de l'admission de rapports individuels entre les États en guerre. La nation tout entière est engagée dans une même affaire et doit être comprise dans un même sort. Chaque individu de l'une des nations doit reconnaître chaque individu de l'autre comme son propre ennemi, parce qu'il est l'ennemi de son pays. Ceci étant le devoir du citoyen, quelle sera la conséquence d'une infraction à ce devoir? Le droit de prise est une partie du droit des gens; par lui un caractère hostile est attaché au commerce, indépendant du caractère du commerçant qui le poursuit ou le dirige. La condamnation au profit de celui qui fait la capture est également le sort de la propriété de l'ennemi et de celle qui se trouve engagée dans un commerce hostile. Mais un citoyen ou un allié peut être engagé dans un commerce hostile, et par là envelopper sa propriété dans le sort de ceux pour la cause desquels il s'embarque. Cette sujettion de la propriété d'un citoyen à être condamnée comme prise de guerre, doit être examinée sous d'autres considérations. Tout ce qui vient d'un pays ennemi est, *prime facie*, la propriété de l'ennemi, et il est obligatoire pour le réclamant de soutenir la négative de la proposition. Mais si le réclamant est un citoyen ou un allié, en même temps qu'il montre son intérêt, il avoue l'offense commise, ce qui, d'après la règle bien connue du droit civil, le prive de son droit de poursuivre sa réclamation. Et cette doctrine ne repose pas seulement sur un raisonnement abstrait. Elle est soutenue par la pratique des nations les plus éclairées, on pourrait même dire de toutes les nations commerçantes. Ce qui donnait à la cour pleine confiance en son jugement, sur ce cas, c'est qu'en recourant aux archives de la cour des appels dans les causes de prise maritime établie pendant la guerre de l'indépendance, on trouvait que dans des cas nombreux on avait raisonné comme la jurisprudence établi de cette cour. Il était certain que c'était la loi de l'Angleterre avant la révolution américaine, et qu'elle formait ainsi une partie de la juridiction maritime conférée aux tribunaux des États-Unis par leur constitution fédérale. La question de savoir si le commerce dans ce cas soumettait, aux yeux du droit de prise, la propriété à la capture et à la confiscation, dépendait de la force des termes de la loi. Si par *commerce,* dans la loi de prise, on étendait la signification du mot qui consiste en négociations ou en contrats, le cas ne se rangerait certainement pas sous la sanction pénale de la règle. Mais l'objet, la politique et l'esprit de la règle sont de couper toute communication ou tout rapport réel d'un lieu à l'autre entre les individus des États en guerre. La négociation ou le contrat n'a donc auçune connexion nécessaire avec le délit. Le rapport en contradiction avec les véritables hostilités est le délit contre lequel est dirigée la règle; et en substituant à ce terme celui de *commerce avec l'ennemi,* on répondait à l'argument que ce n'était pas un commerce dans le sens du cas cité. Quant à savoir si au moment où la guerre éclate un citoyen a le droit de revenir dans sa patrie avec sa propriété ou non, le réclamant n'avait certainement pas le droit de quitter son pays pour aller chercher sa propriété dans le pays de l'ennemi. La réclamation du vaisseau fut établie dénuée de fondement; car l'entreprise était en même temps volontaire et inexcusable [1].

Ainsi on déclara comme étant une cause de confisca-

[1] CRANCH'S *Reports,* vol, p. 155. The Rapid.

tion le cas où les hostilités étant survenues, le navire en question, avec une pleine connaissance des événements, et sans être pressé par aucun danger particulier, avait changé de direction, et touché un port ennemi où il avait négocié et pris une cargaison. Si un pareil acte pouvait se justifier, ce serait en vain qu'on prohiberait le commerce avec l'ennemi. Le trafic subséquent dans le pays de l'ennemi au moyen duquel le navire obtint le retour de la cargaison se lie à l'intention d'un voyage volontaire pour un port ennemi, et la circonstance qu'il était conduit de force dans une partie des domaines de l'ennemi, quand sa destination véritable était autre, ne pouvait le disculper. La conduite de ce navire méritait beaucoup moins d'être défendue que celle du *Rapide*[1].

De même aussi, on déclara susceptibles de confiscation les marchandises achetées quelque temps avant la guerre par l'agent d'un citoyen américain dans la Grande-Bretagne, mais qui ne furent chargées que presque un an après la déclaration des hostilités. En supposant qu'un citoyen ait, à l'ouverture des hostilités, le droit de retirer du pays de l'ennemi sa propriété achetée avant la guerre (cas sur lequel la cour ne s'est point prononcée), il faut que ce droit soit exercé avec la diligence nécessaire et dans un temps raisonnable; après la connaissance des hostilités. Permettre à un citoyen de retirer sa propriété d'un pays ennemi longtemps après le commencement de la guerre, sous le prétexte qu'elle a été achetée avant la guerre, conduirait aux conséquences les plus préjudiciables, et exciterait les tentations de toute espèce de trafic frauduleux et illégal avec l'ennemi. Avec une extension aussi illimitée, le droit ne saurait exister[2].

Dans un autre cas le vaisseau appartenant à des citoyens des États-Unis fit voile de là avant la guerre avec une

[1] Cranhch's *Reports*, vol. VIII, p. 169—179.
[2] *Ibid.*, vol. VIII, p. 434. The St. Lawrence. Vol. IX, p. 120, S. C.

cargaison ou fret pour un voyage à Liverpool et dans le nord de l'Europe, pour revenir ensuite aux États-Unis. Il arriva à Liverpool, y déchargea sa cargaison, en prit une autre à Hull, et mit à la voile pour Saint-Pétersburg avec une licence anglaise accordée le 8 juin 1812, autorisant l'exportation d'acajou en Russie, et l'importation d'une cargaison de retour en Angleterre. A son arrivée à Saint-Pétersbourg il reçut les nouvelles de la guerre, et fit voile pour Londres avec une cargaison russe adressée à des négociants anglais; il hiverna en Suède, et au printemps de 1813 fit voile, sous l'escorte d'un vaisseau de guerre anglais, pour l'Angleterre, où il arriva, déposa sa cargaison et remit à la voile pour les États-Unis sur lest, avec une licence anglaise, et fut capturé près du phare de Boston. La cour arrêta, en rendant son jugement, qu'après les décisions citées ci-dessus, il n'y avait pas lieu à décider que le voyage avec une cargaison ou fret de la Russie au pays de l'ennemi, après une pleine connaissance de la guerre, n'eût pas la gravité d'un commerce avec l'ennemi, de nature à assujettir à la fois le navire et la cargaison à la condamnation de prise de guerre comme si la capture en eût eu lieu pendant ce voyage. La nécessité alléguée d'entreprendre ce voyage pour couvrir le maître du fret et le décharger de ses dépenses à Saint-Pétersbourg, encouragea ce dernier, ainsi qu'il le déclarait, d'après l'avis du ministre américain dans cette ville, à entreprendre ce voyage sans croire violer les lois de son pays. Quoique ces considérations, si elles étaient fondées sur la vérité, présentassent un cas de difficulté particulière, elles ne fournissaient cependant pas d'excuse légale qu'il fût possible à la cour d'admettre comme base de sa décision. Le conseil du plaignant semblait être convaincu de l'insuffisance de cette raison, et il mettait toute sa force à montrer que le navire n'avait pas été pris *in delicto*, ayant terminé le voyage offensif dans lequel il s'était engagé dans le pays de l'ennemi, et ayant été capturé à son retour en Amérique sur lest. On ne pouvait nier que s'il eût été pris pendant le même voyage dans lequel le délit fut commis, on le considérerait comme encore *in delicto*, et sujet à confiscation; mais on soutenait que son voyage s'était terminé dans le port ennemi, et qu'il revenait de ce port par un nouveau voyage. Mais la cour dit que, même en admettant que le voyage du départ et celui du retour pussent être séparés de manière à en faire deux voyages distincts, il n'était cependant pas possible de nier que les limites *(termini)* de ce voyage ne fussent Saint-Pétersbourg et les États-Unis. La continuité de ce voyage ne pouvait être rompue par la déviation volontaire du maître, dans le but d'entreprendre un commerce intermédiaire. Les réclamants admirent que la traversée du pays neutre au pays de l'ennemi ne fut pas entreprise comme un nouveau voyage; c'était, disaient-ils, un voyage subsidiaire au voyage de retour, c'était en somme un voyage du pays neutre par le chemin du pays ennemi; et conséquemment, si le navire pendant tout le temps de ce voyage était saisi pour quelque acte le soumettant à la confiscation comme prise de guerre, il était saisi *in delicto* [1].

Nous avons vu quelle est la règle du droit public et du droit privé sur ce sujet, et quelles sont les sanctions qui la soutiennent. On a tenté plusieurs fois d'éviter son effet et d'échapper à ses peines; mais son inflexible rigueur a dérouté toutes ces tentatives. Les exemptions apparentes à la règle, loin d'en affaiblir la force, la confirment et la corroborent. Elles se résolvent toutes dans des cas où le commerce avait lieu avec un pays neutre, ou bien où les circonstances étaient considérées comme impliquant une licence, ou encore dans le cas où le commerce n'était pas achevé au moment où l'ennemi avait cessé d'être ennemi.

[1] CRANCH'S *Reports*, vol. III, p. 451, 455. The Joseph.

Dans tous les autres cas une licence expresse du gouvernement est regardée comme nécessaire pour légaliser les rapports commerciaux avec l'ennemi[1].

§ 14. Commerce avec l'ennemi commun illégal de la part des sujets alliés.

Non-seulement de semblables rapports avec l'ennemi de la part des sujets de l'État belligérant sont prohibés et punis de la confiscation dans les cours des prises de leur propre pays, mais pendant une guerre faite conjointement, aucun sujet d'un allié ne peut commercer avec l'ennemi commun sans être exposé à subir devant la cour des prises de l'allié la perte de la propriété qu'il a engagée dans un commerce de cette nature. Cette règle est un corollaire de l'autre; elle est fondée sur le principe qu'un tel commerce est défendu aux sujets du cobelligérant par le droit civil de son propre pays, par le droit des gens universel, et par les termes exprès ou implicites du traité d'alliance subsistant entre les puissances alliées. Et comme la première de ces règles ne peut être relâchée que par la permission du souverain pouvoir de l'État, de même celle-ci ne peut être relâchée que par la permission des nations alliées d'après leur consentement mutuel. Une déclaration d'hostilités emporte naturellement avec elle l'interdiction de tous rapports commerciaux. Quand un État est seul en guerre, cette interdiction peut être relâchée pour ses sujets sans porter préjudice à aucun autre État; mais quand des nations alliées poursuivent une cause commune contre un ennemi commun, il y a un contrat implicite, sinon exprès, qu'aucun des États cobelligérants ne fera rien de contraire au but commun. Si un État permet à ses sujets de poursuivre un commerce non interrompu avec l'ennemi, la conséquence sera qu'il prêtera aide et assistance à l'ennemi, ce qui serait préjudiciable à la cause commune. Il semblerait donc que ce n'est point assez

[1] Robinson's *Admiralty Reports,* vol. VI, p. 127. The Franklin. Vol. IV. p. 195. The Madonna delle gracie. Vol. V, p. 141. The Juffrow Catharina. P. 251. The Alby. Wheaton's *Reports,* vol. II, appendix, note 1, p. 34. — Wheaton, *on Captures,* p. 220—223.

pour satisfaire la cour des prises d'un des États alliés de dire que l'autre a permis cette pratique à ses sujets; il serait encore nécessaire de montrer ou que l'usage de ce droit de commercer n'est pas de nature à entraver les opérations communes, ou qu'il a l'approbation de l'autre État allié[1].

§ 15. Contrats avec l'ennemi, prohibés.

Il suit comme corollaire du principe interdisant tout rapport commercial et autres relations pacifiques avec l'ennemi public, que toute espèce de contrat privé fait avec les sujets de cet ennemi pendant la guerre est illégal. Cette règle ainsi déduite est applicable à l'assurance sur la propriété et le commerce de l'ennemi; à l'envoi et à la négociation des billets de change entre les sujets des puissances en guerre, à l'envoi de fonds en monnaie ou billets au pays de l'ennemi; aux associations commerciales commencées entre les sujets des deux pays après la déclaration de guerre ou existant avant la déclaration. Ces dernières sont dissoutes par la seule force et l'acte de la guerre elle-même, quoique pour les autres contrats elle ne fait que suspendre le recours[2].

§ 16. Personnes domiciliées dans le pays ennemi assujetties aux représailles.

Grotius dans le second chapitre de son troisième livre, où il traite de la responsabilité de la propriété des sujets pour les injures commises par l'État à d'autres communautés, expose que: «Selon le droit des gens, tous les sujets du souverain de qui l'on a reçu du tort, qui sont tels à titre durable, soit naturels du pays ou venus d'ailleurs, sont exposés au droit de représailles, mais non pas ceux qui ne font que passer ou séjourner peu de temps, car le droit de représailles,» dit-il, «a été établi comme une espèce de charge qui a été imposée pour payer les dettes du public; or ceux qui ne sont soumis aux lois du

[1] Bynkershoek, *Quæstionum juris publici lib.* I, cap. x.— Robinson's *Admiralty Reports*, vol. IV, p. 254; vol. VI, p. 403. The Neptunus.

[2] Bynkershoek, *Quæstionum juris publici lib.* I, cap. xxi. Trad. de Duponceau, p. 165, note. — Kent's *Commentaries on American law*, vol. I, p. 67, 68. 5th. Ed.

pays que pour un temps sont exempts de ces sortes de charges. Parmi les sujets perpétuels le droit des gens met seulement à l'abri des représailles les ambassadeurs et leurs bagages, lorsqu'ils ne vont point en ambassade auprès d'une puissance ennemie de celui qui a juste sujet d'user de ce droit.» Dans son quatrième chapitre du même livre, où il traite du droit de tuer et des autres hostilités exercées contre la personne même de l'ennemi, dans ce qu'il appelle une *guerre solennelle*, il maintient que ce droit s'étend «non-seulement à ceux qui portent actuellement les armes ou qui sont sujets de l'auteur de la guerre, mais encore à tous ceux qui se trouvent sur les terres de l'ennemi. En effet, comme on a à craindre même quelque chose de la part des étrangers qui se trouvent alors dans le pays de l'ennemi, cela suffit pour que le droit dont il s'agit ait lieu aussi contre eux dans une guerre générale et non interrompue. En quoi il y a de la différence entre la guerre et le droit de représailles, qui, comme nous l'avons déjà vu, est une espèce d'impôt que les sujets doivent payer pour les dettes de l'État[1].»

[1] Cæterum non minus in hac materia quam in aliis cavendum est, ne confundamus ea quæ juris gentium sunt proprie, et ea quæ jure civili aut pactis populorum constituuntur.

Jure gentium subjacent pignorationi omnes subditi injuriam facientes, qui tales sunt ex causa permanente, sive indigenæ sive advenaæ, non qui transeundi aut moræ exiguæ causa alicubi sunt. Introductæ enim sunt pignorationes ad exemplum onerum, quæ pro exsolvendis debitis publicis inducuntur, quorum immunes sunt qui tantum pro tempore loci legibus subsunt. A numero tamen subditorum jure gentium excipiuntur legati, non ad hostes nostros missi, et res eorum. (GROTIUS, *de Jure belli ac pacis*, lib. III, chap. II, § 7, n° 1 et 2.)

Late autem patet hoc jus licentiæ, nam primum non eos tantum comprehendit qui actu ipso arma gerunt, aut qui bellum moventis subditi sunt, sed omnes etiam qui intra fines sunt hostiles: quod apertum sit ex ipsa formula apud Livium, *hostis sit ille, quique intra præsipia ejus sunt;* nimirum quia ab illis quoque damnum metui potest, quod in bello continuo et universali sufficit, ut locum habeat jus de quo agimus: aliter quam in pignorationibus, quæ, ut diximus, ad exemplum onerum impositorum ad luenda civitatis debita, introductæ sunt: quare mirum non est, si, quod Baldus notat, multo plus licentiæ sit in bello quam in pignorandi jure. Et hoc quidem quod dixi in

Barbeyrac, dans une note relative à ces passages, observe ce qui suit: «Feu M. Cocceius, dans une dissertation que j'ai déjà citée, *De jure belli in amicos*, § 23, rejette cette distinction, et il veut que les étrangers même à qui l'on n'a pas donné un peu de temps pour se retirer soient regardés comme étant du parti de l'ennemi et par là exposés à de justes actes d'hostilités. Il distingue ensuite lui-même, pour suppléer à ce prétendu défaut, entre les étrangers qui demeurent dans le pays et ceux qui ne font que passer, ou qui, s'ils y séjournent quelque temps, y sont contraints par une maladie, ou par la nécessité de leurs affaires. Mais cela même fait voir que M. Cocceius, ici comme en une infinité d'autres endroits, a critiqué notre auteur sans l'entendre. Dans le paragraphe suivant, Grotius distingue manifestement des étrangers dont il vient de parler ceux qui sont *sujets* de l'ennemi *à titre durable*, par où il entend sans doute, comme l'explique le savant Gronovius, ceux qui sont *domiciliés* dans le pays. Notre auteur s'explique lui-même ci-dessus, chapitre II de ce livre, § 7, en parlant des représailles qu'il accorde même contre ces sortes d'étrangers, au lieu qu'il ne les permet pas contre *ceux qui ne font que passer ou qui ne sont dans le pays que pour un peu de temps*[1].»

Quels que soient les titres du pays natal d'un homme à sa fidélité politique, il est hors de doute que le sujet né d'un pays peut devenir citoyen d'un autre, en temps de paix, pour commercer, et peut jouir de tous les priviléges commerciaux attachés au domicile qu'il a élu. D'un autre côté, si la guerre éclate entre son pays adoptif et son pays natal ou un autre, sa propriété devient exposée aux repré-

peregrinis, qui commisso cognitoque bello intra fines hosticos veniunt, dubitationem non habet.

At qui ante bellum eo iverant, videntur jure gentium pro hostibus haberi, post modicum tempus intra quod discedere potuerant. (*Ibid.* lib. III, cap. IV, § 6 et 7.)

[1] GROTIUS, par Barbeyrac, *in loc.*

sailles de la même manière que les biens de ceux qui doivent à l'État ennemi une fidélité permanente.

§ 17. Espèces de résidences constituant un domicile.

Les publicistes manquent de définitions et de détails quant aux espèces de résidences constituant un domicile de nature à rendre la partie exposée aux représailles. On supplée à leur défectuosité au moyen des précédents fournis par les cours des prises anglaises, qui si elles n'ont pas appliqué le principe avec une juste sévérité dans le cas de sujets neutres, ne l'ont certainement pas adouci dans son application au cas de sujets anglais résidants dans le pays de l'ennemi au commencement des hostilités.

Dans le jugement des lords d'appel dans les causes de prises sur les cas s'élevant de la prise de Saint-Eustache par l'amiral Rodney, délivré en 1785 par lord Camden, il arrêta que «si un homme allait dans un pays étranger pour le visiter, pour faire un voyage de santé, pour terminer une affaire particulière ou autre, il pensait qu'il serait rigoureux de saisir ses biens; mais une résidence qui ne se rattache pas à ces circonstances ne doit pas être considérée comme une résidence permanente.» Appliquant l'évidence et la loi aux résidants étrangers dans Saint-Eustache, il disait «qu'à tous égards ils devaient être considérés comme sujets résidants. Leur personne, leur vie, leur industrie étaient employées au bénéfice de l'État sous la protection duquel ils vivaient; et si la guerre éclatait, en continuant à y résider, ils payaient leur proportion des taxes, impôts et autres, également avec les sujets nés, et il n'y avait pas de doute qu'ils dussent être rangés parmi ces derniers[1].»

«Le temps,» dit sir W. Scott, «est le grand élément constitutif du domicile. Dans la plupart des cas il est

[1] Procédés des commissaires d'après le traité de 1794, entre la Grande-Bretagne et les États-Unis. Opinion de M. W. Pinkney dans le cas du Betsey.

inévitablement concluant. On dit souvent que si une personne vient seulement pour une affaire particulière, *ce fait* n'établira pas un domicile. Il ne faut pas prendre cette mesure sans restriction, et sans avoir quelque égard au temps qu'une pareille affaire peut ou pourra demander. Car si l'affaire est de nature à pouvoir retenir *probablement* ou à retenir *véritablement* la personne pour un long laps de temps, il pourrait naître une résidence générale de cette affaire spéciale. Une affaire spéciale peut conduire un homme dans un pays et l'y retenir toute sa vie. Contre une si longue résidence on ne peut invoquer l'exception d'une affaire spéciale originaire. On doit conclure d'un pareil cas que d'autres affaires se présentèrent forcément à lui, et se mêlèrent au dessein originaire, et imprimèrent sur lui le caractère du pays où il résidait. En supposant qu'un homme vienne dans un pays belligérant au moment ou avant le commencement de la guerre, il est certainement raisonnable de ne pas lui imposer trop tôt un caractère acquis, et de lui laisser tout le temps de se débrouiller; mais s'il continue à résider pendant une bonne partie de la guerre, contribuant par le payement des taxes et autres moyens à la force de ce pays, il ne pourrait plaider son affaire spéciale avec quelque effet contre les droits d'hostilités. S'il le pouvait, il n'y aurait pas de défense suffisante contre les fraudes et les abus d'une résidence de longue durée obtenue par des affaires feintes, cachées et uniques dans l'origine. Il y a un temps qui opposera une exception à de tels moyens; il n'y a pas de règle qui puisse fixer le temps *a priori*, mais *il faut* qu'il y ait une pareille règle. Pour preuve de l'efficacité seulement du temps, il n'est pas mal à propos de remarquer que la même quantité d'affaires qui n'établirait pas un domicile dans un certain laps de temps, aurait néanmoins cet effet étant distribuée dans un plus large espace de temps. Cette matière doit être prise en proportion du temps et des occupations avec une grande prépondérance sur l'article du temps: qu'elle que soit l'occupation, il ne peut pas se faire, à peu d'exceptions près, que le temps ne constitue pas un domicile[1].»

Dans le cas du *Chef Indien*, décidé en 1800, M. Johnson, citoyen des États-Unis domicilié en Angleterre, s'était engagé dans une entreprise commerciale, aux Indes orientales anglaises, commerce défendu aux sujets anglais, mais permis aux citoyens américains, en vertu du traité de commerce de 1794 entre les États-Unis et la Grande-Bretagne.

Le vaisseau vint dans un port anglais au retour de son voyage, et fut saisi comme engagé dans un commerce illicite. M. Johnson ayant alors quitté l'Angleterre, fut déclaré ne pas être sujet anglais au moment de la capture, et la restitution fut décrétée. En rendant son jugement dans ce cas, sir W. Scott dit «qu'il était clair que le caractère national de M. Johnson comme marchand anglais n'était fondé que sur sa résidence, qu'il était acquis par la résidence et ne reposait que sur cette seule circonstance. On pouvait donc regarder que du moment où il avait quitté le pays de sa résidence en retournant dans son pays, il reprenait son caractère originaire et devait être considéré comme Américain. Le caractère obtenu par la résidence cesse par la non-résidence, et ne s'attache pas plus longtemps à l'individu, dès l'instant qu'il s'est mis en mouvement, *bona fide,* pour quitter le pays *sine animo revertendi*[2].»

Le caractère national acquis par la naissance revient aisément; il exige moins de circonstances pour constituer le domicile, dans le cas d'un sujet natif, que pour imprimer le caractère national à un individu originaire d'un autre pays. Ainsi la propriété d'un Français qui avait longtemps résidé et qui probablement était naturalisé aux États- Retour facile du caractère national primitif.

[1] Robinson's *Admiralty Reports,* vol. II, p. 324. L'Harmonz.

[2] *Ibid.*, vol. III, p. 12. The Indian Chief.

Unis, mais qui était retourné à Saint-Domingue et avait de là pris une cargaison des produits de cette île pour la France, fut condamnée par la haute cour de l'amirauté [1].

Pour le cas de M. Dutilth, le conseil du réclamant se référait à celui du *Chef Indien*, comme ayant obtenu restitution, quoiqu'*au moment du voyage* il résidât dans le pays de l'ennemi. Mais sir C. Robinson rapporte une décision des lords d'appel, en 1800, par laquelle différentes portions de la propriété de M. Dutilth furent condamnées et d'autres restituées selon les circonstances de sa résidence au temps de la capture. Cette décision est plus particulièrement notée par M. John Nicholl pour le cas de *l'Harmony*, plaidé devant les lords le 7 juillet 1803. «Le cas de M. Dutilth vient à l'appui du cas présent. Il vint en Europe vers la fin de juillet 1793, à une époque où l'alarme était fort grande touchant l'état du commerce. Il alla en Hollande, en état non-seulement d'amitié mais d'alliance avec ce pays. Il y resta jusqu'à l'entrée des Français. Pendant tout le temps qu'il demeura dans ce pays il resta sans aucun établissement. Il n'avait là aucune maison de banque, aucun contrat ni affaire avec des fournisseurs. Il y employait des marchands à vendre sa marchandise en leur payant une commission. A l'entrée des Français en Hollande, il s'informa de ce qu'il avait à faire dans ces circonstances, étant resté dans ce pays à cause de l'état douteux du crédit commercial qui affectait non-seulement les maisons hollandaises et américaines, mais encore les maisons anglaises, qui toutes veillaient à l'état du crédit dans ce pays. En 1794, quand les Français y vinrent, M. Dutilth s'adressa au ministre américain en Hollande, M. Adams, qui lui conseilla de rester jusqu'à ce qu'il ait pu se procurer un passeport. Il resta là jusqu'à

[1] ROBINSON's *Admiralty Reports*, vol. V, p. 96. La Virginie. La même règle est aussi adoptée dans la loi des prises de France (*Code des prises*, t. I, p. 92, 139, 303) et par les cours de prises d'Amérique WHEATON's *Reports*, vol. II, p. 76). La Dos Hermanos.

la fin de la guerre, et ayant arrangé ses affaires, il retourna en Amérique. Une partie de ses biens fut capturée avant son arrivée. La portion qui fut prise avant qu'il revînt lui fut rendue (the fair american, Adm., 1796). Mais la partie qui fut prise pendant qu'il était en Hollande fut condamnée, et ce, parce qu'il était en Hollande au temps de la capture[1].» (The *Hannibal* and *Pomona*, Lords 1800.)

Le cas de la *Diana,* décidé par sir W. Scott en 1803, est aussi plein d'instruction sur ce sujet. Pendant la guerre qui commença en 1795 entre la Grande-Bretagne et la Hollande, la colonie de Demerara se rendit aux armes anglaises, et par le traité d'Amiens elle fut restituée aux Hollandais. Ce traité contenait un article accordant aux habitants, de quelque pays qu'ils fussent, un terme de trois ans à compter de la notification du traité, pour disposer de leurs biens acquis avant ou pendant la guerre, auquel terme ils auraient la libre jouissance de leurs propriétés. Avant la déclaration de guerre contre la Hollande en 1803, la *Diane* et plusieurs autres navires chargés de produits coloniaux furent capturés dans un voyage de Demerara en Hollande. Immédiatement après la déclaration, et avant l'expiration des trois ans de la notification du traité d'Amiens, Demerara se rendit encore à la Grande-Bretagne. Les réclamations des propriétés capturées furent adressées par les sujets anglais originaires, habitants de Demerara, dont quelques-uns s'étaient établis dans la colonie au moment où elle appartenait à la Grande-Bretagne, d'autres avant cet événement. La cause vint après que la colonie fut redevenue anglaise.

Sir W. Scott décréta la restitution à ceux des sujets anglais qui s'étaient établis dans la colonie pendant la possession anglaise, mais condamna la propriété de ceux qui s'y étaient établis avant cette époque. Il soutint que ceux

[1] WHEATON'S *Reports,* vol. II, p. 56, note.

de la première classe, en s'établissant à Demerara quand cette colonie appartenait à l'Angleterre, étaient présumés avoir l'intention de revenir si l'île passait à une puissance étrangère, et cette présomption, reconnue par le traité, relevait ces réclamants de l'obligation de prouver cette intention. Il croyait raisonnable de les admettre à leur *jus postliminii*, et il les soutenait en droit de prétendre à la protection des sujets anglais. Mais il était clairement d'avis que «la simple date récente d'établissement ne servirait de rien, si l'intention d'y faire une résidence permanente n'était arrêtée par la partie. Le cas de M Whitehill établissait pleinement ce point. Il était arrivé à Saint-Eustache seulement un jour ou deux avant que l'amiral Rodney et les forces anglaises eussent paru; mais il fut prouvé qu'il était parti pour s'y établir, et sa propriété fut condamnée. Ici donc la date récente serait insuffisante.»

Mais la propriété de ceux des réclamants qui s'étaient établis à Demerara avant que cette colonie tombât en la possession de la Grande-Bretagne, fut condamnée. «S'étant établis sans croire à la possession anglaise, on ne peut supposer,» dit-il, «qu'ils aient abandonné leur résidence parce que cette possession avait cessé. Ils avaient passé avec indifférence d'une souveraineté dans une autre, et si l'on pouvait supposer qu'ils eussent cherché à renouer avec ce pays, ils ne devaient l'avoir fait que dans des circonstances qui ne pouvaient en rien affecter leur intention de rester là. Quant à la situation des personnes établies dans la colonie avant l'époque de la possession anglaise, je me sens obligé de prononcer qu'elles doivent être considérées sous le même point de vue que les personnes résidant à Amsterdam. On doit comprendre cependant que s'il y en avait parmi elles qui s'en allassent véritablement, et que ce fait fût suffisamment prouvé, leurs biens pourraient leur être rendus. Tout ce que je veux dire, c'est qu'il devrait y avoir intention évidente de retour de la part de ceux qui se sont établis avant la possession anglaise, la présomption n'étant pas en leur faveur[1].»

Le cas de *l'Océan*, décidé en 1804, était une réclamation relative à des sujets anglais établis dans des États étrangers en temps de paix, et prenant des mesures précoces de se retirer à l'ouverture de la guerre. Il paraît que le réclamant s'était établi comme associé dans une maison de commerce de Hollande, mais qu'il avait fait des arrangements pour la dissolution de l'association, et qu'il ne fut empêché de s'éloigner personnellement que par la détention violente de tous les sujets anglais qui se trouvaient sur le territoire de l'ennemi à l'ouverture de la guerre. Sur ce cas, sir W. Scott dit: «Ce serait, je crois, aller plus loin que les lois ne l'exigent que de juger cette personne par sa première occupation et par sa résidence présente forcée en France, et de ne pas admettre qu'elle se soit affranchie de l'effet des hostilités survenantes par les moyens qu'elle avait employés pour s'éloigner. Sur preuve suffisante de propriété, je suis disposé à l'admettre au bénéfice de la restitution[2].»

Cas de personnes quittant le pays de l'ennemi à l'ouverture de la guerre.

Dans une note sur ce cas, sir C. Robinson expose que la situation des sujets anglais voulant s'éloigner du pays de l'ennemi à l'avénement de la guerre, mais qui sont empêchés par la survenance soudaine des hostilités de prendre des mesures assez promptes pour obtenir restitution, présentait souvent un cas de difficulté considérable devant la cour des prises. Il conseille aux personnes qui se trouvent dans une semblable situation, pour leur départ réel, de s'adresser au gouvernement pour obtenir un passeport spécial, plutôt que de confier des propriétés de valeur aux effets d'une simple intention de départ, intention qui peut souvent paraître douteuse d'après les circonstances qui l'ont empêchée d'être mise à exécution. Et

[1] ROBINSON'S *Admiralty Reports*, vol. V, p. 60. La Diana.
[2] *Ibid.*, vol. V, p. 91.

sir W. Scott, dans les cas du *Dree Gebrœders*, observe que «l'intention de retirer des fonds dans tous les temps doit être examinée avec beaucoup de défiance; mais quand la transaction paraît avoir été conduite *bona fide* dans ce but, et n'être dirigée que pour l'éloignement de la propriété que les accidents de la guerre ont enfermée dans le pays belligérant, les cas de cette espèce ont le droit d'être traités avec quelque indulgence.» Mais dans un cas suivant, où un consentement fut accordé par la cour au retrait d'une propriété anglaise en vertu de circonstances particulières, il déclara que le décret de restitution dans ce cas particulier ne devait pas être compris comme relâchant en rien la nécessité d'obtenir une permission chaque fois que la propriété doit être retirée du pays de l'ennemi[1].

Décisions des tribunaux américains.

Les mêmes principes quant aux effets de domicile ou d'habitation commerciale dans le pays de l'ennemi ont été adoptés par les tribunaux de prise des États-Unis pendant la dernière guerre avec la Grande-Bretagne. La règle fut appliquée au cas de sujets natifs anglais émigrés aux États-Unis longtemps avant la guerre, et devenus naturalisés citoyens, d'après les lois de l'Union, aussi bien qu'aux citoyens natifs résidants dans la Grande-Bretagne au moment de la déclaration. Les citoyens naturalisés en question avaient, longtemps avant la déclaration de guerre, regagné leur pays natal, où ils avaient établi leurs domiciles et engagé un commerce au moment où les chargements en question furent faits. Les marchandises étaient embarquées avant qu'ils n'eussent connaissance de la guerre. Au moment de la capture un des réclamants était encore dans le pays de l'ennemi, mais il avait depuis la nouvelle de la capture exprimé le vif désir de retourner aux États-Unis, ce dont il avait été empêché par différentes causes consignées dans sa déclaration. Un autre était alors

[1] ROBINSON'S *Admiralty Reports*, vol. IV, p. 234; vol. V, p 141. The Juffrow Catharina.

revenu quelque temps après la capture, et un troisième était encore dans le pays de l'ennemi. En prononçant son jugement sur ce cas, la cour suprême arrêta que comme il n'y avait pas de contestation de faits sur le domicile des réclamants, les questions de droit à examiner étaient les deux suivantes: 1° Par quel moyen et jusqu'à quel point peut-on imprimer sur une personne un caractère national différent de celui que lui donne une obéissance permanente à l'État? 2° Quelles sont les conséquences légales auxquelles peut l'exposer ce caractère acquis, à l'avénement d'une guerre survenant entre le pays de sa résidence et celui de sa naissance, ou celui dans lequel elle a été naturalisée? Sur la première de ces questions on se reporta aux opinions des publicistes, et aux décisions des tribunaux anglais de prises déjà citées. Mais on ajouta qu'en décidant si une personne avait obtenu le droit d'un domicile acquis, on ne devait pas compter beaucoup sur le poids d'écrivains purement élémentaires du droit des gens, si toutefois ils devaient être de quelque secours. Ils ne peuvent qu'émettre les principes généraux du droit, et il devient du devoir des cours de justice d'établir les règles pour l'application convenable de ces principes. La question de savoir si la personne, pour être affectée par le droit de domicile, a suffisamment fait connaître son intention de se fixer d'une manière permanente en pays étranger, doit dépendre de toutes les circonstances du cas. Si elle n'a pas fait de déclaration expresse à ce sujet, et qu'il faille chercher à découvrir son intention secrète, il faut observer ses *actes* comme fournissant l'évidence la plus satisfaisante de ses intentions. Sur ce point les cours d'Angleterre ont décidé qu'une personne qui part dans un pays étranger, s'y établit, et prend part au commerce du pays, offre par ces actes l'évidence d'une intention permanente de résider dans ce pays, de nature à lui imprimer le caractère national de l'État où elle réside. Dans les questions sur ce sujet, le point principal à considérer est l'*animus manendi;* et les cours doivent créer des règles d'évidence assez raisonnables pour pouvoir établir le fait de l'intention. S'il paraît suffisamment prouvé que l'intention de s'éloigner était dans le but de faire un établissement permanent, ou pour un temps indéfini, le droit de domicile est acquis même par une résidence de peu de jours. C'était là une des règles des tribunaux de prises anglais, et elle paraissait être parfaitement raisonnable. Une autre règle était qu'une personne neutre ou un sujet trouvé résidant en pays étranger est présumé y être *animo manendi;* et si un État de guerre vient à mettre sa nationalité en question, c'est à lui d'expliquer les circonstances de sa résidence. Quant aux autres règles des tribunaux de prises d'Angleterre, particulièrement celles qui établissent la nationalité d'une personne d'après l'interprétation de sa résidence, ou la nature particulière de son commerce, la cour ne fut pas appelée à cette époque à donner son avis sur ce point, parce que dans le cas présent il fut admis que les réclamants avaient acquis un droit de domicile en Angleterre à l'époque de l'ouverture de la guerre entre ce pays et les États-Unis.

La question suivante était: quelles sont les conséquences auxquelles ce domicile acquis peut légalement exposer la personne qui en jouit, en cas de guerre entre le gouvernement où il réside et celui auquel il doit une fidélité permanente? Une personne neutre dans cette situation, qui s'engagerait dans des hostilités ouvertes avec l'autre nation belligérante, serait considérée et traitée comme ennemie. On ne pourrait considérer ainsi un citoyen de l'autre nation belligérante, parce qu'il ne pourrait par aucun acte d'hostilité se rendre lui-même, strictement parlant, ennemi, contrairement à l'obéissance permanente qu'il doit à l'État. Mais quoiqu'il ne puisse être considéré comme un ennemi dans le sens strict du mot, il est pourtant jugé tel, eu égard à la saisie de celle de ses propriétés comprise dans le commerce de l'ennemi avec lequel il est en rapport par sa résidence. Ce commerce est considéré comme lié à l'ennemi; lui-même est lié à l'ennemi, quoique non-criminellement, à moins qu'il ne trempe dans des actes d'hostilité contre son pays natal, ou peut-être à moins qu'il refuse d'y retourner quand il en est requis par son pays. La même règle quant à la propriété engagée dans le commerce de l'ennemi, s'applique aux personnes neutres, par la même raison. Le réciproque de cette règle s'applique inévitablement au sujet d'un État belligérant domicilié dans un pays neutre. Il est regardé comme neutre par les deux parties belligérantes relativement au commerce qu'il entretient avec la nation belligérante adverse et avec le reste du monde.

Mais cette nationalité qu'un homme acquiert par la résidence peut être dépouillée à son gré par son retour dans son pays natal, ou même en quittant le pays où il résidait pour aller dans un autre. On ne saurait contester la sagesse de cette règle. L'homme qui a une fois acquis un caractère national par la résidence dans un pays étranger, doit être obligé à toutes ses conséquences, jusqu'à ce qu'il ait dépouillé ce caractère, soit par un retour dans son pays natal ou dans celui où il a été naturalisé, soit en effectuant son départ *bona fide*, et sans intention de retour. Si, sans recourir à l'éloignement, on admet quelque chose qui puisse changer le caractère de nationalité acquis par la résidence, il semble parfaitement raisonnable que l'évidence d'une intention, *bona fide*, soit de nature à ne laisser aucun doute de la sincérité de cette intention. On ne doit jamais compter sur de simples déclarations d'une pareille intention, quand elles sont contredites ou au moins rendues douteuses par la continuation de cette résidence qui imprime ce caractère. Elles peuvent avoir été faites pour tromper, ou si elles ont été faites avec sincérité, elles peuvent n'être jamais exécutées. Et même la partie elle-même ne doit pas être liée par elles, car elle peut ensuite trouver une raison de changer de détermination, et il faut qu'il lui soit permis de la faire. Mais quand elle accompagne ses déclarations d'actes qui parlent un langage auquel on ne peut se méprendre, et qui ne peuvent manquer d'être mis à effet par le départ, on a la plus grande évidence que puisse fournir un pareil cas. N'est-il pas convenable que les cours des nations belligérantes refusent à toute personne le droit d'user d'un caractère assez équivoque pour lui laisser le choix de ce qui conviendra le mieux à son affaire si elle est mise en question? Si la propriété d'un sujet est prise pendant son commerce avec l'ennemi, lui sera-t-il permis de la garantir de la confiscation, en alléguant qu'il avait eu l'intention de quitter le pays de l'ennemi pour revenir dans le sien; que donc il est neutre, et qu'alors comme neutre le commerce pour lui était légal? Si la guerre existe entre le pays de sa résidence et son pays natal, et que sa propriété soit saisie par l'un ou l'autre, l'entendra-t-on dire dans le premier cas qu'il était sujet domicilié du pays de celui qui l'a capturé, et dans le second qu'il était sujet natif du pays de celui qui l'a capturé, parce qu'il avait déclaré l'intention de reprendre son caractère natif, de manière à ce qu'il élude ainsi les droits des deux nations belligérantes? C'était pour se tenir en garde contre de telles incompatibilités et contre les fraudes que de telles prétentions, si elles étaient tolérées, sanctionneraient, que la règle ci-dessus mentionnée fut adoptée. Sur quel principe sain pourrait-on établir la distinction entre le cas d'une personne neutre et d'un sujet de l'une des nations belligérantes domicilié dans le pays de l'autre à l'avénement de la guerre? La propriété de chacun d'eux, qui se trouvait engagée dans le commerce de leur pays adoptif, leur appartenait avant la guerre en leur qualité de sujets de ce pays aussi longtemps qu'ils continuaient à y maintenir leur domicile; et quand entre ce pays et un autre il s'allume une guerre par laquelle les deux nations et tous leurs sujets deviennent ennemis les uns des autres, il s'ensuit que cette propriété, qui était autrefois la propriété d'un ami, lui appartient maintenant, à lui qui est devenu par rapport à cette propriété un ennemi.

Cette doctrine des cours de droit commun et des tribunaux de prises en Angleterre est fondée, de même que la doctrine mentionnée dans le premier chapitre, sur le droit international, et passait pour être fortement appuyée sur la raison et la justice. On peut demander avec confiance pourquoi la propriété des sujets ennemis ne serait pas exposée au droit de représailles et de guerre tant que le propriétaire garde son domicile acquis, ou, pour parler comme Grotius, continue une résidence permanente dans le pays de l'ennemi. Ils étaient avant la guerre, et continuent à être après la guerre, liés par cette résidence à la société dont ils étaient membres, soumis aux lois de l'État et devant obéissance à ce dernier. Ils sont obligés de le défendre (à l'exception du sujet qu'une telle obligation armerait contre son pays natal), en retour de la protection qu'il leur accorde et des priviléges que les lois leur donnent comme sujets. La propriété de telles personnes, comme celle des sujets natifs, doit être considérée comme les biens de la nation *à l'égard des autres États*. Elle appartient en quelque sorte à l'État, par le droit qu'a l'État sur les biens de ses citoyens, qui font partie de la somme totale de ses richesses et augmentent son pouvoir (Vattel, liv. I, ch. xiv, § 182). «Dans les représailles,» continue le même auteur, «on saisit les biens des sujets tout comme on saisirait ceux de l'État ou du souverain. Tout ce qui appartient à la nation est sujet aux représailles dès qu'on peut s'en saisir pourvu que ce ne soit pas un dépôt confié à la foi publique.» Maintenant, si une résidence permanente fait de la personne un sujet du pays où elle s'est établie, aussi longtemps qu'elle continue d'y résider, et soumet sa propriété aux lois de représailles, comme faisant partie de la propriété de la nation, il semblerait difficile de soutenir que les mêmes conséquences n'auraient pas lieu dans le cas d'une guerre ouverte et publique, soit entre le pays adoptif et le pays natal des personnes ainsi domiciliées, soit entre le premier de ces pays et quelque autre nation. Si donc l'éloignement, ou un commencement d'éloignement *bona fide*, pouvaient seuls changer une nationalité acquise par le domicile, et si à l'époque du commencement du voyage aussi bien qu'à l'époque de la capture la propriété appartenait à une personne ainsi domiciliée, dans son caractère de sujet, qu'y avait-il là qui l'empêchât ou dût l'empêcher d'être capturée par les croiseurs du pays natal de son propriétaire, si au moment de la capture, celui-ci continue à résider dans le pays belligérant adverse?

On soutenait qu'on devait laisser à un natif ou à un sujet naturalisé d'un pays, qui était surpris dans le pays où il avait son domicile, par une déclaration de guerre, le temps de choisir soit de continuer à y résider, soit de partir pour le pays auquel il devait une fidélité permanente; et que, jusqu'à ce que ce choix fût fait, sa propriété devait être protégée contre la capture par les croiseurs du dernier État. Cette doctrine fut trouvée aussi peu fondée en raison et en justice qu'elle l'était peu en droit. Dans le premier cas elle est fondée sur la présomption que la personne partira bien certainement avant qu'il soit possible de savoir si elle peut ou ne peut pas le faire. On disait que la présomption devait avoir lieu parce qu'en recevant la nouvelle de la guerre il serait du devoir de cette personne de retourner dans son pays. Cette position ne fut pas admise. Il était de son devoir de ne pas commettre d'actes d'hostilité contre son pays natal et de retourner à son secours quand elle en était requise. Il n'est pas de nation imbue de sentiments de justice qui, à cause des principes tempérés du droit des gens, prétendît exiger de cet individu de prendre les armes contre son pays natal, ou lui refuser la permission de se retirer quand il le voudrait, si ce n'est en vertu de circonstances particulières qui dans un moment critique pourraient par ce départ mettre en danger la sûreté publique. Le droit des gens conventionnel était conforme à ces principes. Il est ordinaire de stipuler dans les traités que les sujets de chaque partie pourront se retirer avec leur propriété, ou rester sans être inquiétés. On les laisse libres de choisir pour eux-mêmes, et quand ils ont fait leur choix, ils peuvent réclamer le droit d'en jouir, en vertu du traité. Mais jusqu'à ce que leur choix soit fait leur premier caractère continue sans être changé. Jusqu'à ce que ce choix soit fait, si la propriété du réclamant trouvée en pleine mer engagée dans le commerce de sa patrie adoptive obtient des croiseurs de l'autre nation belligérante la permission de passer librement, en raison de ce qu'il peut choisir de retourner dans sa patrie à la nouvelle de la guerre, et qu'elle y arrive saine et sauve, que doit-on faire dans le cas où le propriétaire choisit de rester où il est? Car si cette propriété est capturée et mise immédiatement en jugement, elle doit, d'après cette doctrine, être acquittée jusqu'à ce que le choix de rester soit fait et connu. Enfin le point en question appliquerait la doctrine de relation aux cas où la partie qui en réclame le bénéfice aurait tout à gagner et rien à perdre. Si le propriétaire, après la capture, trouve de son intérêt de rester où il est domicilié, sa propriété embarquée avant qu'il ne se soit prononcé pour son choix est saine et sauve; et s'il trouve mieux de retourner, elle est saine et sauve à plus forte raison. Qu'il parte ou reste, elle est en sûreté. La doctrine qui produit des conséquences si contradictoires non-seulement n'était soutenue par aucune autorité, mais elle violerait les principes établis depuis longtemps et d'une manière positive dans les cours de prises d'Angleterre, principes qui, sans de fortes raisons qui les rendraient inapplicables à l'Amérique, ne devaient pas être dédaignés par la cour. La règle était donc que le caractère de propriété pendant la guerre ne pouvait être changé *in transitu,* par aucun acte de la partie, postérieur à la capture. La règle même allait plus loin: quant à sa justesse dans sa plus grande extension, il était inutile de se prononcer sur elle; mais on pouvait assurément affirmer que le changement ne pouvait ni ne devait être opéré par le choix du propriétaire armateur exprimé postérieurement à la capture, et moins encore après que la connaissance de cette capture lui serait parvenue. Suivez les conséquences. La capture est faite et connue. On permet au propriétaire de délibérer s'il est dans l'intention de rester sujet de son pays adoptif ou de son pays natal. Si la capture est faite par le premier, il choisit de devenir sujet de ce pays; si elle est faite par le dernier, il choisit celui-là. Une situation aussi privilégiée peut-elle être tolérée par les deux parties belligérantes? Pourrait-il être correct le système de loi qui place l'individu qui adhère à l'une des parties belligérantes, et qui jusqu'à ce qu'il ait choisi de s'éloigner contribue à en accroître la richesse, dans une situation tellement anomale, qu'il soit revêtu des priviléges d'un neutre vis-à-vis des deux parties belligérantes? Cette idée sur l'état temporaire de neutralité imprimé à un sujet de l'une des parties belligérantes, et l'exemption qui en résulte pour sa propriété de n'être capturée ni par l'une ni par l'autre jusqu'à ce qu'il ait eu connaissance de la guerre, et fait son choix, était tout à la fois une théorie nouvelle, et semblait par le cours de l'argument, devoir son origine à une rigueur supposée à laquelle l'exposait la doctrine contraire. Mais si le raisonnement employé pour ce sujet était correct, une pareille rigueur ne pourrait exister; car si avant que son choix ne soit fait, sa propriété sur l'Océan est sujette à être capturée par les croiseurs de son pays natal abandonné par lui, elle est non-seulement exempte de capture par ceux de son pays adoptif, mais encore elle est placée sous sa protection. Le privilége est supposé égal au désavantage, et par conséquent juste. Le double privilége réclamé semble trop déraisonnable pour être accordé [1].

§ 18. Négociants résidants dans le Levant.

Le caractère national des négociants résidants en Europe et en Amérique dérive de celui du pays qu'ils habitent. Dans les parties orientales du monde, les Européens qui trafiquent sous l'abri et la protection des comptoirs qui y sont fondés, tirent leur caractère national de l'association sous laquelle ils vivent et conduisent leur commerce; cette distinction naît de la nature et des habitudes de ce pays. Dans les parties occidentales du monde les marchands étrangers se mêlent à la société des natifs. L'accès et le mélange leur en sont permis; ils y sont incorporés presque dans toute son étendue. Mais dans l'Est, depuis les temps les plus reculés, un caractère distinct et immiscible a été conservé: les étrangers ne sont point admis dans le corps et dans la masse générale de la nation. Ils restent étrangers et passagers comme le furent leurs pères. Ainsi, à l'égard des établissements en Turquie, les cours anglaises de prises, pendant la guerre avec la Hollande, déclarèrent qu'un marchand, conduisant un commerce à Smyrne, sous la protection du consul hollandais, devait être considéré comme Hollandais, et sa propriété condamnée comme appartenant à un ennemi. Ainsi en Chine, et généralement par tout l'Orient, les personnes admises dans une factorerie ne sont pas reconnues sous leur nationalité particulière, et n'ayant pas la permission de prendre le

[1] CRANCH'S *Reports*, vol. VIII, p. 277. The Venus. — WHEATON'S *Reports*, vol. I, p. 54. The Mary and Susan.

caractère national du pays, elles sont considérées seulement sous le caractère de cette association ou factorerie.

Mais ces principes ne sont pas considérés comme applicables aux vastes territoires occupés par les Anglais dans l'Hindostan, parce que, comme le fait observer sir W. Scott, quoique la souveraineté du Mogol soit de temps en temps mise en avant pour affaires de politique, cette souveraineté n'est pas autre chose qu'un fantôme; on ne l'applique en rien aux règlements des établissements. La Grande-Bretagne exerce le pouvoir de déclarer la guerre et la paix, ce qui est la plus grande preuve de la souveraineté actuelle, et si la haute et céleste souveraineté du Grand-Mogol descend quelquefois des nuages, comme il arrive pour raisons de politique, elle ne se mêle en aucune manière à l'autorité actuelle que l'Angleterre et la compagnie des Indes orientales qui y est créée, y exercent avec plein effet.» Les négociants qui résident là sont donc considérés comme sujets anglais [1].

§ 19. Maison de commerce dans le pays de l'ennemi.

En général la nationalité d'une personne, neutre ou ennemie, se détermine par celle de son domicile. Mais la propriété d'une personne peut acquérir un caractère hostile indépendamment du caractère national de la personne, et qui dérive de la résidence de celle-ci. Ainsi la propriété d'une maison de commerce établie dans le pays ennemi est considérée comme susceptible de capture et de condamnation de prise. Cette règle ne s'applique pas au cas naissant au commencement de guerre, relativement aux personnes qui pendant la paix avaient ordinairement entretenu un commerce dans le pays de l'ennemi sans y résider, et qui par conséquent peuvent en temps convenable cesser ce commerce. Mais si une personne entre dans une maison de commerce dans le pays de l'ennemi, ou continue ces relations pendant la guerre, elle ne peut se

[1] ROBINSON'S *Admiralty Reports*, vol. III, p. 12. The Indian Chief.

mettre à couvert par la simple résidence dans un pays neutre [1].

Le réciproque de cette règle des tribunaux anglais de prises, qui a été aussi adopté par ceux d'Amérique, ne s'étend pas au cas d'un négociant résidant en pays ennemi et ayant une part dans une maison de commerce en pays neutre. Sa résidence dans le pays neutre ne protégera pas sa part dans la maison en pays ennemi, quoique sa résidence en pays ennemi condamnerait sa part dans une maison établie en pays neutre. Il est impossible de ne pas voir dans ce manque de réciprocité de fortes marques de partialité pour les intérêts de ceux qui capturent, partialité qui est peut-être inséparable d'un code des prises créé par une législation judiciaire dans un pays belligérant, et approprié aux encouragements à donner à ses efforts maritimes [2]. § 20. Réciproque de la règle adoptée en pareil cas.

Les produits d'une colonie, ou autre territoire de l'ennemi, doivent être considérés comme une propriété hostile tant qu'ils appartiennent au propriétaire du sol, quel que soit son caractère national à tous autres égards, et quel que soit le lieu de sa résidence. § 21. Produits du territoire ennemi considérés comme hostiles, tant qu'ils appartiennent au propriétaire du sol, quels que soient sa nationalité et son domicile personnel.

Cette règle des cours de prises anglaises fut adoptée par la cour suprême des États-Unis pendant la dernière guerre avec la Grande-Bretagne dans le cas suivant. L'île de Santa-Cruz, appartenant au roi de Danemark, fut soumise pendant la dernière guerre européenne par les armes de S. M. britannique. Adrien-Benjamin Bentzon, officier du gouvernement danois et propriétaire de terre dans cette île, quitta l'île quand elle se rendit, et depuis résida en Danemark. La propriété des habitants leur étant assurée

[1] ROBINSON'S *Admiralty Reports*, vol. I, p. 1. The Vigilantia. Vol. II, p. 255. The Susa. Vol. III, p. 41. The Portland. Vol. V, p. 2, 97. The Jonge Classina. — WHEATON'S *Reports*, vol. I, p. 159. The Antonia Johanna. Vol. IV, p. 105. The Friendschaft.

[2] M. Chief Justice Marshall, CRANCH'S *Reports*, vol. VIII, p. 253. The Venus.

par la capitulation, il conserva sa propriété dans l'île sous la gérance d'un agent qui embarqua trente barils de sucre, produit de cet établissement, à bord d'un navire anglais, et les adressa à une maison de commerce de Londres pour le compte et aux risques du propriétaire. Pendant sa traversée le navire fut capturé par un corsaire américain et mis en jugement. Les sucres furent condamnés de prise de guerre par la cour inférieure, et la sentence de condamnation fut confirmée, sur appel, par la cour suprême.

En prononçant son jugement, la cour établit qu'il s'était élevé quelques doutes sur la question de savoir si Santa-Cruz, en la possession de la Grande-Bretagne, pouvait à vrai dire être considérée comme île anglaise. Mais ce doute était sans fondement. Quoique les acquisitions faites pendant la guerre ne soient pas considérées comme permanentes jusqu'à ce qu'elles soient confirmées par traité, néanmoins à l'égard de toute affaire de commerce ou de guerre elles sont considérées comme partie du domaine de la nation conquérante, tant que celle-ci en retient la possession et le gouvernement. L'île de Santa-Crux, après sa capitulation, demeurait île anglaise jusqu'à ce qu'elle fût rendue au Danemark.

Il s'agissait de savoir si le produit d'une plantation dans cette île, embarqué par le propriétaire lui-même, qui était Danois et résidait en Danemark, devait être considéré comme anglais, et, partant, propriété de l'ennemi.

En argumentant sur cette question, le conseil du réclamant avait proposé deux points. D'abord, disait-il, le cas ne tombait pas dans la règle applicable aux chargements venus d'un pays ennemi même, comme l'exposaient les cours anglaises de l'amirauté; et ensuite, cette règle n'avait pas été justement établie par ces cours, et par conséquent ne serait pas adoptée dans celles des États-Unis.

1° La règle emise par les cours anglaises d'amirauté embrassait-elle ce cas? Il parut à la cour que le cas du

Phœnix était précisément identique. Dans ce cas, un vaisseau fut capturé dans un voyage de Surinam en Hollande, et une partie de la cargaison fut réclamée par des personnes résidantes en Allemagne, alors pays neutre, comme étant le produit de leurs établissements à Surinam. Le conseil de ceux qui avaient fait la capture regardait la loi du cas comme entièrement établie. Le conseil des réclamants reconnaissait comme juste cette position. Il l'admettait, mais il s'efforçait de distraire le cas du principe général, en lui donnant la protection du traité d'Amiens. En prononçant son jugement, sir W. Scott exposa ainsi cette règle générale: «Certes rien ne saurait être plus décidé et plus arrêté, comme étant le principe de cette cour, et celui de la cour suprême sur ce point important, que la loi établissant que la possession du sol imprime au propriétaire la nationalité du pays en tant qu'il s'agit du produit de cette plantation, dans son transport dans tout autre pays quel que soit le lieu de la résidence du propriétaire. Cela a été tant de fois décidé, et dans cette cour, et dans la cour supérieure, qu'on ne peut plus le mettre en discussion. On ne peut élever aujourd'hui aucun doute sur le point de droit [2].»

Ensuite dans les cas du *Vrow Anna Catharina*, sir W. Scott expose la règle et en arrête la raison. «Il est hors de doute,» dit-il, «qu'il y a des transactions si radicalement et si fondamentalement nationales, qu'elles impriment le caractère national, indépendamment de la paix ou de la guerre et du lieu de résidence des parties. Le produit de la plantation d'une personne dans la colonie de l'ennemi, quoique embarqué en temps de paix, peut être considéré comme propriété de l'ennemi, par la raison que le propriétaire s'est incorporé aux intérêts permanents de la nation comme tenancier du sol, et qu'il doit être pris

[1] ROBINSON'S *Admiralty Reports*, vol. V, p. 21. The Phœnix.

comme faisant partie de ce pays dans cette transaction particulière, indépendante de sa résidence et de son occupation personnelles [1].»

On soutenait que cette règle, émise avec tant de précision, ne comprenait pas la réclamation de M. Bentzon, parce qu'il «ne s'était pas incorporé aux intérêts permanents de la nation.» Il avait acquis la propriété pendant que Santa-Cruz était colonie danoise, et s'était retiré de l'île quand elle devint anglaise.

Cette distinction ne parut pas à la cour être bien fondée. L'identification du caractère national du propriétaire avec celui du sol, dans cette transaction particulière, n'est pas basée sur les dispositions dans lesquelles il a acquis le sol ou sur son caractère général de nationalité. L'acquisition de terre dans Santa-Cruz liait le réclamant, en ce qui regarde la terre, au sort de Santa-Cruz, quelle que dût être la destinée de cette île. Quand elle appartenait au Danemark, le produit du sol, tant qu'il n'était pas vendu, était, d'après cette règle, propriété danoise, quel que fût le caractère général de nationalité du propriétaire particulier. Quand l'île devint anglaise, le sol et son produit, tant qu'il est resté sans être vendu, étaient anglais. Le caractère général commercial ou politique de M. Bentzon ne pouvait, d'après cette règle, affecter cette transaction particulière. Quoique incorporé, à l'égard de son caractère général de nationalité, aux intérêts permanents du Danemark, il était incorporé, eu égard à sa plantation de Santa-Cruz, aux intérêts permanents de Santa-Cruz, qui à cette époque était anglaise; et quoique, comme Danois, il fût en guerre avec la Grande-Bretagne et ennemi, néanmoins comme propriétaire de terre à Santa-Cruz, il n'était pas ennemi et pouvait embarquer ses produits pour l'Angleterre en toute sûreté.

[1] Robinson's *Admiralty Reports*, vol, V, p. 167. The Vrow Anna Catharina.

2° Le cas rentrait donc certainement dans la règle établie par les cours de prises anglaises. La question suivante était de savoir jusqu'à quel point cette règle serait adoptée dans ce pays.

Le droit des gens est la grande source d'où dérivent ces règles relatives aux droits des belligérants et des neutres qui sont reconnues par tous les États civilisés et commerciaux de l'Europe et de l'Amérique. Ce droit est en partie non écrit, et en partie conventionnel. Pour préciser celui non écrit, on se reporte aux grands principes de la raison et de la justice; mais comme ces principes seraient compris de différentes manières par les différentes nations et d'après des circonstances différentes, on les considère à quelques égards établis et rendus stables par une série de décisions judiciaires. Les décisions des cours de tous les pays, en tant qu'elles sont fondées sur une loi commune à tous les pays, sont admises non comme autorité, mais avec considération. Les décisions des cours de chaque pays montrent comment le droit des gens, dans un cas donné, est compris dans ce pays. On y aura égard en adoptant la règle qui doit prévaloir dans celui-ci.

Sans établir de points de comparaison de l'équité ou de la loyauté des règles établies dans les cours de prises anglaises, et celles établies dans les cours des autres nations, il y a des circonstances à considérer, qui donnent à ces règles un droit à notre considération que nous ne pouvons entièrement dédaigner. Les États-Unis ayant pendant un temps formé une partie de l'empire britannique, la loi de prises des Anglais était aussi celle de l'Amérique. Quand ils se séparèrent de l'Angleterre, la loi de prises de ce pays resta la leur en tant qu'elle était appropriée aux circonstances de ceux-ci. Cette loi ne reçut pas de changement du pouvoir qui pouvait la changer.

On ne pourrait avancer, en conséquence de cette première relation entre les deux pays, que toute fausse interprétation évidente du droit public faite par les cours anglaises a droit à plus de respect que les règles récentes des autres pays. Mais un cas paraissant évidemment devoir être décidé entièrement d'après les anciens principes, ne sera pas entièremeñt dédaigné, à moins qu'il ne soit déraisonnable, ou fondé sur une interprétation rejetée par les autres nations.

On disait que la règle émise dans le cas du *Phœnix* était une règle récente, parce qu'un cas solennellement décidé devant les lords commissaires, en 1783, est cité en marge comme autorité; mais on ne disait pas que ce cas eût été déterminé contrairement à l'ancienne pratique et aux anciennes opinions. La cour ne voyait pas non plus de raisons pour le supposer contraire à la règle des autres nations dans un cas semblable.

L'opinion que la possession du sol lie en quelque sorte le propriétaire à la propriété, relativement seulement à ce sol, était une opinion qui prévalait certainement d'une manière très-extensive. Ce n'était pas une opinion déraisonnable. La propriété mobilière doit suivre partout la personne; et son caractère, si on la trouve sur l'Océan, doit dépendre du domicile du propriétaire. Mais la terre est fixe. En quelque lieu que puisse résider le propriétaire, cette terre est hostile ou amie, selon la condition du pays où elle est située. Ce n'était pas une perversion extravagante de principe, ce n'était pas non plus une offense violente au cours des idées humaines, que de dire que le propriétaire, eu égard à ses intérêts sur cette terre, partage de son caractère, et que le produit de la propriété, tant que le propriétaire reste le même, est soumis aux mêmes incapacités [1].

§ 22. Caractère national des vaisseaux.

De même aussi, en général, et à moins de circonstances particulières, le caractère des vaisseaux dépend du caractère national du propriétaire, déterminé par son domicile.

[1] Cranch's *Reports*, vol. IX, p. 191—199. Trente barils de sucre; Bentzon, réclamant.

Mais si un vaisseau navigue sous le pavillon et le passeport d'un pays étranger, on doit le considérer comme portant le caractère national du pays sous le pavillon duquel il navigue. Il fait partie de sa marine, et peut à tous égards être considéré comme vaisseau du pays. Car les vaisseaux ont un caractère particulier qui leur est imprimé par la nature spéciale de leurs titres. Ils sont toujours regardés sous le caractère dont ils sont ainsi revêtus, à l'exclusion de toutes les réclamations d'intérêt que des personnes résidantes en pays étranger peuvent avoir sur eux. Mais quand la cargaison est chargée à bord en temps de paix, et enregistrée comme propriété étrangère de la même manière que le vaisseau, dans le but d'éviter des droits étrangers, le voyage sous le pavillon et le passeport étrangers n'est pas concluant quant à la cargaison. On fait une distinction entre le navire qui se trouve lié par le caractère imposé sur lui par l'autorité du gouvernement dont il tient tous ses titres, et les marchandises dont le caractère ne dépend pas de même de l'autorité de l'État. En temps de guerre un principe plus strict peut être nécessaire; mais quand la transaction a lieu en temps de paix et sans expectative de guerre, la cargaison ne doit pas être enveloppée dans la condamnation du vaisseau, qui, dans ces circonstances, est considéré comme incorporé à la marine du pays dont il porte le pavillon et le passeport [1].

§ 23. Navigation sous la permission de l'ennemi.

Nous avons déjà vu qu'aucun rapport commercial ne pouvait être entretenu légalement entre les sujets d'États en guerre les uns avec les autres, excepté par permission spéciale de leurs gouvernements respectifs. Comme de pareils rapports ne peuvent être légalisés chez les sujets de l'un des États belligérants que par une licence de leur gouvernement, il est évident qu'une pareille licence de

[1] ROBINSON'S *Admiralty Reports*, vol. I, p. 1. The Vigilantia. Vol. V, p. 161. The Vrow Anna Catharina. — DODSON'S *Admiralty Reports*, vol. I, p. 131. The Success.

l'ennemi doit être illégale, à moins qu'elle ne soit autorisée par leur propre gouvernement. Car c'est le souverain pouvoir de l'État seul qui est compétent pour agir d'après les considérations politiques qui doivent contrôler une telle exception aux conséquences ordinaires de la guerre. Et ce principe est applicable non-seulement à une licence protégeant des rapports commerciaux directs avec l'ennemi, mais encore à un voyage dans un pays allié de l'ennemi ou même dans un port neutre. En effet l'acte même de rechercher ou de se procurer une licence de l'ennemi est un rapport avec lui prohibé par les lois de la guerre: et même en la supposant obtenue gratuitement, ce devrait être pour le but spécial de servir les intérêts de l'ennemi en lui fournissant les approvisionnements nécessaires pour continuer la guerre, à laquelle les sujets de l'État belligérant n'ont aucun droit de prêter leur aide en naviguant sous ces titres de protection [1].

[1] CRANCH'S *Reports*, vol. VIII, p. 181. The Julia. P. 203. The Aurora. — WHEATON'S *Reports*, vol. II, p. 143. The Ariadne. Vol. IV, p. 100. The Caledonia.

FIN DU TOME PREMIER.

IMPRIMERIE DE F. A. BROCKHAUS À LEIPZIG.

Printed in Dunstable, United Kingdom

91221340R00198